行走德育

让社会主义核心价值观成为学生成长的芯片

王莺 编著

ZHEJIANG UNIVERSITY PRESS
浙江大学出版社

“行走德育：社会主义核心价值观铸魂育人的区域实践”课题组成员名单

课 题 组 长：王　莺

课题组成员：蒋　敏　徐雪峰

郑一峰　陈文松

金　莹

序：来自大地行走的时代报告

《行走德育：让社会主义核心价值观成为学生成长的芯片》，这是杭州上城区一部德育专著的名字。

这部专著来自一个重大课题——“行走德育：社会主义核心价值观铸魂育人的区域实践”，这个课题研究至今已有二十年的时间了。经受了时间的淘洗，课题成果发出了灿烂的光彩。

不过，在我看来，这个课题已演绎为一项重大工程。从课题走向工程，是一种转化，是一种跃升，更重要的是时代站位和价值立意的提升。工程听从了时代的召唤，发出的光才更具有战略意义和未来性。

无论是课题，还是工程，都有一个伟大的立意在闪亮：让社会主义核心价值观成为学生成长的芯片。这部专著叙述的是课题、工程的来龙去脉，描绘的是“行走德育”的情景与气象，阐述的是价值铸魂、实践育人、综合育人的理性思考，以及理性思考基础上理论的生成与概括，凝结了情怀与心血，汇聚了智慧与力量，表达了远大的理想与坚定的信念。专著的出版，意义不同凡响，价值影响将会显现在现在乃至未来。为此，我们由衷地表示祝贺。

说到底，这是上城教育的一项重大改革。五育并举，每一育都不能少，但应以德为先；五育融合，每一育都不能孤立，要形成合力，但一定要坚守德育独特的育人价值，以德育带动五育融合。“行走德育”的意义不仅在于本身，更在于超越。上城教育通过“行走德育”，高水平地贯彻德智体美劳全面发展的教育方针，构建更高水平的育人体系，将立德树人的根本任务落到实处，探索并基本形成了立德树人的区域范式，实现了区域教育的高质量发展。完全可以有这样的判断：上城教育具有“上乘质量”，是美好教育的示范区和引领区。

这项改革还有许多值得解读与阐发的地方，其意义丰富、深刻，特点多元、鲜明，可借鉴，可迁移。

其一，以“行走”的方式改变德育的现状，践行“实践育人”理念与原则，具有原创性。德育的重要性不言而喻，但德育的现状却不能令人满意，甚或令人担忧：缺少针对性，缺少时代感，也缺少实效性。德育的现状引起诸多的反思，也有了不少的改进，但总体上进展并不大。上城区深刻反思：德育不能停留在口头，不能止于校园内，还应写在大地上，写在学生的行动中，最终写进学生的心灵里。于是他们践行中华文化中的“知行合一”的理念，形成德育的原则，提出“行走德育”的命题。“行走德育”倡导并坚守认知与行动结合在一起，将认知镶嵌进行动中，将情感贯彻始终，成为纽带与黏合剂。从“口头德育”转变为“行走德育”，显然是理念、方式的根本转变，引导学生有经历，在经历中有探究，在探究中有深度体验，以身体之，更以心悟之，这就是实践育人理念原则的落实。同时，德育空间的打开，形成了德育宏大的时空结构，视野开阔了，格局放大了，德育的效果肯定是不同的。“行走德育”长在中华文化中，具有扎根性，也具有原创性。

其二，以“铸魂”为目的，提升德育立意，践行“价值育人”的理念与原则，具有深刻性。“行走德育”不是无方向、无目的的，不是随意的，更不是盲目的。上城区将“行走德育”聚焦于“价值铸魂”上。我们生活在价值世界中，价值观包围着我们，怎么选择价值就成了难题。德育是个全方位的概念，但究其实质应当是价值体认、价值获得的过程，以价值带动道德品质、法治素养的提升，或者说，道德品质、法治素养的深处是价值的支撑与指引。尤其是新时代，德育的主要任务是培育践行社会主义核心价值观。“行走德育”正是以价值塑造学生的心灵，塑造时代新人。“价值铸魂”既体现了德育的本质与核心，又体现了新时代的特点与要求，生中华文化之根，铸中华民族之魂，挺起中国人坚强的脊梁。“行走德育”让学生有真切的价值经历，有价值澄清，进而有价值引领。这一过程，爱国情、强国志、报国行会得到锤炼，有理想，有本领，有担当，人生观、价值观会得到升华。价值铸魂、价值育人，“行走德育”必将在学生未来的人生旅途中永远闪光。

其三，以区域实践为格局，健全、完善“行走德育”的区域范式，具有示范性。上城区的“行走德育”实践面向每一所中小学、幼儿园，依靠家长与社会的力量，开发一切可利用的资源，形成合力。行走之处，正是社会关怀、支持学生之处；行走之时，正是凝聚人心、合力育人之时。“行走德育”创建了网图式的“行走”内容，基地+课程，突破“行走”界域，主题+路线，支持多向行走；创生了“行中学”范式，在真实丰富的情境中“行中学”，在学科融通中“跨界学”；创新了一体化的行走机制，四环推进、平台扩阈，“淘”平台活化数智资源，以情感为纽带，激活育人动力。总之，加强德育已成为社会的共识和责任。一张“行走德育”路线图，成为一张道德学习之网，价值践行之网，文化进步之网，协同育人开始真正落实在朝气蓬勃的杭城大地上。这是一种格局，也是一种范式，格局与范式体现了全域性，也具有典型性与示范引领性。

杭州上城区的“行走德育”实践走出了中小学德育的新路，开启了德育新篇章，学生成长的芯片正发挥着关键性的作用，价值铸魂的育人实践将会照耀一生，照耀未来。我们仿佛看到，在新时代的征途上，一批批教师、志愿者带领着一群又一群的学生，满怀理想、信念，快乐地行走，向前，向前。一份带有上城特色的时代德育报告，铺向金色的大地。这份来自大地的报告推动着立大志、明大德、成大才、担大任的时代新人更健康地成长，走向中国梦实现的不久之将来，因为他们的身上永远蕴含着伟大的中华民族之魂。

成尚荣

于2021年5月8日晨

目 录

CONTENTS

第一章 绪论

上城区是杭州市的中心城区，她东南面濒临以天下奇观钱江潮闻名的钱塘江，中南部夹枕着古迹遍地、郁郁葱葱的凤凰山和吴山，西面紧贴烟柳画桥、处处胜景的世界著名旅游胜地西湖，区域中部的东河和中河，其老桥绿水载着古老的传说，静静地自南而北纵贯全区境域。上城区得天独厚的地域优势，使她自古至今皆是杭州“珍异所聚”“商贾云集”的繁华之地，是杭州经济社会活动的中心。杭州是中国历史文化古都，上城区则荟萃了其中的精华，区域内名胜古迹星罗棋布，历史文化底蕴深厚，现有国家级文物保护单位6处，是体现杭州历史名城文化的主要区域。

一直以来，教育都是上城区的金名片，上城的教育事业发展也处于全省乃至全国的第一方阵。上城区教育局高度重视未成年人思想道德教育工作，紧紧围绕“立德树人”的根本任务，紧扣“身心健康、品质优秀、学业上乘、素质全面、个性鲜明”的培养目标，全面布局、全员参与、全力保障，未成年人思想道德教育工作取得显著成效，被中央文明办评为第四届全国未成年人思想道德建设工作先进单位。上城区的以培育与践行社会主义核心价值观为指向，以传统文化为载体，以多方统筹为手段的未成年人思想道德建设，具有独特魅力。

青少年是国家的未来和希望，加强青少年思想政治教育工作，提高青少年思想道德素质是党和国家事业后继有人的重要保障。党的十八大报告指出：“要坚持教育优先发展，全面贯彻党的教育方针，坚持教育为社会主义现代化建设服务、为人民服务，把立德树人作为教育的根本任务，培养德智体美全面发展的社会主义建设者和接班人。”改革开放以来，我国的经济得到了长足的发展，人民生活水平不断提高，国际地位不断增强。然而我们在欣喜之余不得不承认，当前的社会精神生活大环境还存在不少问题。

中小学生价值观出现多样化、世俗化趋势。改革开放以来，随着经济的飞速发展，我国社会处于转型期，由社会转型而伴生的社会问题带有明显的交织性、突发性和多面性特征。处在这样一个社会大背景下，主流文化受到了极大的挑战，一些非主流文化得到了极大的发展；由于这些非主流文化的世俗化、通俗化（甚至于庸俗化）而更容易为当代青少年所接受。青少年处于这种环境下，愈加重视个体价值的实现，价值观日益个性化，从而形成了多样的价值观。中小学生的价值观呈现世俗化趋势，具体表现在以下几个方面：理想主义淡化，理论性价值淡化，价值观向个人本位偏移。学生行为和成功观念呈现功利性。青少年价值观日趋现实化。

当前我国青少年价值观教育面临多重困境。首先，长期以来，我国的青少年价值观教育内容空洞，严重脱离了青少年的实际生活。内容缺乏针对性和生动性，价值观教育流于空洞的说教和口号宣传，难以使学生产生情感和心灵上的共鸣；空洞、机械的教育内容，很难使青少年将其内化为自己的价值观。其次，价值观教育方式单一。过去在信息相对封闭的环境下，灌输的教育方式对于人类文化的传承起到了很大的作用，是一种相对有效的教育方法。然而在信息全球化的今天，中小学生能够通过网络接触到各种不同的价值观，这些价值观大多与学校所宣扬的主流价值观相冲突，因此学生选择什么样的价值观，关系到学校价值教育的成效。最后，我国正处在社会转型期，各种不同的价值观充斥于青少年的生活环境中。在价值观多元化的背景下，家庭和社会教育与学校教育的不一致，直接导致学校价值观教育的低效。

为适应在新形势下加强和改进青少年思想道德建设的需要，培养青少年正确的价值观念和高尚的道德情操，近20年来，上城教育不懈努力，实践和探索在中小学开展价值观教育的途径和方法。

一、施行廉洁教育：开启价值铸魂的育人实践

上城区自2003年开始，在所属8所中小学中开展了敬廉崇洁启蒙教育的试点工作，并于2004年下半年在全区中小学进行推广。

上城区各中小学致力廉洁教育常态化实施，通过学科渗透、班队活动、

社区实践、课外阅读等途径，对学生进行以责任、正义、廉洁、节俭、公平、诚信为核心的敬廉崇洁启蒙教育。

2005年4月12日，教育部在上城区召开敬廉崇洁教育全国现场展示会，该会受到了全国各省区市领导、专家的一致好评。2005年7月2日，时任中共中央政治局常委、中纪委书记吴官正同志等中央领导在时任浙江省委书记习近平、省长吕祖善陪同下专程来上城区考察，对敬廉崇洁启蒙教育给予充分肯定。全国各省区市10余家媒体做了相关报道。

上城区教育局负责“敬廉崇洁启蒙教育”的课题研究，编写全国第一本《中小学生敬廉崇洁》教材。天地实验小学、开元中学、勇进中学、上城区教育学院和上城区青少年活动中心分别承担了《敬廉崇洁启蒙教育教师用书》及《敬廉崇洁启蒙教育学生读物》小学版、中学版的编写任务。这两套书的编写原则是充分利用现有的教育资源，把小学四年级到初中三年级的语文、政治、社会、历史等学科的相关知识，按年级进行归纳梳理、挖掘提炼。同时，根据不同年龄段设计班队、团日活动方案。教学用书里，汇集了古今中外大量有关敬廉崇洁的故事、格言、漫画等，并配以教师指导语和活动练习。为了让学生读懂这些故事，插图运用白描、卡通、漫画等方式，激发了学生的阅读兴趣。

敬廉崇洁启蒙教育着力学科渗透与统整。在语文、思想品德、社会、历史、政治等学科的教材中，都蕴涵着丰富的敬廉崇洁教育内容。充分运用现有材料，挖掘文本中的教育资源，在学科教学过程中凸现、补充、强化有关教育点，是落实敬廉崇洁教育的有效途径。因此，在敬廉崇洁启蒙教育中，上城区提倡各学科教师积极参与，学科统整，使各科教学成为敬廉崇洁教育的主阵地。

一是整合教学目标，把敬廉崇洁教育纳入教学计划。在学科教学中有意识地把敬廉崇洁启蒙教育纳入有关课时的教学目标，是实施学科整合的前提，使教师在教学中有意识地实施敬廉崇洁启蒙教育。

二是优化教学过程，使敬廉崇洁启蒙教育得到实施。各学科教师要在本学科的教学中梳理和凸现廉洁教育的榜样和事迹，感染学生，激发学生的情感。譬如，在上《历史与社会》八年级上册“传说时代的文明曙光”一课时，我们结合历史上尧、舜、禹的传说，通过对部落联盟首领的介绍，归纳出了好干部的标准，把廉洁教育渗透到了该课程的教学之中。

三是充实教学内容，找准敬廉崇洁教育与学科内容的结合点。教师们在实践过程中，结合学科教学的具体内容，挖掘廉洁教育的素材，安排学生课外阅读，使教学内容更加充实与丰富，将敬廉崇洁启蒙教育目标落到实处。目前，敬廉崇洁启蒙教育已整合学科教材，初步形成了一个系列，供广大实验教师在教学过程中选取使用。

四是注重以身作则，让敬廉崇洁启蒙教育在个人示范中得到强化。在教学过程中，教师所教授的知识固然重要，但其自身的素养、行为、价值观也会对学生产生重要的影响。因此，各学科教师要严格要求自己，以身作则，为学生树立良好的榜样，使学生在教师的示范下，将自己在敬廉崇洁启蒙教育中所学到的规范、原则不断内化。

敬廉崇洁启蒙教育还借助各类活动积极推进，如通过春秋游、各种典礼、假日小队活动、唱童谣、讲故事、征文、绘画、文艺演出、课外阅读、辩论会等，开展廉洁教育活动，努力实现“教育一个孩子，带动一个家庭，影响整个社会”的社会联动效应。同时，积极挖掘第二课堂资源，在开展相关社会实践活动时有机渗透廉洁教育内容。

二、孵化实践基地：推进价值铸魂的育人实践

教育部研究制定的《中小学德育工作指南》，为学校育人工作指明了方向，细化了德育工作实施途径和要求。特别是六大实施途径中的“实践育人”，强调了德育育人的实践性，成了新亮点。上城区教育局在2009年春启动了区域行动计划，以“道德养成离不开实践和行动”的理念攻坚“知行分离”难关，并协同公安、妇联、司法等部门，成立青少年国防、生存、农事等12个区级实践基地。

从2012年开始，为了从区域层面保证各个学校享有高质量的德育课程资源，上城区在三级课程整合的视野下，进行区域大课程体系建设。以北京师范大学的测评数据为依据，设计和开发切合学生实际，具有时代性、实效性的德育课程。主要包括三类：一是基于学生生存教育的区域课程，如各类安全教育、环境保护教育、心理健康教育等；二是基于学生发展的拓展性区域课程，如敬廉崇洁、公民教育、国际理解教育等；三是基于学生成长的体验性课程，如学军、学农、劳动技术教育等。通过项目研究、专项资助等方式，借助多方力量协同开发，形成了区域共享课程、基地开发课程、校本精品课程等28门课程资源。

“心育‘六六’”课程为解决初中学生普遍存在的各种社会适应性问题，如对入学环境的适应、人际交往和人际冲突的化解、学习困难的排解、挫折体验和情绪调节、青春期异性交往等，加以特别设计。“心理健康团体辅导游戏”符合学校现实情况，能满足学生发展的实际需要。“小学环境保护教育”开发“我们生活的环境、空气与我们的生活、种植和养殖活动、自然界中的水、土壤的利用与保护、垃圾的分类与处理、能源的变身与利用”等实践活动主题，在小学分年级段合理安排。“人生规划”教育课程促进人的身心、智力、品德、审美意识、个人责任感、精神价值等方面的发展。“传统美德”区域课程基于目前全区小学德育的现状，以根植传统美德为目标，每学期安排8课时活动内容，聚焦“孝、悌、忠、信、礼、义、廉、耻”八大传统美德，开展相关主题班会及实践活动，以培养人格完善、身心健康、以德立身的人。“校园仪式教育”以生命教育为基点，通过设计并实施连续的、各种各样富于感染力的学校仪式，对儿童进行生命教育，让儿童在学校仪式中获取生命成长的动力。《南宋遗韵——杭州市上城区非物质文化遗产精粹》通过书中翔实的史料、生动的叙述和珍贵的图片，展现了生活在南宋古都的先民所创造的文明瑰宝。“南宋御街探访”以南宋御街雅文化为主线，以吴山民间俗文化为副线，让学生以小组合作的方式收集整理资料、实地考察、调查采访、探索体验，了解上城区的区域环境、历史发展和文化特色。“农事教育”是与萧山区青少年素质教育基地联合开发的为期1周的六年级学农活动课程。通过学农实践活动，学生既锻炼了自己的动手能力，又增强了同伴间的合作意识，还懂得了珍惜粮食以及别人的劳动果实，培养了解决问题的实践能力和勇于探索的创新精神。

以上课程通过区域推动实现跨校共享，为“行走德育”的研究打下了厚实的基础。

三、首创行走德育：深耕价值铸魂的育人实践

为提升城市中小学生德育实效，2017年1月，上城区教育局聚焦社会主义核心价值观培育，启动“行走德育三年行动计划”，并成为2018年浙江省教育科学规划立项课题。上城区在全国率先提出“行走德育”这个新命题，主张“笃行养德、深度体验、全域协同”理念，凸显“在行走中内化，在行走中外显”的德育特色。经过3年的研究实践，上城区形成了以“一网图、四范式、淘平台”为特色的区域“行走德育”架构，成为“落细落小落实”协同育人的全国德育新样本。上城区还建成全省首家学生德育实践活动公益平台，以“互联网+”功能，联通“行走德育”资源，实现“行走德育”的全程支持和立体展示，拓展了德育场域。

在“现状调查，顶层设计”“试点先行，项目跟进”“全面实施，平台整合”“辐射全国，形成品牌”4个推进阶段的实践中，着力推进3项创新行动。一是网图建构，通过行动纲要、基地孵化、线路开发、课程升级实现区域德育整体规划。二是探索应用“文化浸润”“研学旅行”“劳动实践”“社会公益”4类行走范式，让学生在亲身经历、验证和践行过程中，认同美德、自觉追求，进而建构观念、形成信念，转化为自觉行动。三是开发“淘”平台多重智能化应用，支持行走线路自主选择，并实现全程服务、实践导航、互联评价等功能。

行走德育解决了德育实效低下的问题，克服了内容划一、方式单一、过程缺位、缺少合力、支持不足的弊端，找到了区域德育创新的上城道路，凝

练了“价值铸魂 实践育人”的上城经验。

2017年，“行走德育”被评为全国德育工作优秀案例，基地学校接待教育部党建与德育工作会议代表实地观摩，上城区成为全国未成年人思想道德建设先进单位、浙江省研学旅行工作试点区。家长执照课程、德育平台建构均获杭州市德育名片。2019年，《人民教育》记者专程采访，并于2019年第11期刊发特别报道《杭州上城“行走德育”：建构区域全德育场》，6个版面的深度报道再度扩大了“行走德育”的品牌影响力。同时，《行走德育：创新城市中小学生德育的上城行动》荣获2019年杭州市教育科学研究成果奖一等奖、浙江省教育科学研究成果奖二等奖、第六届杭州市基础教育教学成果奖一等奖。

20余年耕耘，20余年探索，上城区教师在“行走德育”的研究路上实践、反思、改进、收获，上万名青少年在“价值铸魂”的成长路上体验、体认、践行、成长。

第二章 价值铸魂：行走德育的理论阐释

社会主义核心价值观是当代中国精神的集中体现，回答了新时代要建设怎样的国家、怎样的社会、培育怎样的公民的重大问题。习近平总书记指出，要把社会主义核心价值观变成青少年日常的行为准则，进而形成自觉奉行的信念理念。如何解决德育场域封闭，学生价值困惑、知行分离背后的价值观培育中的实际问题？杭州市上城区找到了重要的实现方式——“行走德育：让社会主义核心价值观成为学生成长的芯片”。本章概述了“行走德育”的核心概念与追求，以及研究的整体设计与操作路径。

第一节　行走德育的价值追求

中国共产党第十八次全国代表大会把“立德树人”作为教育的根本任务。“德为才之帅。”德是做人的根本，是一个人成长的根基。当今，我国正处于开放的国际环境与多元的文化背景之中，而青少年学生又正处在世界观、人生观、价值观形成的关键时刻，“德育为先”更具有必要性和紧迫性。

一、时代立意：让社会主义核心价值观成为学生成长的芯片

社会主义核心价值观是社会主义核心价值体系的内核，是当代中国精神的集中体现。要实现中国梦必须弘扬中国精神。

（一）社会主义核心价值观：当代中国精神的集中体现

改革开放以来，我国社会主义意识形态建设不断进行新的探索，提出了从建设社会主义核心价值体系到以“三个倡导”为内容，积极培育和践行社会主义核心价值观的重要论断和战略任务。在习近平总书记治国理政思想体系中，关于培育和践行社会主义核心价值观是一个重要方面。

1978年12月，党的十一届三中全会重新恢复和确立了实事求是的思想路线，坚持把马克思主义与改革开放、与我国社会主义建设的伟大实践相结合，科学继承了毛泽东思想，创造了邓小平理论、“三个代表”重要思想、科学发展观等马克思主义中国化的最新成果。

2006年3月，我党提出“八荣八耻”社会主义荣辱观。2006年10月，党的十六届六中全会提出“建设社会主义核心价值体系”的重大命题和战略任务。学界开始深入探讨社会主义核心价值观的构成。2012年11月，党的十八大报告明确提出“三个倡导”，即“倡导富强、民主、文明、和谐，倡导自由、平等、公正、法治，倡导爱国、敬业、诚信、友善，积极培育社会主

义核心价值观”，这是对社会主义核心价值观的最新概括。

2013年12月，中共中央办公厅印发《关于培育和践行社会主义核心价值观的意见》，明确提出以“三个倡导”为基本内容的社会主义核心价值观。

（二）社会主义核心价值观的内涵

2017年10月18日，习近平总书记在党的十九大报告中指出，要培育和践行社会主义核心价值观。要以培养担当民族复兴大任的时代新人为着眼点，强化教育引导、实践养成、制度保障，发挥社会主义核心价值观对国民教育、精神文明创建、精神文化产品创作生产传播的引领作用，把社会主义核心价值观融入社会发展各方面，转化为人们的情感认同和行为习惯。坚持全民行动、干部带头，从家庭做起，从娃娃抓起。深入挖掘中华优秀传统文化蕴含的思想观念、人文精神、道德规范，结合时代要求继承创新，让中华文化展现出永久魅力和时代风采。

“富强、民主、文明、和谐”，是我国社会主义现代化国家的建设目标，也是从价值目标层面对社会主义核心价值观基本理念的凝练，在社会主义核心价值观中居于最高层次，对其他层次的价值理念具有统领作用。富强即国富民强，是社会主义现代化国家经济建设的应然状态，是中华民族长久以来的美好夙愿，也是国家繁荣昌盛、人民幸福安康的物质基础。民主是人类社会的美好诉求。我们追求的民主是人民民主，其实质和核心是人民当家作主。它是社会主义的生命，也是创造人民美好幸福生活的政治保障。文明是社会进步的重要标志，也是社会主义现代化国家的重要特征。它是社会主义现代化国家文化建设的应有状态，是对面向现代化、面向世界、面向未来的，民族的、科学的、大众的社会主义文化的概括，是实现中华民族伟大复兴的重要支撑。和谐是中国传统文化的基本理念，集中反映了学有所教、劳有所得、病有所医、老有所养、住有所居的生动局面。它是社会主义现代化国家在社会建设领域的价值诉求，是经济社会和谐稳定、持续健康发展的重要保证。

“自由、平等、公正、法治”，是对美好社会的生动表述，也是从社会层

面对社会主义核心价值观基本理念的凝练。它反映了中国特色社会主义的基本属性，是我党矢志不渝、长期实践的核心价值理念。自由是指人的意志自由、存在和发展的自由，是人类社会的美好向往，也是马克思主义追求的社会价值目标。平等指的是公民在法律面前一律平等，其价值取向是不断实现实质平等。它要求尊重和保障人权，人人依法享有平等参与、平等发展的权利。公正即社会公平和正义，它以人的解放、人的自由平等权利的获得为前提，是国家、社会应然的根本价值理念。法治是治国理政的基本方式，依法治国是社会主义民主政治的基本要求。它通过法制建设来维护和保障公民的根本利益，是实现自由平等、公平正义的制度保证。

“爱国、敬业、诚信、友善”，是公民基本道德规范，是从个人行为层面对社会主义核心价值观基本理念的凝练。它覆盖社会道德生活的各个领域，是公民必须恪守的基本道德准则，也是评价公民道德行为选择的基本价值标准。爱国是基于个人对自己祖国依赖关系的深厚情感，也是调节个人与祖国关系的行为准则。它同社会主义紧密结合在一起，要求人们以振兴中华为己任，促进民族团结，维护祖国统一，自觉报效祖国。敬业是对公民职业行为准则的价值评价，要求公民忠于职守，克己奉公，服务人民，服务社会，充分体现了社会主义职业精神。诚信即诚实守信，是人类社会千百年传承下来的道德传统，也是社会主义道德建设的重点内容，它强调诚实劳动、信守承诺、诚恳待人。友善则强调公民之间应互相尊重、互相关心、互相帮助，和睦友好，努力形成社会主义的新型人际关系。

二、行走德育：立德树人的区域探索

“行走德育”是让社会主义核心价值观成为学生成长芯片的全国优秀德育案例，也是《人民教育》报道的“立德树人”区域创新样本，它是杭州市上城区 12 年德育探索的成果。

(一) 社会主义核心价值观的育人价值

新时代提出了新的育人目标。党的十八大提出“立德树人”的要求，习近平主席在党的十九大报告中再一次指出："要全面贯彻党的教育方针，落实立德树人根本任务，发展素质教育，推进教育公平，培养德智体美全面发展的社会主义建设者和接班人。"立德树人也是适应世界教育改革发展趋势、提升我国教育国际竞争力的迫切需要。

2014年，教育部印发《关于全面深化课程改革落实立德树人根本任务的意见》，明确"学生发展核心素养，主要指学生应具备的，能够适应终身发展和社会发展需要的必备品格和关键能力"。2016年发布的《中国学生发展核心素养》围绕文化基础、自主发展、社会参与3个方面，提出六大素养，每一种基本表现都与学生的道德认知和人格、精神密切相关。

教育部于2017年8月17日发布《中小学德育工作指南》，明确提出"理想信念教育、社会主义核心价值观教育、中华优秀传统文化教育、生态文明教育和心理健康教育"构成德育内容。

少年强则国强。中小学生是国家的未来和希望。今天，他们有怎样的价值观念，就会有怎样的行动。他们的价值取向决定了未来整个社会的价值取向。培育核心价值观，必须坚持从小抓起，从学校抓起。中学阶段是价值观形成阶段，是可塑性最强的时期。抓好了中学生思想道德教育，也就抓住了未来，管住了长远。要培养中小学生成长为担当民族复兴大任的时代新人，必须重视核心价值观的滋养和引领，培育和践行。要铸就学生立志为中国特色社会主义奋斗终身的"魂"，必须夯实价值观教育。

（二）社会主义核心价值观培育的现状审思

党的十八大以来，社会主义核心价值观教育日益得到重视，也取得了一些成效，涌现了一些可贵的经验。但这是一项需要长期深入的系统工程，仍有许多问题亟待解决。

1. 环境封闭，缺少合力

2015年收集的2154份随机调查显示，学生接受社会主义核心价值观教育，95.91%在学校，98.84%来自班主任，其他接触基本以静态的宣传语为主。孤岛式的讲台、封闭式的育人环境造成5天学校教育抵不过2天假日的

尴尬。教师们普遍反映，价值观培育要融入学生生活，一定要获得家庭和社会的支持。

2. 知行分离，方式单一

学生调查显示，价值观教育内容基本为针对24字关键词的意义解读，考察、操作、服务等实践活动只占8.08%，教育方式单一，集中在背诵默写，或在集会和课堂上听讲。这样知行分离、目标僵化的内容和过程导致学生对价值观的认识停留在口号层面，缺少情感体验和行动体悟。

3. 澄清不足，价值困惑

受价值观日益多元化且相互冲突的影响，埋首分数，过于自我，面对选择做出与正确价值观相悖行为的学生不在少数。这样的价值困惑，与灌输规劝多、价值澄清少的教育过程有关。学生需要有更多的在选择中认同核心价值观要求并付诸行动的经历和体验，才能使之内化为精神追求，外化为自觉行动。

要改变以上种种，单靠一所学校、几个教师或者某一部门是无法解决的。"行走德育"就是通过区域创新，找到"价值铸魂"实现方式的实践研究。

（三）上城德育的实践探索

杭州市上城区有着深厚的历史底蕴。2021年3月完成行政区划调整后，"拥江揽湖走运"的独特区位优势更加明显。上城区区域面积有122平方公里，下辖14个街道，常住人口约132万；有中小学幼儿园193所，教育设施总面积达232万平方米。

上城区始终以"办人民满意教育"为宗旨，坚持"名校就在家门口、名师就在我身边"的教育愿景，积极推动教育均衡、科学、可持续发展。

一直以来，上城教育在创新与实践中努力形成全员育人、全程育人、全方位育人的德育工作格局，为培养"身心健康、品质优秀、学业上乘、素质全面、个性鲜明"的上城学子，并将他们培养为社会主义事业的合格建设者和可靠接班人而凝心聚力。

1. **来自"得德论"的启发**

甲骨文中的"德"，意指直视前方的行走，直心为德。德，也通"得"，是指反思内化，认同于心，方可成德。先哲们亦把德解读为"得德论"，即道德养成最终离不开实践和行动。近代人民教育家陶行知先生的"生活教育"理论，同样倡导在生活中"教人求真，学做真人"。20世纪20年代陶行知先生提出"知行合一"的德育方式，通过晓之以理，提高道德认知；动之以情，发展道德情感；鼓励持之以恒，锻炼道德意志；导之以行，以培养道德行为。可见，我国教育界一直认同在行动中提高道德认知的观点，但这种认同是建立在先讲后练的基础上的。

当代西方学者曾提出诸多道德教育理论，如存在主义道德教育理论、认知发展道德教育理论、价值澄清理论等。还设计出具体的操作模式，如柯尔伯格等人主张围绕道德两难问题组织学生进行道德讨论，以促进学生道德判断力的逐步提高；拉斯思等人设计了丰富多彩的问题情境，帮助儿童进行价值澄清；纽曼设计的社会行动模式培养学生作用于事物、影响他人和开展公务活动的能力。可见，西方社会更注重培养学生的道德思维和敏感性，推崇道德讨论、案例研究、角色扮演、价值澄清等德育方法。

由上述比较可见，中西方德育方式各有所长。当下德育方式的转型研究可以汲取二者精华，从单纯传授系统的道德知识和训练良好道德行为习惯转向注重培养适应当代价值多元特点的道德判断力、道德敏感性、道德行为能力，从重视直接的道德教学转向强调间接的道德教育，从封闭的学科性教材转向开放的情景性教材，从以教师的教导、说服、劝诫为主转向以学生的合作体验、社会实践为主。

2. **国内德育变革的区域经验**

《国家中长期教育改革和发展规划纲要（2010—2020）》指出，要实现国家对区域教育的新要求，区域教育改革是重要形式，其纵深发展的关键在于综合改革、制度创新。

近年来，江西省新余市围绕立德树人的根本任务，以人与自然相互依

存、和睦相处和互惠共生的生态道德观为引领，制定《加强生态文明教育的实施意见》，统筹学前、小学、初中、高中等学段，率先在江西省全面启动生态道德教育，从生态学的角度优化整合课堂、校园、社团、家庭和社会的潜在德育资源，协同推动德育内容、德育方法的良性发展。本例举全区之力有效强化了生态文明教育，但缺乏多样化德育内容的顶层设计与多途径德育方式的创新。

2011 年，安徽省铜官山区组建德育大联盟，各校按照“教学相长，德育共鸣”的要求，以“教学相长，德育共鸣”为主导，推进未成年人思想道德建设。本例在区域化联动、品牌化建设方面做出尝试，但德育联盟作为民间组织管理松散、缺乏支持的问题并没有解决。

上城区研究的“行走德育”既有对全区德育概览全局、挖掘资源的顶层设计，又鼓励学校、教师在德育内容、德育方式上的自主创新，是在区政府的管理体制下，以区教育局为主导，整合教育系统内外各中小学、司法机关、科协、科技局、文化院团、第二课堂场馆、各街道等多方力量，系统制定德育工作方案，整体协同推进德育实施。这样的区域推进体现了重规划、重协同、重保障的德育管理方式的转变。这样的研究具有现实意义和前瞻性。

3.“行走德育”的研究历程

2009 年 3 月至 2011 年 12 月，启动区域行动计划，以“道德养成离不开实践和行动”的理念攻坚“知行分离”难关。通过行动研究法，协同公安、妇联、司法等部门，逐步成立青少年国防、生存、农事等 12 个区级实践基地。这一阶段，实践育人的理念在全区得以强化。

2012 年 1 月至 2017 年 11 月，明确核心目标“让社会主义核心价值观成为学生成长的芯片”，为解决环境封闭、方式单一的问题，培育基地，设计线路，建设平台，助力学校把德育特色升级为行走课程。这一阶段，主要运用经验总结法，明晰了“价值铸魂”目标体系并渗透到学科课堂和主题行走中，多个项目获省市德育奖项，成果获评全国优秀德育案例。

2017年12月至今，运用案例分析法、实证研究法，凝练“行中学”范式，在国家、省级会议上推广，辐射到浙江省内各地和安徽、黑龙江、贵州等省（区、市）42个地区。成果获评杭州市基础教育成果奖一等奖，《人民教育》刊发特别报道，影响力不断扩大。

第二节　行走德育的研究设计

“行走德育”的行动研究体现了马克思主义实践观与中国“知行合一”思想的融通，是马克思主义育人思想中国化的生动实践。

（一）核心概念

行走德育是中小学“价值铸魂”的育人实践。具体指通过构建网图式的行走课程，应用“行中学”的实施范式，开展“寻根、承志、追梦、扬帆”的主题行走活动，让学生在亲身经历、亲身体认和亲身实践中，认知、认同并自觉践行社会主义核心价值观。

（二）价值内涵

行走德育提出“让社会主义核心价值观成为学生成长的芯片”，就是要让学生在成长过程中，把社会主义核心价值观作为言行准则和坚定信念，知之，信之，践行之。

1. 价值铸魂

充分挖掘核心价值观的育人价值，把中国特色社会主义理想信念、爱国主义精神和中华优秀传统文化的教育融入其中，淬炼学生为国奋斗的志向。

2. 实践育人

创造条件，让行走和实践贯穿全程，实现3个育人转变：目标从价值理解走向价值引领，方式从接受为主转向体验实践为主，环境从封闭走向开放。

3. 行动要义

引导学生进行问题探究、行为观察、现象分析，把价值观教育融入学生生活和学习的方方面面，即行走考察。

展开“价值体验—价值澄清—价值内化—价值引领”的过程，通过思辨与实践，促成学生对价值观内化于心、外化于行、升华于情，在实践中推动价值体认。

应用“行中学”范式开展主题行走，促成学生自觉践行价值观，并内化为准则，积淀成习惯，升华为信念，即笃行养德。

打造德育共同体，发掘线上线下、校内校外的德育资源，建立协同机制，形成德育合力，实现全域协同。

(三) 操作路径

“行走德育”操作实施有清晰的路径，分“现状调查，顶层设计”“试点先行，项目跟进”“全面实施，平台整合”“区外辐射，形成品牌”4 个步骤推进。

1. 现状调查，顶层设计

调研区内中小学德育现状，就“德育亮点”“德育问题”进行德育干部和教师座谈。随机选择区内外 1200 名中小学生进行“德育内容”与“德育方式”的调查，汇总结果并进行分析，设计课题研究方案，出台区域“行走德育”三年行动计划。

【链接 2-1】上城区“行走德育”三年（2017—2019）行动计划

立德树人是发展中国特色社会主义教育事业的核心所在。落实立德树人根本任务，是提高国民素质、建设人力资源强国的战略行动，是适应教育内涵发展、基本实现教育现代化的必然要求，对于全面提高育人水平，让每个学生都能成为有用之才具有重要意义。

为全面贯彻党的十八大精神，落实《中共浙江省委办公厅浙江省人民政府办公厅关于全面加强中小学德育工作的若干意见》(浙委办发〔2016〕3号)、《中共杭州市委办公厅杭州市政府办公厅关于全面加强中小学德育工作的实施意见》(市委办发〔2016〕30号)和教育部等11部门印发的《关于推进中小学生研学旅行的意见》(教基一〔2016〕8号)文件精神，经研究决定，上城区将全面实施上城区“行走德育”三年(2017—2019)行动计划，建构“行走德育”的内容，寻找“行走德育”的路径，探索“行走德育”的评价，绘制“行走德育”的网图，将24字社会主义核心价值观教育融入网图之中，形成区域德育品牌。

一、指导思想

深刻认识培育和弘扬社会主义核心价值观的必要性和现实紧迫性，围绕立德树人根本任务，把培育和弘扬社会主义核心价值观融入学校德育的全过程。

坚持以全员育人为基本要求。切实加强学生成长规律和教育规律的研究，促进校内外教育的密切合作和良性互动，充分发挥“社会教育大课堂”在合力育人中的作用。

坚持以文化浸润为基本导向。进一步挖掘校内校外教育的丰富资源，使校内外教育充分彰显时代特色，发挥区域历史文化的育人优势，努力营造润物无声的育人氛围。

坚持以体验教育为基本途径。深入推进素质教育，培养学生社会责任感、创新精神、实践能力，培育学生健全人格，提高学生的道德素养。

二、工作目标

围绕“以生为本、知行合一、素养为先、终身发展”理念，以“行走德育”为抓手，培育校内外德育基地，建设学校德育课程精品，梳理和开发校外德育项目，探索学生参与体验精品德育项目的路径，加大校际德育资源的融合力度，发挥校外教育工作的广度，形成校内校外衔接、网上网下互动的校外教育网络。

(一) 培育精品项目

通过三年培育，逐步培育30个中小学校德育课程基地，共建30个精品第二课堂活动基地，开发20个校外研学实践体验基地，形成校内外德育活动的联动，促进中小学德育课程群的开发。

(二) 健全行走机制

健全和完善校际、校内与校外教育协同工作机制，形成上城德育校内外、校际纵向衔接、横向贯通、科学运行、务实高效的教育网络。

(三) 提升教育内涵

以社会主义核心价值观24个字为目标指向，以30个中小学校德育课程基地、30个精品第二课堂活动基地、20个校外研学实践体验基地为载体，加强青少年的社会主义核心价值观教育。

(四) 强化评价引领

发挥多部门协作和“互联网+”优势，开展对校内外德育基地的定期督导评估，以评促建、以评促用、以评促管，促进校内外教育科学持续发展，推进学生综合素质评价改革。

三、主要内容

(一) 培育30个中小学校德育课程基地

以24字社会主义核心价值观为目标指向，通过自主申报、特色培育、资源共享的实施策略，力争用三年时间在全区中小学校培育30个精品德育课程基地，着力提升学校德育品牌张力，发挥学校品牌影响力，促进区内一校一品德育课程资源的品牌化。

(二) 共建30个精品第二课堂活动基地

第二课堂行动计划的开发和实施，是杭州做好未成年人思想道德建设的重要抓手。以区域教育课程改革实践为统领，以促进学生个性发展、快乐成长为目标，以走读经典、玩转上城为特色，在原有市区两级第二课堂场馆建设的基础上，通过与场馆共建共享、共同开发的形式，在3年时间中，共建30个精品第二课堂活动基地，充分发掘并利用上城区及周边各类博物馆、纪念馆等社会资源，成为上城区青少年学生重要的德育实践场所。

（三）开发20个校外研学实践体验基地

结合上城区域的实际，依托上城丰富的自然和文化资源、红色教育资源和综合实践基地等，通过三年时间，遴选开发20个适宜的中小学生研学体验基地，打造一批示范性研学体验路线，有针对性地开发多种类型的活动课程，将其作为理想信念教育、爱国主义教育、革命传统教育、国情教育的重要载体，突出祖国大好风光、民族悠久历史、优良革命传统和现代化建设成就。

四、实施路径

（一）开展“行走德育精品项目创建”活动

将“行走德育”的实施路径“以培育促品质，以品质促品牌”作为指导思想，落实“行走德育精品项目创建”活动。围绕本任务，要重点开展以下工作：

基地申报培育。结合德育课程建设，通过自主申报与合作开发等形式，拟培育30个中小学校德育课程基地、30个精品第二课堂活动基地、20个校外研学实践体验基地，并予以一定经费支持。

成果展评验收。通过精品项目展示活动、互动机制的探索、成果的评价，形成校内外一定数量的精品德育项目，验收通过后，命名（援牌）为上城区“行走德育”精品基地。

（二）推进“校内外教育实践共同体”机制建设

推进“校内外教育实践共同体”机制建设，使学生在知行合一、做学一体的教育实践中激发潜能、培育个性，为终身发展奠定坚实的基础。围绕本任务，要重点实施以下行动：

联动机制建设。促进校际、馆校、社校之间的联动，建立双向负责的需求分析、沟通联系、动态监控和活动反馈机制。重点加强学校与学校、校内与校外之间的对接机制建设。3年内试点建设10个“校内外教育实践共同体”典型，建设100个综合实践课程资源包。

优质资源配送。加强社会优质资源的整合，构建社会参与的校外教育资源配送服务体系。以“任务驱动”方式，开展司法机关、科协、科技局、文化院团、儿童戏剧进校园服务学校、服务学生的项目试点，促进司法、科技、文化、卫生等系统资源对学校的配送服务。

(三) 推进“高水平学生实践体验平台”建设

探索青少年社会主义核心价值观教育的形式创新路径，发挥校外教育和学校精品德育项目的育人功效，探索在活动中育人，在实践中育人，在体验中育人的新路径，探索核心价值观教育的新方式。围绕本任务，要重点建设以下项目：

开发“研学旅行”项目。结合国家基础课程的校本实施，各学校根据课程实施实际情况，增加校外实践体验课程，形成各具主题和特色的“研学旅行”课程。落实青少年法治教育、传统文化教育、红色基因教育的实践体验环节，促进德育教育在体验中感悟，在感悟中反思，在反思中生成，提升德育教育的实效。

建设“行走德育”网图。打造上城“行走德育”优势品牌，以社会主义核心价值观为统领，每一个体验点，重点指向社会主义核心价值观教育的一个或者几个关键词，围绕关键词，做好体验点的内涵建设。注重提升“网图”的主题内涵和功能，合理规划和完善“网图”的布局，提升“网图”的育人功效。

五、保障机制

(一) 加强组织领导

上城区教育局将“行走德育”作为区域德育品牌构建的重点工作，整合各方资源，统筹推进中小学德育工作。各中小学校要结合学校实际，将“行走德育”纳入学校德育工作的计划中，将学校德育品牌构建与区域德育工作开展结合起来，形成上城德育工作的新格局。

(二) 加强队伍建设

为配合区域“行走德育”品牌的创建，上城区教育局成立“行走德育”

项目组及德育专家指导小组，重点研究和推进中小学德育工作。由上城区教育学院牵头，组建上城区德育骨干高级研修班，对学校开展“行走德育”工作提供专业的队伍支持。

(三) 加强经费保障

在经费保障上，上城区教育局支持区域“行走德育”品牌的建设和推广工作，设立专项经费，用于“行走德育”品牌发展过程中的项目培育、行动研究、经验提炼、辐射推广等。各中小学校应设专项经费，保障“行走德育”工作的开展。

(四) 加强协同合作

青少年的德育工作是全社会共同的责任，上城区教育局将联合区各部委办局，共同研究推进青少年的德育工作。做到家庭、学校、社会共同推进“行走德育”的实施，构建家庭、学校、社会三位一体的德育网络。

杭州市上城区教育局

2017 年 1 月 16 日

作为区域德育未来 3 年的发展愿景，这份规划既有理念的传递，也明确了“行走德育”的目标、内容和实施路径，并提出“组织领导”“队伍建设”“经费保障”“协同合作”等保障机制，是全局性的长远规划、战略性的方向指导。

2. 试点先行，项目跟进

出台《上城区“行走德育”基地建设指南》，通过自主申报、专家评审、教育局审批，确定第一批基地培育试点，启动“线路开发”“课程建设”“骨干培训”三个项目组开展专项研究。切实加强学生成长规律和教育规律的研究，促进校内外教育的密切合作和良性互动，充分发挥“社会教育大课堂”在合力育人中的作用。

【链接2-2】聚焦 | “行走德育”第二批项目申报进行时（2017）

春暖花开时节，上城区“行走德育”第二批申报项目评审暨项目负责人培训会在上城区教育学院九楼会议室拉开帷幕。

会议邀请了浙江省教科院王健敏副院长、杭州师范大学周俊副教授、浙江省特级教师陈竹根校长3位专家为第二批“行走德育”项目把脉续航。14所申报第二批区德育课程基地的学校项目负责人和第一实施人参加会议。

上城区德育研究员蒋敏主持会议并向大家简要回顾了“行走德育”一年来的工作。各校项目负责人立足“行走德育”的基本要求，结合学生培养目标，围绕申报项目的行走特色、行走设想、社会主义核心价值观教育如何落地等方面展开汇报。

首先，杭州第十中学和杨绫子学校分别围绕宗文校史馆和爱心教育体验基地的特点陈述了“行走德育”第二课堂活动基地的申报构想。

随后，12所申报学校德育课程基地的中小学做精彩的汇报。惠兴中学就“一九〇英雄中队”的传承展开汇报。开元中学就敬廉崇洁教育做了综合设计。大学路小学作为浙江省第一所少年海事学校来设计价值观培育课程。杭师附小的红色研学很好地阐释了创建目标。胜利实验学校的“红领巾创客”、娃哈哈小学的“博雅少年”、上教院附小的“走读童年”以及教科所附小的“耕读文化”研学项目都基于学校原有的德育工作，提炼聚焦，深化内涵、拓展外延，真正发挥了“行走德育”的辐射作用。新世纪外国语学校利用地缘优势，创建基地以探寻南宋文化。清泰实验学校传承家训家风，践行社会主义核心价值观。杭六中作为艺术基地，助推学生在怀梦、追梦和圆梦中的成长。回族穆兴小学则基于学校特色积极创建民族体验基地。

最后，3位评审专家对每个申报项目做了提纲挈领的点评。王健敏副院长认为，“行走德育”项目基地的建设要从两方面入手，一是价值引领、把握共性；二是特色定位、立足个性。周俊副教授围绕如何让社会主义核心观的培育更贴近学生的话题，对各校的申报角度和文本表述做了指导。陈竹根校长根据自己丰富的学校德育管理经验，对各校在实际操作中可能遇到的问题都给出了具体的建议。三位专家的意见和建议给在座的项目负责人指明了方向，打开了思路。

“行走德育”是上城综合推进德育创新的区域范式，重点解决中小学生社会主义核心价值观培育的实效性问题。基地培育是整体研究的重要一环。本次活动为各基地学校在“行走德育”的实践研究中以学生为本、做精学校德育特色，价值引领、构建区域德育网图，协同共享、实践德育评价创新等方面奠定了基础。

3. 全面实施，平台整合

优选涵盖90个基地的80条示范行走线路，召开专题研讨会发布研究成果。启用“淘”平台，整合关联平台德育资源，征集操作亮点，上线行走德育资源包。使校内外教育彰显时代特色，发挥区域历史文化的育人优势，深刻认识培育和弘扬社会主义核心价值观的必要性和现实紧迫性，围绕立德树人这一根本任务，把培育和弘扬社会主义核心价值观融入学校德育的全过程。

4. 辐射全国，形成品牌

在省、市、区各级活动会议上展示、推广上城区“行走德育”工作实践经验，影响更多的地区和学校。

【链接2-3】写好中小学党建和德育的奋进之笔

——中小学党建暨德育工作会综述（节选）

2017年11月9—10日，教育部中小学党建暨德育工作会在浙江杭州召开。

在正式落座会议室之前，来自教育部、中组部、中宣部、中央文明办、共青团中央相关部门以及各省（区、市）党委教育工作部门、教育厅（教委）、新疆生产建设兵团和各计划单列市教育局的150多名参会代表，参观了杭州天地实验小学、北师大附属杭州中学、杭州青少年活动中心“Do都城”少儿

社会体验馆、杭州市萧山区青少年素质教育实践基地。

之所以做出这样的安排，一方面是因为浙江的中小学党建和德育工作开展得扎实，另一方面也是在引导参会代表入题：在全党全国上下学习贯彻党的十九大精神之际，在中组部、教育部出台一系列文件之后，中小学党建和德育工作到了贯彻落实的重要阶段。

——《人民教育》记者 冀晓萍

杭州会议中，与会代表纷纷点赞杭州天地实验小学的“红色影视戏剧体验”、北师大附属杭州中学的“五水共治 海绵学校”展学馆，二者正是“行走德育”首批立项的项目。“行走德育”也在当年被评为全国德育优秀案例。

第三章

实践育人：行走德育的内容架构

“行走德育”提出“让社会主义核心价值观成为学生成长的芯片”，希望通过“实践育人”找到“价值铸魂”的实现办法。这需要通过联动社会各部门，整合德育资源，整体架构区域德育体系，挖掘具有时代意义的德育内涵；提供配套支持，跨越课堂与学校，培育德育基地，拓展各中小学德育内容和空间；更需要转变价值观培育的方式、方法。本章阐述了“行走德育”的目标体系、网图式体系及其内容创新。

第一节　行走德育的目标体系

实施“行走德育”这样庞大的工程，首先要有明确的要求细则，避免各学段在实施时无效重复或无序交叉。为此，“行走德育”建构了纵横交织的目标体系。

一、纵向分解，关注年级衔接

以24字社会主义核心价值观为线索，针对不同年级学生细分衔接互补的培育要求。

富强：一至三年级学生，着重了解祖国从贫弱走向富强的历史，做到不忘国耻，以刻苦自勉。四至六年级学生要尝试解析党和人民为实现祖国富强进行的探索与奋斗，崇尚不畏权贵、勇于革新、勤政为民的行为，愿意为再创富民强国伟业付出自己的努力。七至九年级学生要关心时政国情，在生活细节中体会“国富则民强”的含义，把个人发展与国家繁荣昌盛、人民幸福安康、民族屹立于世界联系在一起。

民主：一至三年级学生要敢于为集体建言，与人交往时能做到大公无私、知错能认、知错能改。四至六年级学生要发现历史故事和现实生活中做到民主理政、从谏如流、任人唯贤、关注民生、革除弊端的榜样，并宣传这些做法。七至九年级学生要在成长中体会到党和人民为创造比资本主义更高层次、更高水平的民主所付出的努力，要引以为豪并愿意成为这一伟大事业的接班人。

文明：一至三年级学生要能发现并宣讲生活中的文明风尚，身边人的优良品德，具有自觉学习的意识。四至六年级学生要探究中华民族的科技文明发展历程，了解并身体力行孝善礼让等传统美德。七至九年级学生要认同中华文明既要传承也要创新这一观点，要与世界各国文明交融互鉴，愿意为此做出自己的贡献。

和谐：一至三年级学生要在生活细节中体会并践行亲情为重、邻里和睦、民族团结理念，崇尚环保，节俭生活。四至六年级学生要通过行走认识到万类共存、相依发展的道理。关心自然万物，关爱自己和一切生命，身体力行“环保低碳”。七至九年级学生要正确认识世界各国共同安全、共同繁荣和包容共建的重要性，自觉践行环保生活，用行动追求人与自然、与自我、与社会的和谐美好。

自由：一至三年级学生要从生活经验中总结自由的价值和意义，体会到自我约束、自我负责带来的成就感。四至六年级学生要在日常生活中顺应自然规律，崇尚不唯名利，不畏困难，坚守理想追求的榜样，认同自由不等于为所欲为，做到自觉不损害国家、集体、他人的利益，有追求更全面的个人发展之意愿和行动。七至九年级学生要在行走中体会到是中国共产党让百姓获得了历史上从未有过的自由，中国特色社会主义发展将为个人自由提供广阔空间，学生们要愿意为之奋斗。

平等：一至三年级学生要体会到中国共产党为人民获得受教育、性别平等权利所付出的努力，珍惜受教育的机会。四至六年级学生要在行走中感受、认同“中国公民在法律面前一律平等”，并愿意身体力行。七至九年级学生要深入解析中国共产党对人权的尊重和保障，以及其为保证人民平等参与、和平发展的权利，消除压迫、歧视和不均所作出的不懈努力。

公正：一至三年级学生要能分析公正交易与生财有道的关系、公私分明与不滥用公权的关系，认同公平正义与每个人都有关系。四至六年级学生要发现并体会到公正是共产党的一贯主张，发现经济、政治、司法、文化等多个领域的公正，愿意在日常生活中身体力行“利益、权利和义务的分配正当合理”。七至九年级学生要认同社会公正是治国和为人的基本要求，要保证制度公平，用规范方式保证每个人的权利和义务。

法治：一至三年级学生要理解和自己相关的《民法典》内容，体会依法

治国的重要性。四至六年级学生要理解和自己相关的《民法典》内容，有依法办事的体验，崇尚法不阿贵、立法为民、有法必行的榜样。七至九年级学生要能主动学习和自己相关的《民法典》内容，认同并要求自己做学法、尊法、守法的公民。

爱国：所有年级的学生都要寻访并宣传英勇救国、献身祖国的英雄，知道“爱国”的意义，能用行动表达爱国之情；体会实干兴邦、锐意改革、创新进取、团结一心、自强不息也是爱国表现，在生活中做到“爱国”；用行动继承并弘扬民族精神，在生活细节中做到“爱国”，愿意为国家尽自己的责任和力量。

敬业：一至三年级学生要寻访中国劳动人民的敬业故事，能自己总结何为“敬业”并关联自身，身体力行。四至六年级学生要在生活中发现并传送普通人身上高度的职业责任感。七至九年级学生要用自己的行动解读忠诚勤勉、竭尽全力、精益求精、开拓创新的意义。

诚信：一至三年级学生要发现、尊敬并学习生活中诚实守信、一诺千金的榜样。四至六年级学生要在行走中做到守时、诚实，言行一致，要求自己在日常生活中遵守诚信这一基本道德规范。七至九年级学生不仅要遵守诚信，还要积极宣传诚实无欺、忠诚守信的美德，愿意用自己的付出使之成为全社会共识。

友善：一至三年级学生要学会关心、关爱家人和身边的人，愿意帮助别人，体会到被尊重和尊重他人是友善的基础。四至六年级学生要在生活中做到尊重宽容，为家庭、邻里、师生、同学之间的关系和睦作出力所能及的努力。七至九年级学生则要在遇到矛盾的时候，做到团结为重、集体为重、遵守社会秩序和公德，有主动完善人格的意识和行动。

二、横向建构，注重知行合一

具体分析社会主义核心价值观之间的关系以及社会主义核心价值观和理想信念教育、社会主义核心价值观教育、中华优秀传统文化教育、生态文明教育、心理健康教育的关系后，“行走德育”根据社会主义核心价值观体系的3个层面梳理出整体目标，避免目标泛化和指导虚化。

爱家兴国：激发爱党爱国爱人民、爱家爱校爱故土的情感，理解、认同和拥护国家政治制度，了解中华优秀传统文化、革命文化和社会主义先进文化，增强国家意识。在行走中体验中华优秀传统文化，汲取中国革命精神力量，树立国家自信、民族自信和文化自信。

社会担当：了解生活中的自然、社会常识，培养学生的社会责任意识，初步形成规则意识和民主法治观念，理解基本的社会规范和道德规范，身体力行为社会做贡献，宣讲家乡发展和祖国成就，历练科学精神和自强信念。

成长立志：养成文明行为习惯，形成自信向上、诚实勇敢、认真负责、尊重他人、乐于助人、善于合作、勇于创新的良好品质，培养热爱劳动、自主自立、意志坚强的生活态度。以实际行动锤炼优良品德，追求文明风尚，把个人理想和祖国繁荣紧密相连，树立报国志向。

纵横交织的价值观培育目标，从词语解读、枯燥说教走向立体感知、生活体认，使“价值铸魂”成为可见、可评、可操作的明确要求。

第二节　行走德育的网图构建

“行走德育”统整行政和研究的力量，打造了网图式的行走课程，实现跨校共享，支持行走实践。

一、基地创建，打造实践中心

“行走德育”基地从建设主体来看可分为三类。第一类是学校共享基地，建设主体是区内各中小学校，以共享德育课程、开放德育活动、共用德育场地的方式，为周边学校师生的时长为1—3课时的半天行走活动提供方便。第二类是传统场馆基地，建设主体是区域周边的各类博物馆、第二课堂，以

其丰富的展品资源、专业的讲解水平为中小学生营造出常规教室无法提供的德育情境。第三类是社会共建基地，由学校、教育局牵头与社会共建，涵盖了政府部门，如上城区人民法院；企事业单位，如富阳造纸厂、杭州海事局等；社会公益场所，如尚青书院、新起点福利院等；研学旅行服务机构，如浙江中旅集团下设的知行天下研学服务中心，以广阔的资源、多样的互动方式为中小学生提供便利。

基地创建分 4 个阶段推进，具体如图 3-1 所示。

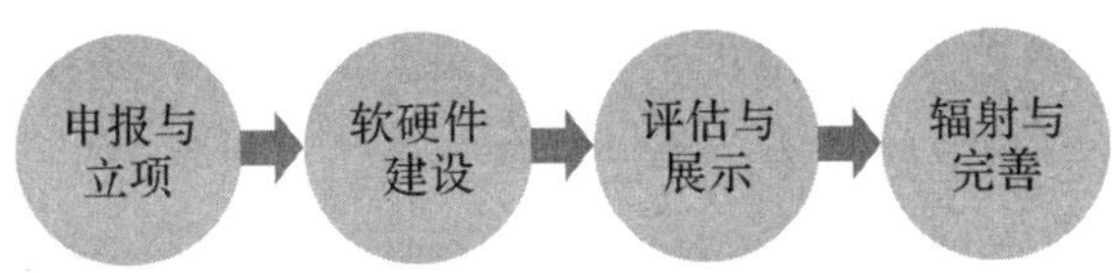

图 3-1　“行走德育”基地创建流程

依据实际情况，各基地围绕“行走德育”理念进行了各有侧重的创建工作。北京师范大学附属杭州中学的校舍是国家级绿色建筑、浙江省建筑节能示范工程，建校之初就设立了“海绵学校”展学馆，向学生展示校内中水回用处理和雨水收集两套水资源回收再利用系统。展学馆申报“行走德育”基地时确定的创建重点是其德育内涵的提升。在区德育研究员的指导下，展学馆围绕“五水共治”的主题，遵循“行走德育”的理念，利用墙面图文介绍、多媒体展播、立体模型演示等形式，既实现了节水知识的直观学习，又展现了五水共治、海绵城市的蓝图，并向全区中小学生开放，成为教育部中小学党建暨德育工作会议的展示亮点。

再如蒋筑英纪念馆，前后进行了两期创建。第一期着重硬件软装，修缮“蒋筑英故事”“星光耀抚宁”等 8 个主题展区，增设检索科技小实验原理的二维码，让场馆参观变身科海遨游。纪念馆被评为示范基地后利用专项资助，遵循“探究为先”的理念，扩建了“未来科学 +”探究厅，开设系列探究课程“小建筑家”“高楼地标建筑”“环保建筑”，凸显“创设问题情境、助推项目学习、强调多元展示”的基地特色。探究厅建成 3 个月内，已经接待了上千名中小学生。

浙江省杭州第十中学就宗文校史馆提出了“行走德育”基地建设方案，具体见链接3-1。

【链接3-1】宗文校史馆：上城区“行走德育”项目基地创建方案（2018年）

一、创建背景

浙江省杭州第十中学的前身是创建于1806年的宗文义塾，至今已有212年的历史，形成了丰富的历史人文积淀。1867年，学校定址南园（现在校址），在漫长的办学历程中，学校逐渐形成了以“宗文”为核心的校园文化。“宗文、明理、尚义”的办学宗旨、“质朴耐苦，诚实不欺”的校训在杭十中师生、校友和家长中达成了广泛共识，成为他们求学工作、做人做事的准则，我校的宗文校史馆见证了200多年来学校的发展历程和师生的成长。

但是目前，学校校史馆的德育功能还未全方位体现出来，学校校史课程缺乏教材，课程实施还不够系统，跟校史相结合的活动育人、实践育人理念的实施成效还不明显，学校师生和家长对“宗文、明理、尚义”虽然熟悉，但是对其关键内涵的了解、领悟还不够深入，缺乏实践。

基于落实德育目标和学校育人目标的需要，基于建设开来的校园文化体系，我校在现有课程内容基础上，依托校史馆，进一步挖掘学校的文化内涵和感人故事，丰富内涵，将德育内容有机融入学科教学中，将校史资源渗透在德育工作中，精心设计教育活动和各类主题实践活动，使宗文校史馆在建设十中人的共同精神家园工作中发挥更大的作用。

二、创建目标

（一）落实学校育人目标

十中育人目标是培养具有“宗文、明理、尚义”特质、适应未来发展的多元化人才。宗文，即在文化修养方面以文为宗，文道结合，使学生具备丰富的文学积累、高深的文化素养和浓郁的人文思想。明理，即让学生在自我发展方面明辨是非、体察事理，具备明是非、懂道理、讲礼仪、守诚信的品

质。尚义，即在社会参与方面崇尚道义，坚守正义，具体包括心有情怀、关爱他人、正义质朴、认真负责等内容。借助学校丰厚的历史文化底蕴，以校史馆为载体，培育和开发其独特育人价值，在校史学习和实践体验中充分渗透德育，在行为习惯、公益活动、“陈招娣”中队建设等活动中体现这种精神的传承，促进学校德育建设。

(二) 落实社会主义核心价值观培育目标

在德育建设总体目标中，明确要求要引导学生准确理解和把握社会主义核心价值观的深刻内涵和实践要求，养成良好政治素质、道德品质、法治意识和行为习惯，形成积极健康的人格和良好的心理品质，促进学生核心素养的提升和全面发展，为学生成长奠定坚实的思想基础。

校史馆基地建设的开展符合并落实了德育建设目标实施途径和要求中的课程育人、文化育人、活动育人、实践育人和协同育人的理念。

212年以来丰厚的历史文化积淀，铸就了十中(宗文)师生“质朴耐苦、诚实不欺”的品质，这与社会主义核心价值观倡导的诚信、友善不谋而合，上升到国家层面，也有利于推进文明、和谐的社会主义现代化强国建设。

三、创建内容

在学校新的发展阶段，在“宗文、明理、尚义”这6字育人目标的引领下，学校将围绕“五个一”，依托宗文校史馆，注重过程，行走在“校史”中，培养具有“宗文、明理、尚义”特质的十中学子，提高学生的语言表达能力、文学功底、沟通能力等，在实践中践行社会主义核心价值观，落实“立德树人”育人目标。

(一) 一次寻访

充分挖掘校内外各种资源，围绕校史、校友这两个方面，用好百年宗文办学遗址的作用，在学生中寻访宗文足迹，开展以“走出去”为主题的校史研学活动。结合学校已有的活动，如“陈招娣”中队创建、校庆纪念月等，创设条件，形成机制，让学生寻访身边的十中人，加深校友与母校的感情。

通过寻访，学校深厚的文化底蕴、百折不挠的办学历程传播了出去。在活动过程中引导学生在待人接物方面，要体现宗文学子的礼仪形象；让学生感悟到宗文办学历程中体现的百折不挠精神和那份坚守；学习校友们明是非、守诚信，践行“质朴耐苦、诚实不欺”的优秀品质。

(二) 一次参观

杭州是一座历史文化名城，十中是一所历史悠久、底蕴深厚的名校。寻城市之根，触文化之脉，探兴替之路，赏风物之韵，存乡愁记忆，图继往开来，学校要求学生在校3年期间至少要有一次参观校史馆和方志馆的体验。从参观校史馆到参观方志馆，这是孩子们获取精神食粮的途径。让孩子们走出去，在行走中浸润、积淀、继承、发扬，提升文化素养，丰富内心精神生活，宽阔心胸，开拓视野，不断发展自我。

(三) 一台戏剧

好的戏剧、话剧、歌舞剧，比如芭蕾舞剧《白毛女》，新中国成立后的史诗剧《长征组歌》等，在给人带来艺术享受的同时也给人们带来思想的启迪、道德的教育。

用戏剧、话剧等形式表现宗文皕年校史，可以拓展学生学习校史的形式，可以让学生有机会感受宗文义塾先辈创校的艰难，感受宗文师生辗转新安上雁荡的感人事迹，从而更深刻地领悟“宗文、明理、尚义”的内涵，培养学生的语言表达、写作和表演能力，积淀文学素养，提高德育建设有效性。

(四) 一次公益

我校公益课程旨在使学生通过参与公益事业，践行并传承我校皕年“尚义”精神。同时，公益课程以倡导服务为理念，实现了学习与服务的有机统一，对学生的文明、友善等社会主义核心价值观品质的培养，主要体现在宣传文明友善理念、学习服务技巧、提升文明友善品质、培养实践平台与增强文明友善品质价值认同感等。

在公益行中，克服诸如“一日雷锋”“几天支教”之类的“政治走秀”现象，尊重并确定学生主体地位的行走德育学习模式，做到课内与课外、校内与校外相结合。每人至少参加一次公益项目体验，走进校园，依托校史文化

和校园文化创建，营造青少年参加公益活动的氛围；走进社会，依托社区、第二课堂场馆等，使他们的参与热情、意愿转化为具体的社会公益行为。我校偏向于用一种潜移默化的隐性渗透过程，以定性、形成性评价的方式进行评估，强调对过程的高度关注，关注个体在此过程中的感受与体悟；注重对过程的宣传，从而最大程度地传递正能量，引领孩子崇尚道义、坚守正义、关爱他人、感恩社会。

(五) 一次分享

分享是为了学习，学习能促进分享。通过知名校友故事讲演、“我是校史讲解员”、“采访身边的十中人”等各种形式的分享学习，可使十中学子对学校的过去、现在有更深入的了解，并对自己和学校的未来有更美好的展望和期待。把校史内容与初中的“道德与法治”“语文”课程相结合，可增强学生的亲切感和自豪感。我校践行“知行合一”，不断增强学习的趣味性和实践性，培养学生适应未来发展的能力。

“五个一”体验是十中学子在十中的3年学习中必须要实践的项目。我们的出发点是让孩子们行走在校史中，通过自己的体验领悟“宗文、明理、尚义”的深刻内涵。我们本着活动系列化、展示集中化原则，以十中酾年情之“印象宗文周”呈现体验成果。

四、基地建设规划

(一) 建设基础

新校史馆落成：我校新校史馆已于2016年11月落成，省、市、区等领导以及外宾、兄弟中小学的学生等多次参观校史馆，并给予高度肯定。

校史内容框架完整：学校文化物化成果之一的历届校庆纪念册不断对学校历史文化做出梳理。另外，校史读本已编写成册。

校史社团成立：2017年9月，学校成立校史社团，由初一学生组成，由教科室金大鹏老师执教，在学生中营造了良好的学校史氛围。

研学实践体验：2016年10月，我校全体行政干部、班主任、部分优秀学生以及退休老师，沿着先辈办学的足迹，来到温州雁荡山，听雁荡校友讲述当年的故事，感受宗文义塾先辈创校的艰难，感受宗文师生辗转新安上雁荡的艰苦。

活动育人已显成效：学校不断开展大型文化活动，为课程开发提供了较多的材料。学校的课程开发意识增强，用课程表现学校文化的能力在增强。2016年11月26日的建校210周年活动、2018年课程汇报展演暨元旦文艺汇演等，均渗透校史的德育功能。

评价体系初步搭建：在学生评价方面，学校已有期末“敏而好学”“见贤思齐”“敬事而信”“里仁为美”单项奖，“公益”耀眼之星的设定和评比，这为培养具有“宗文、明理、尚义”特质的十中学子开了一个好头。

(二)举措与进程

1. 一次寻访

(1)2018年3—4月。

向周边的小学开放学校校园和校史馆，接待小学生的参观访问(迎进来)。

(2)2018年5—6月。

结合“陈招娣中队”建设，开展初一同学走访校友活动(走出去)。

(3)2018年9—11月。

开展新教师、新同学“辗转新安上雁荡，寻访宗文足迹”活动(走出去)。

(4)2018年11—12月。

结合校庆纪念月开展“喜迎校友回母校”活动(迎进来)。

(5)2019年1—2月。

总结整理。

2. 一次参观

参观校史馆：

2018年9—10月，初一年级学生进行参观活动。

2018年11月—2019年2月，初一年级开展亲子参观活动。

参观方志馆：每月一次。

(1) 寻杭城之根——参观杭州市方志馆，了解杭州历史，从文字出发，行走在西湖山水间，浸润、积淀、传承，根据“纳土归宋”“越王勾践”“天圆地方”等成语延伸参观浙江省博物馆、杭州良渚文化博物馆等城市文化空间。

(2) 触文化之脉——亲自体验根据《咸淳临安志》《西湖志》部分内容制作的雕版印刷拓印，用宣纸拓印南宋版志书，可以带走收藏。

(3) 图继往开来——正值改革开放40周年，参加方志馆举行的文化讲座及文化推广活动。

3. 一台戏剧

(1)2018年3—4月。

建立“宗文”戏剧规划和实施工作小组，梳理校史中表现性、故事性强，教育意义重大的事件，研究戏剧、话剧的选题。

(2)2018年4—6月。

开展校史戏剧社团活动，编写校史戏剧或话剧的剧本，以“辗转新安上雁荡”的故事线索为主题，排演1—2部校史戏剧或话剧，并不断打磨剧本、优化戏剧或话剧演出形式，在一定范围内试演，征求各方意见。

(3)2018年9—11月。

提供较成熟的校史戏剧剧本，以班级为单位在初一学生中开展校史戏剧表演活动。并且，继续开展校史戏剧社团活动，力争出精品。

(4)2018年11—12月。

利用校史纪念月和校园文化艺术节，开展校史戏剧大展演活动。

(5)2019年1—2月。

整理校史戏剧剧本和总结前期活动开展情况。

4. 一次公益

以班级、校园、社区等作为学校组织学生开展各类公益活动的对象和场所，开展如公益讲座、美丽校园建设活动、公益助学、社区公益宣传服务、垃圾分类减量互助活动等一系列公益活动。具体进程如下：

3月：学习雷锋活动（以中队为单位组织）、致敬班主任节活动。

4—5月：垃圾分类减量系列活动（公益讲座等）。

5月：假日小队公益活动、家长大讲堂。

6月：评选“陈招娣”英雄中队。

7—8月：暑期“五水共治”护河、巡河活动等。

9月：“美丽班级”建设活动。

10月：十中“公益周”(初一年级公益“英雄结”活动；初二年级公益“职业行”活动；初三年级公益“规划梦”活动)。

11月：感恩节公益活动。

12月：公布“陈招娣”英雄中队评选结果，召开表彰会。

1—2月：寒假公益志愿者小队活动。

5. 一次分享

(1)2018年3—6月，七年级《道德与法治》课上学生进行课前演讲，介绍知名校友的生平和事迹。

(2)2018年4月，“我是校史讲解员”活动，为辖区内的小学毕业生讲解宗文两百余年的历史和深厚的文化积淀。

(3)2018年7—8月，开展暑期实践活动“采访身边的十中人”，通过寻访、座谈等方式了解校友们在十中的学习经历对他们人生成长的影响，并把十中“质朴耐苦、诚实不欺”的校风和“宗文、明理、尚义”的教育理念传递出去。

五、行走设想与举措

(一) 基地面向全区开放的设想

通过校史课程体系化建设，依托校史馆，开展“五个一”活动，将“走出去”和“请进来”相结合，在实践体验中不断彰显校史的育人功能，形成辐射效应。

与上城区青少年活动中心合作，对外开放校史馆和古籍室。我校的校史馆历史文化底蕴浓厚，古籍室有线装藏书1万多册。我校办学历史悠久，人才辈出，极富文化底蕴，必将对来访者产生潜移默化的影响。

郡有志，校有史。我校已与杭州方志馆达成了协议，作为共建单位，不

定期开展交流活动。利用此资源，我校将介绍更多的团队加入寻访美丽天堂杭州足迹、了解家乡杭州的古老历史脉搏的活动。

以讲座、校史读本、分享会等形式，交流实践体验心得，在交流中培养学生爱校、爱家乡的感情，不断提升核心素养，不断增强社会责任感。

(二) 促成德育方式转型的举措

灌输式和体验式结合。在常规德育学习模式基础上，让学生在行走中，在体验中，在润物细无声中养成自主自立、意志坚强的生活态度，形成尊重他人、乐于助人、善于合作、勇于创新等良好品质，促进身心健康发展，以体验养德行!

学校和社会结合。点面结合，在寻访中、在参观中、在实践中、在体验中，促成学生从校园人到社会人的思想转变。发挥学校主导作用，引导家庭、社会增强育人责任意识，形成学校、家庭、社会协调一致的合力育人体系。

活动课程化。将“五个一”活动课程化，如“一次寻访活动”可以构建校史寻访课程，“一台戏剧”可以开展宗文戏剧课程，“一次公益”即“幸福的小鸟”公益课程，“一次参观”即地方实践课程，“一次分享”即十中小演说家课程等。我校将德育内容有机融入课程中，不断完善课程评价体制，做到“活动有方案，行前有备案，应急有预案”。

工作常态化。推进德育工作制度化、常态化，创新途径和载体，将实践体验贯穿融入学校日常工作中，努力形成一以贯之、久久为功的德育工作长效机制。

六、预期成果

形成有一定影响力的德育教育基地。通过寻访校友活动，发掘校友资源，助力学校各方面建设，形成寻访活动机制。

培养出具有“宗文、明理、尚义”特质，适应未来发展的多元化人才。让我们十中的孩子行走在西湖山水文化间，体验着，感悟着，让文化传承、吸纳、外显！以史为鉴，会讲杭史以启智万民。养德高风，独立傲雄，敏而好学，见贤思齐，讲历史故事，读儒雅书经，以浸润的方式闪耀杭城，魅力无穷!

呈现出2个左右较为成熟的校史戏剧或话剧剧本。举办一次公开的校史戏剧大展演活动，让校史戏剧活动成为学校德育建设的特色活动。

通过践行“公益”，渗透和谐友善教育，倡导学生做公益十中人；渗透文明礼仪教育，倡导学生做守礼十中人；渗透质朴耐苦教育，倡导学生做朴实十中人。最终培养出崇尚道义、坚守正义、心有情怀、关爱他人、正义质朴、认真负责的“尚义”十中学子。

通过学生的主动参与和实践，加深其对学校历史和育人理念的理解和认同，培养和锻炼学生的语言表达能力、合作学习能力和人际交往能力，向社会展示十中学子自信、阳光、文明的良好形象。

通过家长和社会参与基地创建，取得家庭、社会对学校德育工作的支持，引导家长注重家庭、注重家教、注重家风，营造积极向上的良好氛围。

二、突破界域 丰富基地内涵

依据“申报立项—项目建设—设施升级—评估展示—校际辐射”的路径，上城区教育局与浙江革命烈士纪念馆、上城区法院、新起点福利院等场馆、企事业单位合作，跨领域建设68个校内外行走项目，向全区学生开放支持。“行走德育”基地项目如表3-1所示。

表3-1 “行走德育”基地项目一览表

价值导向		校内基地	校外基地
爱家兴国	富强民主文明和谐	少年海事（大学路小学）	我@钱塘江（杭州钱塘江博物馆）
		红色研学（杭师附小）	追寻先辈的足迹（浙江革命烈士纪念馆、杭州革命烈士陵园） 寻找红色基因（杭州革命烈士陵园等） 领空卫士（中央航校纪念馆、王伟烈士墓）
		和合民族（回族穆兴小学）	最炫民族风（桐庐莪山畲族乡）
		四季节气（胜利小学）	江南食（茶叶博物馆、杭帮菜博物馆、楼外楼） 蚕桑诗话（中国丝绸博物馆） 中国瓷（南宋官窑博物馆） 钱塘非遗（杭州历史博物馆、良渚文化博物馆等）

续 表

价值导向		校内基地	校外基地
爱家兴国	富强民主文明和谐	走桥读故事（时代小学）	匠心古艺（浙江省博物馆、中国印学博物馆、杭州工艺美术博物馆） 钱江桥（武警钱塘江守桥模范中队） 江南古井（南宋御街） 运河之歌（中河流域、运河街区）
		中华茶韵（紫阳小学）	茶艺小达人（尚青书院）
		南宋文化（新世纪外国语学校）	走进清河坊（杭州清河坊历史文化街区）
		杭州“和”文化（清河实验学校）	最忆杭州（西湖十景）
		吴山文化（高银巷小学）	中医药的奥秘（胡庆余堂中药博物馆） 御街探访（南宋御街）
		走读博物馆（上教院附小）	场馆探秘（杭州市第二课堂场馆）
		家风家训（清泰实验学校）	钱氏家训（钱王祠）
社会担当	自由平等公正法治	西湖小记者（饮马井巷小学）	新闻播报（杭州电视台）
		影视体验（天地实验小学）	英雄赞歌（杭州近代教育史陈列馆、浙江革命烈士纪念馆、杭州党小组纪念碑、嘉兴南湖）
		“一九○”传承（惠兴中学）	勇敢娃娃兵（上城区少年军校）
		行走社区（崇文实验学校）	社区文化探索（毛泽东同志视察小营巷纪念馆、中国社区建设展示中心）
		敬廉崇洁（开元中学）	清正廉洁（于谦祠、于谦故居）
		红领巾创客（胜利实验学校）	智能机器人（阿里巴巴杭州总部、东风裕隆汽车有限公司、新松机器人自动化股份有限公司）
		海绵城市展学馆（北师大附中）	未来城市（安吉余村、中国水利博物馆、杭州市气象科普体验馆、杭州低碳科技馆、杭州自来水厂、天子岭垃圾填埋场等）
成长立志	爱国敬业诚信友善	沿着筑英的足迹、“未来科学+”（抚宁巷小学）	爱国崇学（钱学森故居）
		勇毅进德（勇进实验学校） 宗文公益（杭十中）	攀登小少年（唛牛艺术中心）

续　表

价值导向		校内基地	校外基地
成长立志	爱国敬业诚信友善	生涯规划、未来城市 (建兰中学)	职业小达人 (胡雪岩故居、中国财税博物馆、方回春堂、西湖博物馆、中国伞博物馆、一新坊、中国刀剪剑博物馆、中国扇博物馆、胡庆余堂、Do都城等) 公益行(新起点福利院等) 浙商风云(娃哈哈、阿里巴巴等企业)
		怀梦追梦(杭州六中)	航空探秘(中央航校纪念馆)
		蔓生长(江城中学)	狼性训练(浙江省教导大队) 法理天平(上城区法院)
		翰墨书香(金都天长小学)	墨韵怡情(西泠印社)
		中华耕读(教科所附小)	经典诵读(西湖国学馆)
		启志善交(凤凰小学)	成长礼(杭州孔庙)
		伙伴交往(天长小学)	古宅寻宝(胡雪岩故居)
		博雅少年(娃哈哈小学)	走近大师(中国美院、中国美术馆)

如高银巷小学和胡庆余堂中药博物馆共建的“中药传承”项目，在参观中嵌入“泛丸技艺体验”“养生茶配方创意”“传统香囊制作”等实践项目，广受欢迎。

如此，网图式的行走德育课程内容，有效破解了中小学生价值观践行“去哪里？怎么去？做什么？”的难题，打破了传统德育以课堂为主阵地、以教师为中心的局限，联手各部门挖掘资源、整合力量，让学生走向社会、了解社会、深入社会，让德育成为更深入、更直达内心的体验和践行。

第四章 知行合一：行走德育的实施范式

“行走德育”要探寻的是社会主义核心价值观培育从接受为主转向体验实践为主，从封闭走向开放，从价值理解指向价值引领的实现方式。为此，上城区建立了“行中学”范式和“寻根、承志、追梦、扬帆”的主题行走活动，推动学生展开有情、有思、有收获的践行过程，促成学生对价值观的认知、认同、认真践行，成为“以家国天下为己任”的时代新人。本章的第一节解读了“行中学”范式的设计、应用和典型案例，第二节概述了“寻根之旅”“承志之路”“追梦之旅”“扬帆之旅”4个主题的行走规划和线路设计。

第一节　“行中学”范式的设计与应用

“行中学”范式的设计和应用重在实现价值观培育的双重循环：认知转化为情感体验，行动升华为坚定信念。前者通过“行走”在体验中认知价值观，加深并强化感悟，形成稳定认同感，使观念得以形成；后者通过反复实践，触发知、情、行的高度融合，价值观外化为个体的自觉行为，成为习惯，进而升华为坚定的信念。

一、变序应用：让行走更灵动

“行中学”范式是两个维度的综合推演。“行”，即通过聚焦社会主义核心价值观，引导学生考察探索、价值体认和自觉践行。“学”，即通过检索聚焦、多重体验、成果分享、反思积淀的流程展开。特别要强调的是，“行中学”范式倡导根据实际情境进行科学预设，根据学生实践需要灵动生成。因此，4 个流程要素不预设固定的先后顺序，可以按照前文次序实施，也可以变序实施。

例如“反思积淀”，可以是红色传承过程中的史料解析，也可以是国情体察回来后的热点群议，又如“成果分享”可以是文化接力中间环节的文化创作，也可以是社会服务结束后的互相分享。

范式推广过程中，老师们根据实践情境和具体目标有多样而灵活的应用，逐步优化、提炼形成了以下 4 种情境应用。

（一）文化接力

“文化接力”旨在强化从传授知识到传承文化的践行。它把优秀传统文化、党史、社会主义发展史教育融入了地域文化。

实施时应广泛挖掘学生生活中的德育资源，彰显时代特色。实现从知识了解到文化传播的转变。用“文化体验—文化检索—文化创作—文化传播”4个步骤，引导学生发现文化之美，体验创作之趣，承继文化精髓，激发民族情怀。实践中，这类应用十分广泛，操作的关键是要凸显“在路上的探究”，延伸“在路上的体验”。

（二）红色传承

引导学生从旁观聆听走向知国报国。通过“主题探究—史料解析—定格体悟—榜样追随”，引导学生寻访英雄故事，体悟爱国精神，回望建党历史、建国之路，滋养爱国心。

这类范式中的“主题探究”“史料解析”是两个相互关联的阶段，但指向不同，“主题探究”注重的是问题解决过程中的观察、调查、检索环节，而“史料解析”更强调在交流、分享、辩论中确立观念与信念，教师需要“随时引发学生的审辩思考和创新意识”。

（三）国情体察

把参观游览变成主动探究，联通课堂与祖国大地、家乡风土，通过“攻略预设—考察访谈—热点群议—出力献策”，使学生跟随祖国发展的脚步，触摸民族兴盛的脉搏，体会国家政治制度、经济制度的优越，萌发强国志。

（四）社会公益

引导学生从受益于社会资源的旁观者变成服务于大众的社会人，把个人历练和服务社会融合在一起，通过“组织筹备—技能拓展—项目实施—交流改进”，培养学生的公德心、责任感，激励报国行。运用时不以完成某项任务为评判标准，不以财物捐献为基本要求，重在修炼个人品德，让学生感受到“被需要”“被信任”的成就感。

二、情景实践：演化变式操作

在4种情境应用基础上，上城教师还演化推广了12种操作变式，让价值观可见、可感、可思、可行。

（一）剧场演艺

剧场演艺即选择历史事件、英雄人物、文化故事中的戏剧元素，运用剧场情境，让学生选择经典片段，通过想象与扮演有意识地再现并传递当事者的情绪、思想，操作流程如图 4-1 所示。

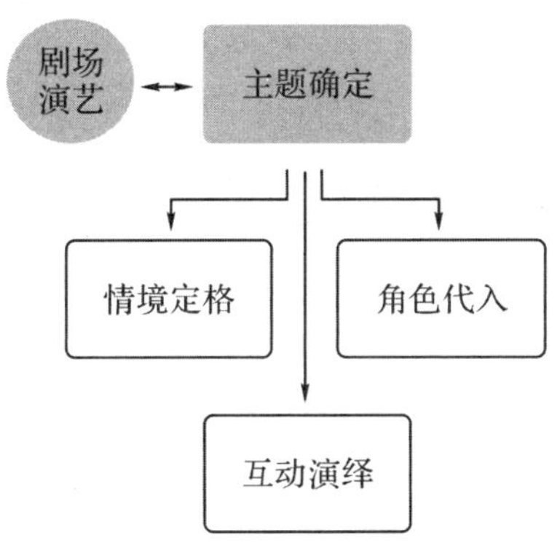

图 4-1 剧场演艺操作流程

【链接 4-1】怎样演好英雄

“云居山行”是穆兴小学“承志之旅”的必行线路，“情景定格”则是最能点燃学生激情的活动。这一次，5个男孩一致确定表演“狼牙山五壮士”，可他们针对具体定格哪个场景却争论了很久。最后，演葛振林的小睿说：“我们要演出英雄不怕牺牲的精神，就演跳崖前的情境。”沉默了一会儿，5个人都举手同意。

最后表演时，同学们对“马宝玉”整军衣、正军帽的动作有意见，认为既抢镜又拖缓了表演节奏，应该在折断枪支后直接高呼“打倒日本帝国主义！中国共产党万岁！”。小马却十分坚持，他说：“马宝玉是班长，还是党员，选择通向棋盘陀的绝路是他带头的，跳崖也是他带头的。我这么演就能表现他为了掩护大部队，早就做好了牺牲的打算，到最后关头不慌不乱，还要为战友打气做表率。”回应他的是同学们热烈的掌声。

由链接 4-1 可见，“情景定格”让学生从历史旁观者化身为角色演绎者，在多时空的交流中领会、认知，萌发了革命精神的种子。

还有学生跨越时空还原“开国大典”“红船夜话”，理解了关键事件；角色扮演赵一曼、王二小，体会了英雄精神；演绎《造纸术的改良》《年的故事》，感悟了文化精神。

剧场演艺的重点不是训练学生表演，重在使他们体会“此时此地此人”之感受。运用时要引导学生在历史背景下体会人物内心，需要教师有意识地引导学生释放天性，全身心去想象并表达。

（二）非遗手作

把本地非遗文化融入学生喜闻乐见的DIY手工制作，不仅可以提升劳动教育内涵，培养艺术审美创意，还能引导学生亲身感受非遗文化的历史价值和非遗传承人的精益求精精神，担起创新乡土文化、传承非遗文化的责任。实际操作流程如图4-2所示。其中“非遗故事”可以结合实际需要安排在“匠艺欣赏”的前后，也可以放置在“学习制作”和“作品展示”的环节中间。

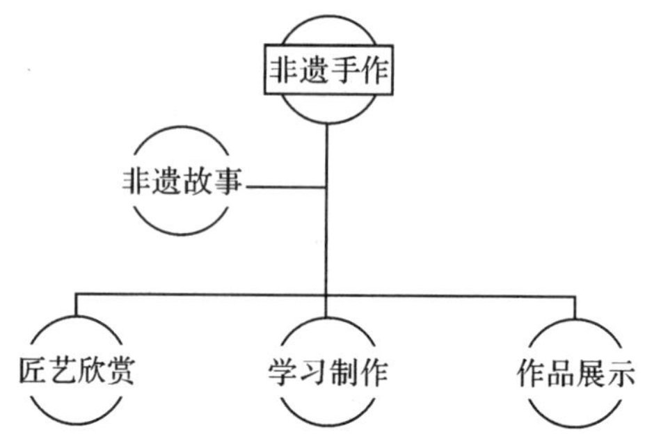

图4-2 非遗手作操作流程

【链接4-2】节气彩纸扇“圈粉”无数

（青年时报 记者周宇琪）上城区本届“七色花”艺术节的开幕式变身非遗文创作品义卖会。12张一套的藏书票，篆刻的是孩子眼中的“富强、民主、文明、和谐……”；橡皮章里的西湖十景结合了水墨画和3D打印技术；竹制灯笼把剪纸和中国结融为一体；靛青印染和白帆布幻化出球鞋、书包、

靠垫、笔袋，引来众多市民慷慨解囊。今天的人气作品是10岁少年小周的二十四节气彩纸扇。一年前，小周在非遗老师的启发下开始创作节气主题的国画，时令水果和蔬菜组合的画面颇具特色。今年，他又把宣纸换成了纸扇，这就有了现场“圈粉”无数的二十四节气彩纸扇。

链接新闻折射出上城区学生对“非遗手作”的热情，以及这一方式把非遗文化与匠人精神、传统技艺根植于学生内心的过程与实效。

启发中小学生爱上非遗、传承非遗，不能脱离实际生活。除了传统工艺，还可以涉及节日民俗、表演艺术、民间知识。除了要吸引有特长的学生，还要吸引更多普通学生，鼓励他们进行更多与时俱进的创新。

(三) 仪式典礼

仪式典礼是围绕一定主题，将一系列具有象征意义的行为集中起来的程序性德育方式。其特有的感染力，能缩短学生与历史事件、英雄人物、传统文化之间的时空距离，唤醒责任意识及自觉性。实际操作流程如图4-3所示。

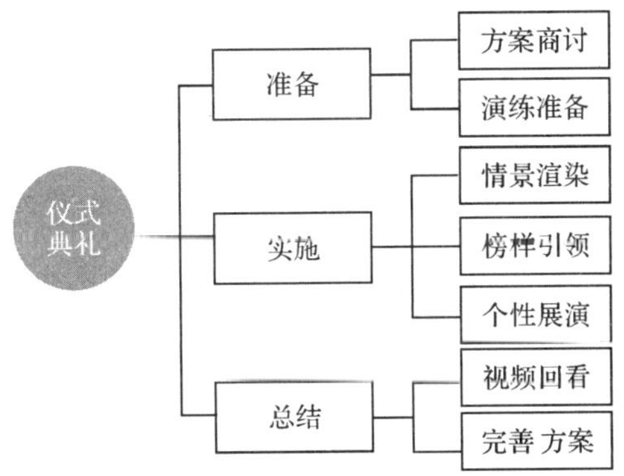

图4-3　仪式典礼操作流程

【链接4-3】凤凰小学“三启”成长礼

每年9月1日，凤凰小学的一年级新生会在全校师生的掌声中上台，和老师、同学合影，并接受校长赠送的开学礼物——以社会主义核心价值观为主题的绘本。学生进入四年级后，学校会为迎来10岁人生的学生举办集体生日会，展示学生参与“我@父母”“我@家乡”“我@自然”“我@自己”“我@未来”德育实践的成果，鼓励学生穿上礼服，与父母牵手穿越“成长之门”，传递“一封家书”。毕业典礼中的保留项目是听老红军、科学家或父母讲他们的成长故事，学生们演讲“我的理想”。如此，学生在7岁的启蒙礼中逐渐养成好习惯，顺利过渡幼小衔接；在10岁启志礼中学会感恩，看到自己的成长和责任；在12岁的启程礼中发现成长榜样，立下成长志向。

凤凰小学的做法并非个例，高银巷小学一年级学生在祭扫革命烈士墓仪式中增加了入队环节，让佩戴上的红领巾更具成长意义；崇文实验学校的毕业旅行包含参观南京大屠杀纪念馆，并特别设置了默哀环节，启迪学生明白他们肩负的责任。上城区内所有中学都会举行18岁成人礼，学生们为父母敬茶，倾听他们的18岁故事，面对成长榜样，树立成长志向。更多学校的师生、家长会利用相关平台推送仪式短片、感想，分享典礼方案，为下届师生或其他活动提供参考。

实际操作时要让每个学生充分发表意见，以确定方案，避免老师定论武断或墨守成规。最后结合视频回放来总结，以引导学生从“他人”视角反省自身表现。

(四) 场馆探宝

借助博物馆馆藏，引导学生发现镇馆之宝并体会其文化价值和意义，让学生从接受者变为发现者，参观过程从走马观花变为自主探究。实际操作流程如图4-4所示。

图 4-4　场馆探宝操作流程

【链接 4-4】最“民主”的展品

饮马井巷小学三年级学生带着一个问题走访了中国社区建设展示中心：“场馆中最能体现民主的展品是什么”。一番探究后，1 班同学认为第一展厅中用于黄豆选举法的白瓷大碗最能体现“民主”。2 班的同学认为陈福林的铜像最能体现“民主”，因为这位黄包车夫被大家选为上羊线弄第一个社区居委会主任。这次的寻访，让学生了解到中国人民为追求自由、平等、公正、法治所付出的艰辛努力，体会到人民当家作主的来之不易，更愿意为今日社区的建设提出建议，付出努力。

上例可见，“场馆寻宝”让学生既了解了馆藏文物，也探究了背后故事，更乐于分享研学所得，能有效指导师生开展探究式的场馆学习。

为触发“寻宝”，导师或志愿者应提前发布场馆信息，指导学生检索资料以确定研学问题，如时代小学的学生通过对良渚相关资料的查询，推测出良渚陶罐上的符号是中国文字的起源。“说宝”环节要鼓励学生通过现场辩论表达观点，如大学路小学的学生在钱学森故居现场邀请讲解员并担任小裁判，通过辩论确定了“克勤克俭”的钱氏家训最值得牢记。“赏宝”环节是研究性学习的展评。聚焦问题后，学生可以在场馆讲解员的引导下对具体展品进行观察、探究，也可以通过网络搜索、资料查阅对比展品介绍进行赏析和体验。例如饮马井巷小学的学生在浙江省革命烈士博物馆中找到了许多革命诗歌，现场进行了诵读和表演。最后的“荐宝”应引导学生提出新的问题，由此形成一个循环推进的探究模式。

(五) 营地生活

营地生活是围绕既定的团队目标，学生在特定地点连续体验几天的集体生活。同酒店住宿相比，营地生活以更具社会性、持续性的体验，促成学生身心及思想的成长提升。让学生走出家庭，重新认识家的意义，学会感恩家人。操作流程基本遵循营地课程展开，以“12 个一”为实施要点，具体如图 4-5 所示。

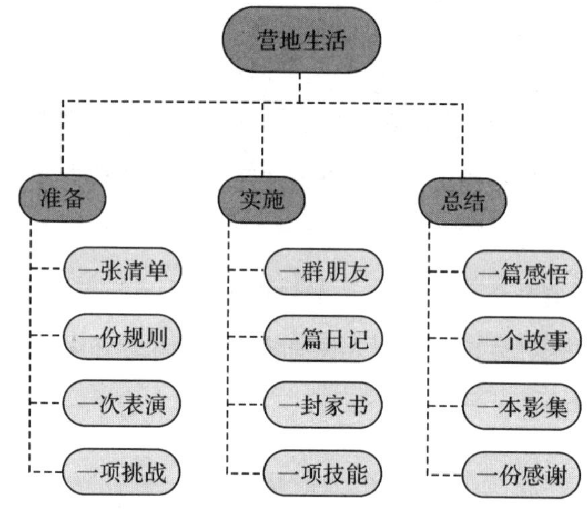

图 4-5　营地生活操作要点

【链接 4-5】小军人有话说

上城区“勇敢娃娃兵”研学基地开发的五日营是上城区每个五年级学生的“必修课”。孩子们的军营日记有滋有味。

胜利小学的小刘同学写道：“清晨，我们迎着朝阳进行越野突击训练，感受勇闯难关的长征精神。夜晚，我们露营在南宋皇城根下，和同伴搭帐

篷，看红色电影，回首英雄的烽火岁月。”

娃哈哈小学的小王同学记录了苹果的故事：“下午长途拉练，每个人都发到了一个苹果，但教官命令：‘只能看，不能吃。’开始，我们走得很轻松，有的哼歌，有的说笑话，渐渐就累了，渴了。小胖忍不住，一边掐苹果一边吸汁水，真香啊！幸好队长提醒我：‘军人就要服从命令。你若咬一口，我们小队就要扣分了，你一定要坚持住，不能吃！’我舔了舔红彤彤的苹果皮，咽了咽口水，把它放回了口袋。终于，我成功地带着完整的苹果回到了军校，坚持就是胜利！”

勇敢营让学生对革命精神有了感同身受的体验。学生在生存营搭灶做饭，结交好友；在领袖营挑战社会调查、巧手大比拼等团队任务，历练团结坚毅的品质。

营地生活针对不同年级的学生有不同的要求，1—3 年级学生重在生活技能培养，4—6 年级学生重在集体观念培育，7—9 年级学生重在价值观践行。营地生活结束，还可以引导他们回顾经历，整理影集，与教官或志愿者通信。

(六) 走读天下

走读天下引导学生跟着诗词走家乡，带着书本看天下，通过“行万里路”的体验，促成“读万卷书”的成长。实施流程如图 4-6 所示。

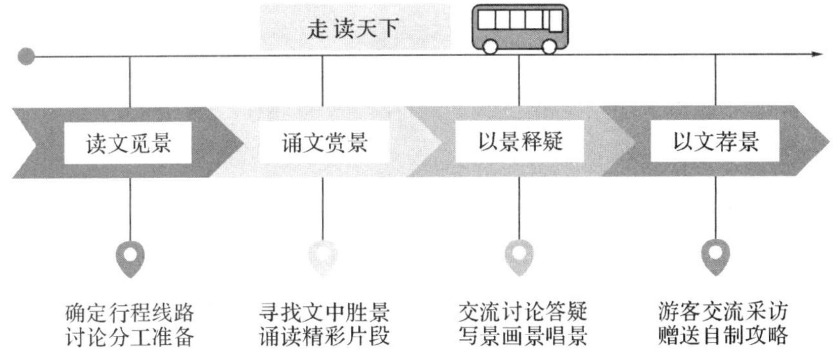

图 4-6　走读天下操作流程

【链接 4-6】读东坡游苏堤

在紫阳小学，“跟着宋词游杭州”活动已实践两年。五年级时，学生们读柳永，观钱潮，读岳飞，访岳庙，跟着陆游到孩儿巷寻古；六年级时，学生们到清照亭吟诵女词人的作品，跟着范仲淹游梅城，跟着苏东坡游西湖。小陈同学说起游苏堤的回忆，句句离不开苏东坡：“走了近 3000 米的苏堤，我们都有点累，想象苏东坡带着百姓们用疏浚西湖的淤泥一点点堆起它，这工程多么伟大。苏东坡虽一生坎坷，颠沛流离，但始终胸怀国家，无论在哪个岗位上都不忘为国家、为百姓做贡献。这就是爱国！”

可见，“走读天下”能有效触发学习者在研学情境中的交互体验，真正做到变游览为探究，以阅读点亮双眼，以脚步解读文字。

操作时应鼓励学生依据自身阅读积累，自主设计研学线路和研学主题。区内小学生跟着古诗走西湖十景，看杭城四季，传播家乡故事；初中生则跟着鲁迅作品游绍兴，沿着丝绸之路寻访传统文化。

（七）小鬼当家

小鬼当家是让学生从家庭中被照顾的对象转换角色，成为要照顾家人吃穿住行等一系列事宜的当家人，鼓励学生主动承担家庭责任，学会感恩。实施流程如图 4-7 所示。

图 4-7　小鬼当家操作流程

【链接 4-7】我为“女神”做件事

这个月，天长小学“小鬼当家”的主题是“我为‘女神’做件事”。小王

同学在班级汇报中这样介绍：

“我先确定谁是我们家的女神。结果发现，人数不少啊，妈妈、外婆、奶奶、舅妈都是啊。当然，女神再多也不能厚此薄彼。可是怎么才能让每个女神都高兴呢？我就拐弯抹角向妈妈调查外婆，向舅舅打听舅妈，找爸爸询问奶奶和妈妈的兴趣……电话打了一个下午，再加上平时的观察，我制定了计划，给家里的男人都分派了工作：爷爷负责包饺子，爸爸负责当司机，舅舅负责拍照，我负责布置餐厅、做贺卡、买花、讲笑话、唱歌、准备神秘礼物。没错，弟弟也有任务，他负责献花。晚餐开始了，人多，饺子多，笑声更多。妈妈看我把爷爷、奶奶、外婆和舅舅一家都请来了，直夸我想得周到。弟弟给每个女神送上贺卡和鲜花。我发言感谢了各位男神的付出，给每个女神送上神秘礼物——妈妈的口红是我用零用钱买的，舅妈的咖啡杯是我上学期得到的奖品，送给奶奶和外婆的礼物最花时间、力气，因为是从头到脚的全身按摩！我的手都累得抬不起来了，讨女神喜欢可真不容易。但是，女神们日复一日照顾家人不是更不容易吗？我决定，要把服务女神这件事坚持下去，月月做，常常做！”

每个孩子在当家日都各有创意和苦乐：小王同学举办了女神聚会，用行动感恩妈妈和奶奶；刚上初一的小宇同学教会外婆网上买菜，又承包了一天家务，感叹体力劳动者的可敬；小青同学组织全家出游，预算超额，只能三个人合吃一碗面条；小瑞同学做厨师忘了开电饭锅……学生们在享受被信任的感觉时也树立起了责任意识。他们的热情促使不少学校在开学初就公布每月一次的当家日期。

实际操作时要避免把小鬼当家简单定义为学做一项家务或做一顿饭，应该做好家长工作，给予学生充分的自主权、规划权和领导权。另外，组织家庭讨论会和班级展示活动也很重要。

（八）农工实习

农工实习和一般学农、学工操作的不同在于真岗位、真任务和真工作，最大成效在于让每个学生出力出汗，格外珍惜自己的劳动成果。实施流程如图 4-8 所示。

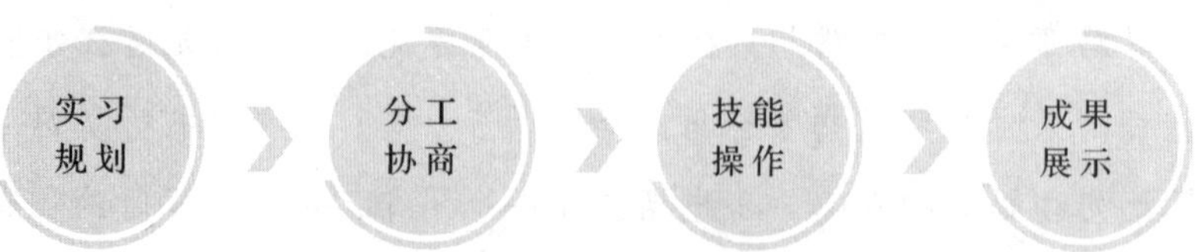

图 4-8　农工实习操作流程

【链接 4-8】农场里的狗尾巴草

（杭州日报）杭六中在校园南面开发了一个约 100 平方米的智慧农场。农场的规划和操作全部由学生完成，并实现自动灌溉。目前种植的有金瓜、向日葵，还有狗尾巴草。这是初三（4）班同学的提议："小学科学教材里有专门学习狗尾巴草的内容，但是城市里狗尾巴草并不常见。在农场里种这些狗尾巴草，我们可以送到周边小学供学弟、学妹做研究。"

很多学校都在校园内建有农场，但大多由校工种植、领导管理，学生通常只在播种、收获时段参与，全部由学生管理运作的并不多见。上城的"农工实习"走出了一条劳动实践创新之路。学生在学农基地养护果蔬，培养劳动意志；在"智慧树"制作饼干，发挥创意，体会了劳动成果的可贵，懂得了劳动的价值。

（九）职场体验

选择或模拟真实的职业场所让学生参与工作，帮助学生了解行业甘苦，感受行业精神，体谅父母辛劳，在丰富见识的同时对自己的职业规划有更积极的思考。实施流程如图 4-9。

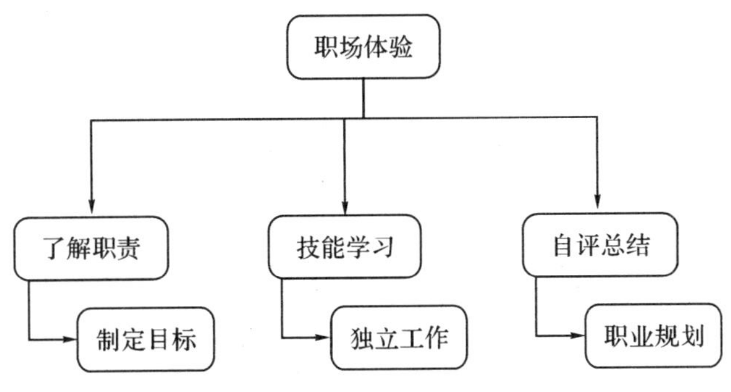

图 4-9　职场体验操作流程

【链接 4-9】上城小银泰开张了

“上城小银泰开张了！来服装职高卖场，找到最适合你的那一件。”近日，服装职高营销 181 班的同学天天转发这条微信消息。“小银泰”实际上是营销 181 班学生们的实训基地。上周，同学们就开始整理柜台，陈列服装。卖场开张时就更忙了，同学们在每日进场前要彻底打扫场地卫生，接收不同厂家的货品，入库并上架陈列，开票、收银、包装，还要及时关注仓库存量。顾客多了要有问必答，顾客少了还要主动宣传。同学们都说，做了才知道营销大有学问。

此类操作中，学生试做父母的“影子”，体会了他们的辛劳；去场馆担任解说员或在学校食堂当小帮厨，感受了普通人的敬业。

职场体验活动可以借助各行业的精英力量或家长的职业资源营造，帮助学生获得实实在在的工作经历、社会经验与成长思考，实际操作时要关注基础设施的建设，既要保证安全使用，又要引入现代技术，例如设立在服装职高的劳动实践基地就不断更新设备，陆续推出金工、电子电工、现代家政、陶艺制作、手工制作等专业场地供全区学生使用。

（十）关爱智造

关爱智造旨在引导学生有意识地发现生活中的不便和身边人的困难，运用智慧创造“爱的发明”，为身边之人解决问题，送去幸福和便利。操作流程如图 4-10 所示。

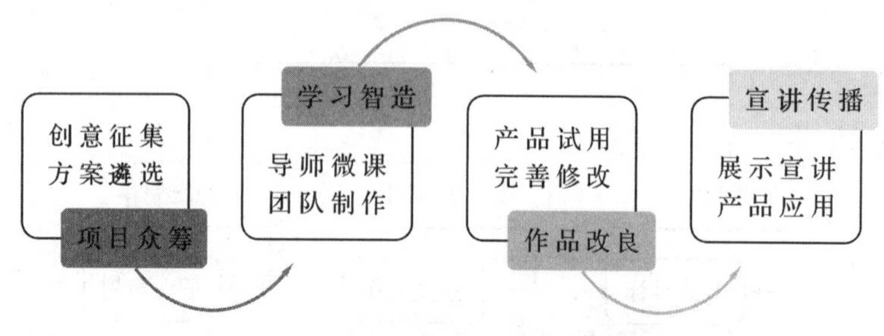

图 4-10 关爱智造操作流程

【链接 4-10】胜利实验学校的创客发布会

2018 年 12 月 7 日，胜利实验学校的创客发布会在观摩教室举行，22 件作品集体亮相。

小徐同学的妈妈去年生了妹妹，晚上起来给妹妹喂奶时，常因为太黑碰翻桌上的东西。妈妈这么辛苦，小徐同学想帮她，就和同学一起想办法做了“宝宝小夜灯”。只要手轻轻一挥，灯就亮了。

看到很多教师长坐不动导致颈椎酸痛，同学们设计了“久坐提醒仪”，还邀请教师进行产品测试，最终将提醒时间的间隔由原来的 1 个小时改为 40 分钟，提醒的声音也由原来的急速鼓点改为柔和的风笛声。

胜利实验学校的创客发布会让我们看到，关爱智造不仅能带给学生智慧灵感，更能唤醒他们心中的爱与责任。

操作时要注意，作品宣讲环节重在引导学生回顾、分享他们对爱的理解、付出和坚持。为了鼓励创意落地，学校要适时提供经费支持，让学生的智慧和关爱应用到现实。

（十一）社群模拟

社群模拟实质上是学生对特定的社会行为的生活化预演，如跳蚤市场、新年庙会，也可以拓展为模拟法庭、模拟选举、模拟联合国大会。操作流程如图 4-11 所示。

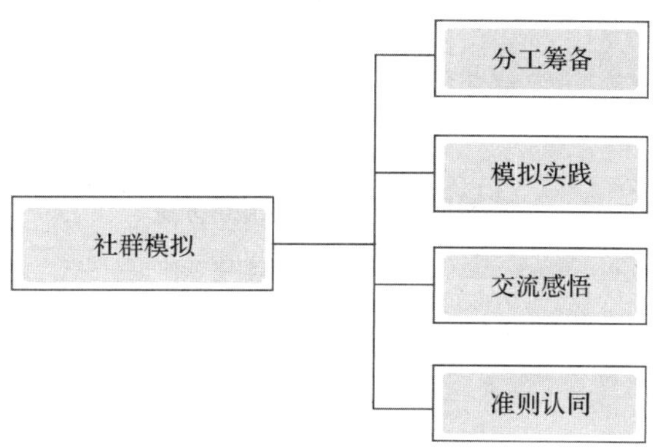

图 4-11 社群模拟操作流程

【链接 4-11】上城区法院迎来“尚法小达人”

上城区 46 位五至七年级的中小学生作为首批“尚法小达人”，在上城区法院开启了探“灋”之旅。实地参观法院，听志愿法官解读大厅浮雕“灋”之意义，观摩法官的宪法宣誓，旁听案件庭审，“尚法小达人”受益匪浅。接下来，他们还将参加上城法院和上城区青少年活动中心联手打造的“以案释法”“跃跃欲试”“模拟法庭”等体验旅程。

社群模拟的重点在于不断扩大体验视域，在真生活、真经历、真体验中帮助学生主动适应社会和遵守社会行为准则。学生参加模拟法庭，积淀法治观念；组织义卖，为肯尼亚烧伤儿童米鲁鲁募集手术费，体会公益的力量；召开少代会，力证建立“红领巾学院”的提案价值，培养社会担当。学生中有的坚持为藏区伙伴送书、送衣物，有的常年参加地铁引导志愿活动，有的还为社区垃圾分类义务做宣传，参与人次超过 3 万人。

实际运用过程中，要给予学生充分的活动机会与空间，调动学生的多种感官去感知体验，达到不断丰富和发展学生的社会生活新经验的目标。

（十二）志愿服务

志愿服务旨在指导学生践行“不求回报”的志愿者精神，以帮助他人、促进社会进步为目标，可借助区域平台实施，操作流程如图 4-12 所示。

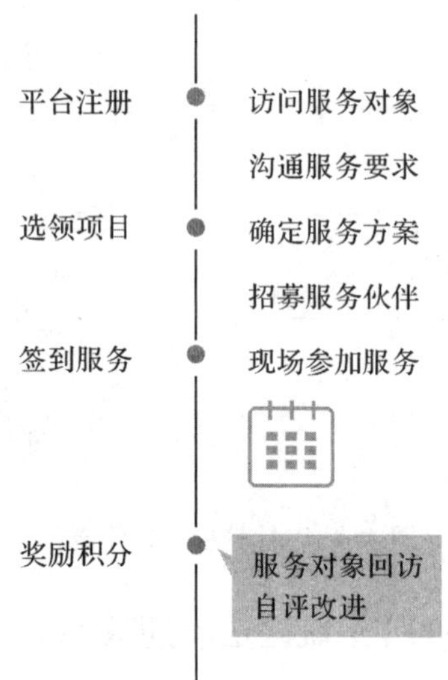

图 4–12　志愿服务操作流程

【链接 4–12】和“唐宝宝”一起玩

杭州市杨绫子学校常年招纳学生志愿者，鼓励更多人走近特殊孩子，帮助特殊孩子。今年 7 月，就有 30 多个孩子报名作为志愿者，和 15 个特殊孩子一起参加夏令营活动。开始，大家小心翼翼，各站一边。很快，所有孩子都围在一起，画画、剪纸、跳舞、做游戏，“活动当中根本看不出来普通孩子和特殊孩子的差异”。一个戴眼镜的小女孩，在游戏当中自然地挽起与她搭档的“唐宝宝”的胳膊，教她该如何做。许多孩子在地上玩得“东倒西歪”，哈哈大笑。

上城有超过 87.6% 的中小学生参与过志愿服务。实际操作中，要引导学生通过这一过程，强化社会责任意识、规则意识、奉献意识，鼓励他们参与社会、服务社会、改造社会。也可以和其他范式结合运用，例如在走读天下的过程中可以适时开展环保毅行，或设计游览攻略、制作摘录诗词的书签等分享给游客和朋友。

三、主题设计，支持多元行走

“行走德育”勾连基地与课程，建构了四大主题行走活动，配套设计了80条行走线路，打造了实践育人的全新载体。

(一) 聚焦目标，分段设计

从顶层规划的角度，积极构建知与行相结合、研究性学习与旅程体验相结合、综合实践与社会主义核心价值观培育相结合的行走项目体系。其整体目标是“体验传统文化之美、传承红色革命之魂、发现祖国建设之策、树立少年报国之志”，也是社会主义核心价值观植入内心并指导践行的4个表现维度。

对应目标，分“寻根之旅”“承志之旅”“追梦之旅”“扬帆之旅”4个主题，为1—3年级、4—6年级、7—9年级三个学段的学生分别设计行走项目。

1. 寻根之旅

设计“跟着诗词游杭州”“镇馆之宝的来历”“传统文化与艺术”3个项目，引导学生在行走中感受中华优秀传统文化的魅力，追溯民族和文化的根源，体验传统文化之美，树立国家与文化自信。

这一主题通过诗词研究渲染山水人文之美，以国宝探秘勾勒历史文化之美，以技艺学习点睛艺术传承之美。

具体内容和实施建议如表4-1所示。

表4-1　寻根之旅具体内容和实施建议

主题	项目	内容与特色	目标与成果
寻根：体验传统文化之美	1—3年级跟着诗词游杭州	以课本内外的诗词为线索，游览西湖名胜景点，探访杭州历史、传说和人物生平	领略西湖之美、诗词之美和家乡的人文历史之美，能设计西湖游览路线，并以自己的方式推荐给身边的朋友
	4—6年级镇馆之宝的来历	走访杭州历史博物馆、中国印学博物馆（西泠印社）、中国茶叶博物馆、中国丝绸博物馆、南宋官窑博物馆、良渚文化博物馆等场馆，了解馆藏文物、镇馆之宝，及其背后的故事	乐于分享自己在研学过程中获得的文化体验。在了解华夏历史的同时进一步认同中华文明，能参与相关的主题活动、公益项目或担任一次义务讲解员

续 表

主题	项目	内容与特色	目标与成果
寻根：体验传统文化之美	7—9 年级传统文化与艺术	访问非遗传承人，参观中国伞博物馆、中国刀剪剑博物馆、中国扇博物馆、胡庆余堂等基地，学习一项简单的传统技艺	关注非遗文化的传承，能撰写一份相关的调查报告；愿意学习一项传统艺术，如书法、茶道、制丸药、古法造纸、画扇面、传统名菜等，并展示成果

2. **承志之旅**

设计“我向英雄学什么”“我是中国小军人”“我爱中国共产党”3 个项目，让学生回望党和国家的历史，传承中国革命红色基因。引导学生寻访英雄，体悟爱国主义精神，回顾中华民族建国之路，追寻建党历史，滋养“中国心”。

这一主题对成长中的学生提出了明确的行为要求：每年参加网络公祭日活动或现场扫墓仪式，坚持完成军训项目并获得至少一项优秀，为小学生上一堂党课或组织一次党史小竞赛。

具体内容和实施建议如表 4–2 所示。

表 4–2　承志之旅具体内容和实施建议

主题	项目	内容与特色	目标与成果
承志：传承红色革命之魂	1—3 年级我向英雄学什么	参观杭州近代教育史陈列馆、浙江革命烈士纪念馆，并参加相关的活动	感受革命光荣传统，每年参加网络公祭日活动或现场扫墓仪式
	4—6 年级我是中国小军人	走进上城区少年军校，参与“中国军队历史”“长途拉练”“军营参观”“军事游戏”“红歌竞赛和内务”“队列”“射击”“急救训练”等课程的学习和实践	热爱中国军人，形成集体观念，锻炼自主生活能力，坚持完成所有的军训项目，并争取获得至少一项优秀荣誉
	7—9 年级我爱中国共产党	参观杭州党小组纪念碑（中共浙江省第一个地方组织），嘉兴南湖、北京天安门广场等地，了解党史和党建知识	热爱中国共产党，了解党的历史，能整理党的知识，为小学生上一堂党课或组织一次党史小竞赛

3. **追梦之旅**

设计“美丽家乡新变化”“绿水青山在浙江”“科技改变了什么”三个项目，

通过动手、动脑、动心的旅程，让学生看到家乡的发展，看到科学研究的创造力，践行低碳环保的生活方式，树立起增强国力的责任心，让学生探寻祖国发展之策，身体力行热爱家乡、保护自然。

这一主题针对不同年段的学生提出了参与公益活动的建议，如访问结对学校的小伙伴；参与环保毅行，为低年级同学或社区的老人讲一次垃圾分类课等，引导他们在爱的行动中种下“中国梦”。

具体内容和实施建议如表4–3所示。

表4–3 追梦之旅具体内容和实施建议

主题	项目	内容与特色	目标与成果
追梦：研究祖国发展之策	1—3年级 我看家乡新变化	寻找家乡建设的新变化，访问一次结对学校的小伙伴。帮助结对小伙伴完成一个小心愿	能用力所能及的方式帮助别人，体会自己生活上的幸福，感受祖国改革开放带来的伟大成就。选择自己喜欢的方式（如整理一组新老照片、撰写一组观察小日记、搜集一组统计数据等）来展示、说明同一处地方或同一个家庭的新变化
	4—6年级 “绿水青山”在浙江	走访安吉余村等新农村建设典型，参观中国水利博物馆、杭州市气象科普体验馆、杭州低碳科技馆、蒋筑英纪念馆等场馆和杭州自来水厂、天子岭垃圾填埋场等地	体会生态发展的重要，身体力行低碳环保的生活方式，参与一次环保行动，例如环保毅行，为低年级同学或社区的老人讲一次垃圾分类课
	7—9年级 科技改变了什么	参加动漫节活动，参观知名高科技企业，如阿里巴巴杭州总部、基金小镇创业园、东风裕隆汽车有限公司、新松机器人自动化股份有限公司等，了解企业发展的过程和未来目标	了解新兴科技工业，感受创新精神的重要，思考未来社会需要的能力，完成一份企业调查报告或发展建议

4. **扬帆之旅**

设计“我拿什么献给你”“生存劳动我能行”“我的理想不是梦”3个项目，

帮助学生逐步发现并正视自我，认识到只有把个人成功和国家发展联系起来，才能实现真正意义上的成就。引导学生树立少年报国之志，自主自觉地立德修行、立志践行。

这一主题连接了虚拟社会、主题营地和真实的生活情境，不仅可以培养学生的法律素养、行为规范和自理能力，还能使他们在研学旅行中学会感恩家庭和社会，对未来的职业理想趋向多样化，正向积极地理解成功的含义。

具体内容和实施建议如表 4-4 所示。

表 4-4　扬帆之旅具体内容和实施建议

主题	项目	内容与特色	目标与成果
扬帆：树立少年报国之志	1—3 年级我拿什么献给你	到 Do 都城体验各种各样的社会职业	激发责任感，把自己的作品或用 Do 都币买来的物品送给自己最爱的人，再说说理由
	4—6 年级生存劳动我能行	走进上城区生存教育基地、萧山学农基地，学习游泳技能、自护安全知识、少年法庭、植物养殖、野外生存、家务劳动等系列课程	做到节粮、光盘，尊重劳动，有一定的自理自护能力。坚持完成所有的课程学习，并争取能获得一项优秀
	7—9 年级我的理想不是梦	体验父母的职业。参观著名高校，如中国美院、浙江大学、北京大学等。参加社会实践活动，如交警执勤、地铁疏导、养老院服务、部队慰问等	能在日常生活中表达对父母长辈的感恩之情。能把自己的理想和中国梦联系起来。给父母写一封信，向他们汇报自己的学业或职业规划，争取得到他们的认可或建议

如果说内容与特色从研学组织者的角度，围绕主目标为学校和师生提供了指导，目标与成果就是从学生的角度，提出了对任务菜单、分项目标和成果评价的建议。这样的设计在循序渐进、螺旋深入地达成整体目标的基础上，以贴近学情、活泼生动的实施方式保证学生的价值观实践和情感体验。

(二) 线路匹配，支持选择

每个主题配套多条线路，以支持学生不同的实践需求。如“扬帆之旅”中，4—6 年级学生可选择“生存实践营”“学农正当时”“创新小工匠”等线路。

【链接 4—13】走近南宋遗址　传承中华文明

行走主题：寻根之旅——体验传统文化之美。

适用年级：4—6 年级。

一、行走目标

关键词：富强、文明、爱国。

实地考察凤山水城门、太庙遗址和南宋御街遗址陈列馆 3 处古迹，通过观察、倾听、测量、记录、比较等形式，初步了解 3 处南宋遗址的基本特点。探究中华民族的科技文明历程，了解并身体力行孝善礼让等传统美德。初步形成积极主动地去发现问题、思考问题、获取知识的意识，学习与人合作的方法，体会小组合作的乐趣。初步理解地方历史文化的意义，懂得理解、尊重、欣赏地方历史文化，加深热爱家乡、热爱祖国、热爱社会主义的感情。

二、主题菜单

还原某处遗址曾经发生的故事。

寻找展现历史文明的国宝级文物。

提出传承文化的金点子。

学习一种古法技能，并展示作品。

三、线路导航（见图 1）

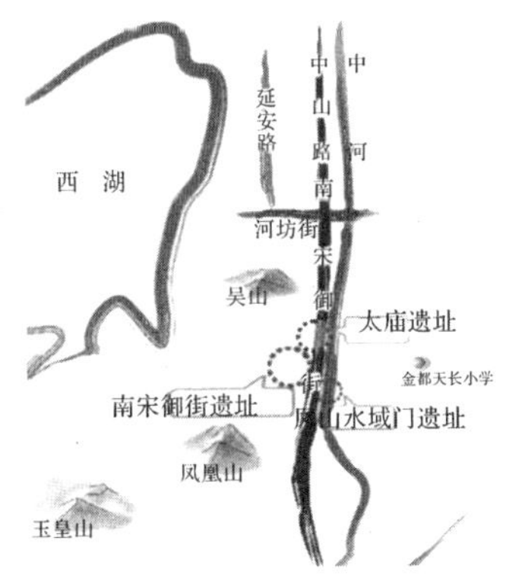

图 1　线路图

（凤山水城门—南宋遗址陈列馆—太庙遗址）

四、沿途基地

杭州历史悠久，是我国七大古都之一，兼具优美自然风光与深厚人文底蕴。历史上，文人骚客在西子湖畔留下了无数美妙绝伦的佳句，而承载着这些精彩瞬间的历史凭证随着考古发掘的一步步深入，逐渐展现在世人面前。南宋太庙、凤山水城门、古凤山门、南宋御街、临安府治……几处重要遗址中的残瓦城墙，都是见证南宋全盛时期古都杭州繁华景象的珍贵文物。我校恰好位于杭州城南凤凰山和紫阳山东麓间，是昔日构筑南宋皇城的地方，学校周边仍遗留着诸多重要南宋遗址，作为本校教师应开发和利用好这些资源，为学生构建一个开放的学习环境，帮助学生形成家乡情感，强化家乡意识，明确家乡责任。

凤山水城门

凤山水门，位于凤山门东侧，横跨中河，亦为张士诚所筑，后人因其紧连凤山门，故叫它为凤山水城门，是现今杭州市区唯一的一座保存600多年的古城门。

凤山水城门是杭州仅存的一处水城门。现下水城门城楼已毁，尚存单拱门洞，城门残长9.95米，残高3.8米，宽12.8米，门洞由两个不同跨径的石拱券并联组合，用块石纵联并列分节叠砌而成，其中南拱券高2.8米，跨径5.7米，北拱券高1.92米，跨径4.3米。两者之间为石砌方形闸档，闸档后部有石雕门臼，可以启闭闸门。每座拱券的顶部中央，有一块雕有蟠龙的锁石，用以锁住闸门。城上建有一楼，可屯兵百余人，既可防御敌兵偷袭，又可开闭闸门调节河水流量，可惜水城门因年久失修，城楼坍圮，城墙破损，闸门今已难觅。20世纪80年代杭州政府治理中河时，按照原水城门模样修复，并在其旁辟出公园。公园内有国务院原副总理兼国防部长张爱萍将军题书“银河双落”的石碑一座。

南宋御街遗址陈列馆

为配合杭州市万松岭隧道东接线（严官巷段）的道路建设，杭州市文物考古所于2003年12月至2004年8月对严官巷的南北两侧进行抢救性考古发掘，

发掘面积共计1200余平方米，发现了南宋时期的御街、御街桥堍和桥墩基础、道路、殿址、围墙、河道、石砌水闸设施以及元代石板道路等重要遗迹。

严官巷位于杭州市上城区紫阳街道，南距南宋皇城约400米、北距南宋太庙遗址约100米，是一条长不过200米、宽约5米的小巷。

南宋临安城在中国古代城市发展史上具有极其重要的意义，是中国封建社会由封闭式的里坊布局转变为开放式的街巷布局的一座典型城市。严官巷地处南宋临安城遗址的核心地带，与南宋皇城遗址、太庙遗址和三省六部遗址毗邻，地理位置十分重要。本次发掘发现的遗迹不仅种类多，而且保存较好，这在临安城考古中极其罕见。特别是发现了保存完好的南宋御街遗迹，从而确定了南宋临安城的中轴线。而本次考古发现的御街桥堍、桥墩基础及河道遗迹，是中国古代南方城市中采用河路并行体系布局的典型实例，也是南宋临安城的最大建筑特点，对研究中国古代都城制度的发展和变迁具有十分重要的价值。

太庙遗址

南宋太庙遗址广场位于杭州市中山南路，是杭州城南的一处集历史文化内涵和观赏性于一体的休闲景点。

南宋太庙是南宋皇帝祭祀祖先的宗庙，始建于南宋绍兴四年(1134)。1995年9月，杭州市考古部门在建设工地发掘出南宋太庙东围墙、东门址和大型建筑台基。南宋太庙的发掘出土被誉为1995年中国十大考古新发现之一。为保护历史文化名城文物，杭州市政府投入8000余万元，毅然决定停建原工程项目，布置保护性绿化。南宋太庙遗址保护性绿地总面积为1500平方米，广场绿地整体参照宋代造园艺术，采用轴线对称布置，东西向为主，南北向为辅。

道路沿轴线4个方位贯通，将6000平方米的绿地划为4块，上植龙柏造景“双龙戏珠”和红花木、金叶女贞的模纹图形，寓意吉祥如意。整个绿化设计突出了简洁、明快、端庄的特色。广场中央耸立一块按太庙遗址原样仿制的南宋残墙说明牌，正面刻有南宋皇城图。

广场主入口区设有直径14.56米的灰色花岗岩浮雕年轮图，并在两侧铺设6座仿宋柱基，以突出南宋风韵，寓意年轮迂回和历史变迁，展示南宋皇家宗庙的园林风格。

五、精彩项目

通过“找一找遗址的位置”“量一量哪块是香糕砖”“辨一辨哪座是水城门”“说一说太庙广场”4个活动，让学生在富有趣味的实践操作、合作交流中，不仅反馈了研学的情况，也对南宋遗址的相关知识进行了更加深入的了解和学习。活动行程安排如表1所示。

表1　活动行程安排

时间	地点	活动内容	方法提示
8：30—9：30	集中出发地点	(1)交谈了解南宋遗址，引导学生提出研究主题，形成研究小组 (2)分组确定主题，根据设想指导学习方法，针对文明礼貌、安全教育方面加以指导	(1)根据研究主题分组 (2)设想活动困难，思考解决办法
10：00—10：40	凤山水城门	(1)实地参观，了解凤山水城门的历史、外形、建筑特色等 (2)根据自己选择的研究内容(外形、建筑特色、历史变迁……)进行研究	(1)实地参观，通过看一看、画一画、拍一拍等方式做记录 (2)阅读凤山水城门的碑石，了解其历史变迁
10：40—12：00	南宋遗址陈列馆	(1)实地参观南宋遗址陈列馆，倾听讲解员的讲解 (2)在倾听和观察中，了解南宋御街的历史和概貌，并记录下需要的信息 (3)根据自己选择的研究内容(香糕砖、陶瓷、历史变迁……)进行研究	(1)通过看一看、听一听、拍一拍、画一画等方式，了解南宋遗址的基本概貌 (2)合作采访、记录等方式，为自己小组的研究内容，搜集有用的信息
13：00—14：00	太庙遗址	(1)参观太庙广场这一富有历史文化意蕴的旅游景点 (2)通过阅读遗址石碑，了解南宋太庙的地位和历史作用 (3)根据自己选择的研究内容(仿制香糕砖、太庙历史变迁、太庙景点介绍……)进行研究	(1)阅读太庙遗址碑文，了解其历史变迁和历史地位 (2)通过问一问游客，画一画、拍一拍、讲一讲太庙的方式，全方位了解太庙的过去和现在

续 表

时间	地点	活动内容	方法提示
14：30—15：30	学校	(1) 梳理水城门的基本特点、辨别南宋建筑典型材料香糕砖，以担任小导游的形式，讲解南宋太庙的古今 (2) 反思活动中的收获和不足，为后续研究做准备	(1) 填地图 (2) 通过观察、比较、测量，能辨别南宋建筑典型材料香糕砖，并能简述其特点 (3) 通过担任小导游的形式，介绍太庙广场

六、成果展示

(一) 评价建议

评价学生能否具有以下表现：

积极参与到各项活动中去，通过动手做、参观、考察、调查、探究等，体验和感受生活，发现和解决问题。

带好必备研究工具，积极参与，明确安全、文明出行的要求。

掌握简单的研究方法，会合作，并根据自己的活动任务，搜集、记录下有用的信息。

整体回顾活动，进行反思，提出自己的收获和不足。

通过成果展评表达对家乡的热爱之情，初步形成保护历史文物的意识。

(二) 小组合作学习活动表 (如表 2 所示)

表 2 小组合作学习活动表

班级		组长		组员	
研究内容 (选择其中一项)		凤山水城门	太庙遗址	南宋御街遗址	
我们的发现 (历史、位置、主要特点、传说故事……)					
图片资料					

（三）成果记录：研究“香糕砖”（如图2所示）

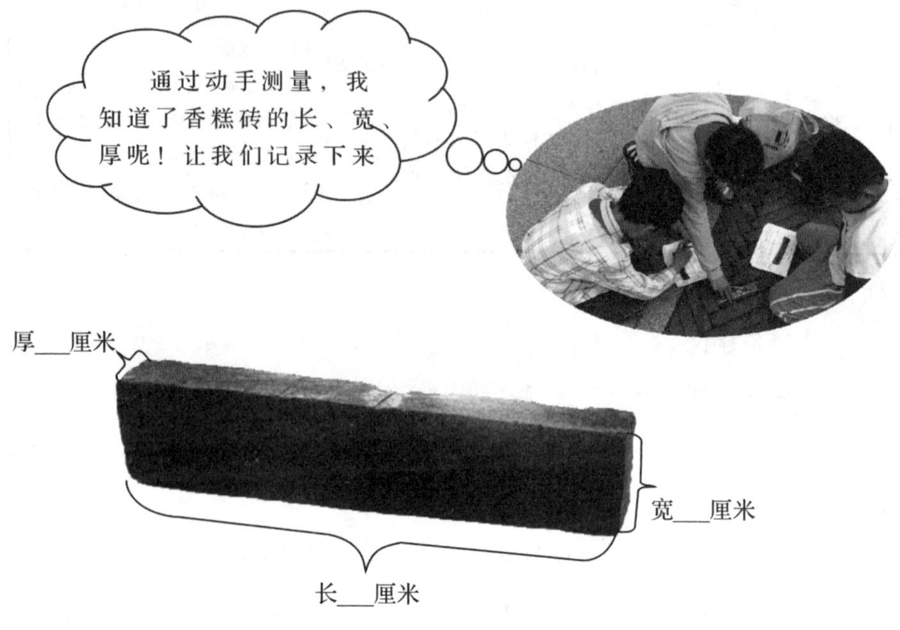

图2 研究“香糕砖”

上例可见，每条线路的设计分行走目标、主题菜单、线路导航、沿途基地、精彩项目、成果展示6个板块呈现。

下例可见，主题菜单板块可为各学段学生提供了丰富多样的实践建议，如表4-5所示。

表4-5 “小营红巷建国路”线路设计之“主题菜单”

途径基地	菜单1	菜单2	菜单3
毛泽东视察小营巷纪念馆	演讲：我向伟人学什么	课本剧：毛主席来视察	故事会：我知道的毛主席
全国爱国卫生运动纪念馆	调查：社区垃圾分类现状分析与建议	体验：我是红巷讲解员	创意宣传：爱国卫生运动发展历程
钱学森故居	辩论：钱氏祖训的今日启示	创作：我为钱学森画像	体验：模拟空间站的生活和工作

这种类型的线路设计，还可以演化出适合不同时长的行走方案。以敬廉崇洁专线为例，3天的行走行程可以从开元中学内的廉洁教育基地出发，

去探寻于谦祠，到区法院参观，在法官志愿者的指导下模拟少年法庭，再到天地实验小学内的影视戏剧体验中心拍摄、导演自己创作的廉洁故事，最后也可以选择部分内容安排短时行走。

(三) 凝练策略，融通学科

行走德育要让社会主义核心价值观落实到育人的全过程中，“行中学”范式不仅要应用于校外活动，还要渗透于学科课堂。“行走德育 ”视域下的上城学科德育，是将社会主义核心价值观的培育和践行作为有机成分，优化学习过程、结果的学科课堂教学与学科相关活动。

上城区以行走德育目标体系为核心，从教学内容挖掘、改变课堂教学方式、师生关系构建 3 个维度引导教师思考、实践，通过教研引领、课例观摩和教学评比，推动行走德育的理念在每个学科、每个教室发生作用，凝练出了独特的上城经验。

1. 凸显价值引领

赫尔巴特说过：“教学如果没有进行道德教育，只是一种没有目的的手段，道德教育如果没有教学，就是一种失去了手段的目的。”叶澜教授同样在《重建课堂教学价值观》中指出：“为拓展现有学科的育人价值，新基础教育要求教师在作教学设计时，首先要认真地分析本学科对于学生而言独特的发展价值，而不是首先把握这节课教学的知识重点与难点。”

依据“价值铸魂”目标体系，挖掘教材中有关理想信念教育、社会主义核心价值观教育、中华传统美德、生态文明教育、心理健康教育的资源，在课堂中呈现社会主义核心价值观与学习内容的关联性，与学生生活的关联性，是重要的德育策略。

表 4–6 展示的是小学数学教研员记录的一节随堂课的笔记。教学环节并不复杂，但我们可以从孩子的回答中看到他们对国家富强、法治的体会和自然激发的爱国之情，也可以看到“行走德育”正在改变教师的教学思维，也在改变我们的课堂学习。

表 4-6 小学数学课“统计表之工资条”问答记录

教师提问	学生回答
工资条也是一种统计表。请大家读一读 2018 年 9 月老师的工资条，算算老师的收入有多少？	(1) 老师工资有 4107.32 元 (2) 老师实际拿到的只有 3372.58 元 (3) 老师，我爸妈工资都比你高
应发工资扣除了哪些才是实发工资？应该扣吗？	(1) 老师交税了，每个人都要交 (2) 依法纳税很光荣
从 2018 年 9 月到 2019 年 9 月，老师的收入有什么变化？	老师涨工资啦！
把老师、爸妈的工资条和 2018 年、2019 年杭州市居民平均收入做个比较，你有什么发现？	(1) 居民收入越来越高，杭州人真幸福 (2) 全国的人均工资都在涨 (3) 我们国家富强了，大家生活越来越好
还可以怎么对比呢？	算算全家总收入、人均收入……

2. 融合思维发展

如何让学生认同并践行“个人发展与国家需要、社会发展密不可分”？如果只有价值灌输，没有价值思辨；只有接受，没有行动和反思，对价值观的认同就是停留在纸上的选择，或者只是口头上的表态。因此，各学科课堂都应该展开价值观理解、思辨、澄清的过程，与学科学习相融互促。

【链接 4-14】教学反思：小学信息技术课中的价值观教育

学生是社会的未来。在小学阶段的信息技术课程教学中，已经开始有部分课程内容涉及网络。在让学生感受网络的便捷性、开放性、匿名性等特点的同时，也要从学生接触网络的第一步开始培养学生尊重现实空间和虚拟空间公共规范的意识，加强文明、法治、诚信方面的教育。

“初试学习平台”是浙江省教育厅教研室编著的《信息技术》四年级下册第 15 课的教学内容。

对许多四年级的学生来说，并没有正式的在学习平台上互相交流评价的经验，对如何在生活中正确地运用网络与他人展开良性的交流、沟通也没

有深入思考过。因此，本课的设计，不仅要让学生通过学习使用学科学习平台，掌握网络学习的基本技能，还要通过对网络学习平台的初步应用，形成信息安全意识和网络行为规范意识。

在学生作品评价交流阶段，教师先请学生自己归纳作品的优点，启发学生建立客观的评价标准。然后教师引导学生在欣赏他人作品时要多吸取长处，评价时可以以鼓励性的语言说出对他人作品的看法和想法，给出的修改建议要客观、公正。不过，评价他人作品不能千篇一律，靠复制粘贴完成任务，这只会让文字变成网络上无用的信息垃圾。教师要培养学生通过网络平台学会评价、学会交流、学会沟通，传播文明的正能量。

在学生探究版权问题时，教师补充了因网络侵权行为（侵害贩卖他人隐私、侵犯他人版权）受到法律惩处的案例。让学生评估，谁设的密码安全系数最高，以此提醒学生密码设置和记录的注意事项，防止密码丢失或被盗，提升学生网络安全意识。

培养学生良好的上网习惯，让他们学会遵守信息社会的道德和伦理准则。

蒋老师的这堂信息技术课，还原了学生在网络应用中有可能遇到的多个问题，通过实际操作、案例分析和辨析分享，让学生始终处于思辨状态，在选择中判断、甄别，形成正确认知；在比较中发现、找到准则，为养成诚信上网的良好习惯打下基础，坚定信心。

3. 映照学生生活

学科德育是把“立德树人”贯穿于学校教育全过程，让“价值铸魂”融入学生学习生活的重要方式。价值观培育要与学科教学内容关联起来，也要贴近学生生活实际。

【链接 4-15】小学道德与法治“生活离不开他们”的教学设计

“生活离不开他们”是统编版教材《道德与法治》四年级下册第三单元“美好生活哪里来”的第三课，编写依据是《课程标准》中提及的“关心了解周围不同行业的劳动者，感受并感激他们的劳动给人们生活带来的便利，尊重并珍惜他们的劳动成果”。对于四年级学生来说，他们还处在依赖父母为他们解决衣食住行等诸多问题的阶段，对生活的体验不深。尽管每天都得到了不同行业劳动者提供的服务，但没有真正意识到正是无数人提供了服务，生活才会如此便利，社会才能有序运转。个别小学生受不良社会风气的影响，对不同行业的劳动者产生了不正确的认识，不利于自身成长。因此，本课教学要强调“爱岗敬业”的育人内容和培育目标。

板块一：关键事件，扬中华美德

(1) 观看视频：播放电视剧《在一起》片段，重温2020年初重大突发公共卫生事件一级响应画面。

(2) 全班交流：说说印象最深刻的内容。

(3) 揭示课题：这一场突发的公共卫生事件，关系到了你我他每一个中国人。当我们居家隔离时，有很多行业的劳动者逆行而上，在他们的岗位上冒着危险继续工作着，因为“生活离不开他们”。

【设计意图】从师生亲身经历的关键事件“抗疫”入手，引起孩子们的学习兴趣。组织学生交流观后感受，初步知晓不同岗位的重要性，弘扬中华民族传统美德。

板块二：关键人物，立榜样风范

(1) 小组交流前置学习单：疫情期间，你最想感谢谁？他的哪些细节感动到了你？

(2) 全班分享：将了解到的各行各业劳动者的名称贴在黑板上。

学生1：我想感谢小区的保安叔叔，疫情发生后，他们的工作内容更多了，每天在小区门口给来往的居民测体温、登记，巡逻的次数增加了。

学生2：我想感谢的是小区的保洁阿姨，疫情期间，她们除了打扫，还要对小区进行一天三次的消毒工作。

学生3：我发现社区的工作人员经常在各个小区宣传居家隔离的重要性和防护方法。

学生4：我想感谢老师，坚持给我们上网课、线上家访，比平常上班都辛苦。

学生5：我想感谢快递员，疫情期间也坚持工作，还给我们送了教材。

(邀请学生模拟体验快递员打包工作)

…………

(3) 讨论思考：灾难面前，他们为什么迎难而上?

【设计意图】这部分学习始终贯穿学习单。通过课前调查、情景体验等形式，学生相互学习查找的内容，发现身边默默奉献、坚守岗位的劳动者，体会到在这危险时期，每一个平凡的工作都很重要，都值得学习与尊重，社会离不开他们。

(4) 聚焦“最美逆行者”：观看视频，畅说感受。

学生1：钟南山爷爷83岁了，还奔赴湖北，抗击疫情，真了不起!

学生2：李兰娟奶奶这么大年纪了，为了疫情每天只睡几个小时，脸被面罩勒得全是印子，还磨破了。太让我感动了!

学生3：他们身上的防护服特别厚重，脱下来时身上全湿透了。

学生4：他们冒着生命危险守护病人，太勇敢了!

学生5：医护人员太辛苦了，太不容易了。我们全社会都应该感谢他们。

…………

(5) 榜样故事：邀请抗疫一线医护人员现场讲述“我在武汉的那些日子”(讲述人：浙大附属邵逸夫医院感染科张俊丽医生)。

【设计意图】观看“最美逆行者”视频，现场聆听医生讲述抗疫故事，强化了学生对医务人员重要性的认识，明白了他们就是新时代的“榜样力量”，我们离不开他们。

板块三：关键数据，显国人担当

(1) 出示数据：1000多万人(武汉封城)、19个(省份支援湖北)、14亿人(中国人令行禁止)、9000多万名(党员，抗疫排头兵)、6000多名(医护人员)、10天(建成火神山医院)、12天(建成雷神山医院)。

(2) 交流感受。

【设计意图】数字无声胜有声。老师提供的一连串数字，彰显着中国速度和中国人的担当，刺激了学生的感官，震撼了学生的心灵，情感教育随之达到高潮。

板块四：关键行为，做感恩少年

(1) 法治渗透："五一" 劳动节。

(2) 实践行动：我可以为劳动者们做些什么？

【设计意图】有关劳动节的法治渗透教育，可以让学生明白劳动的伟大，劳动的光荣，引导每个学生思考"我可以为劳动者们做些什么？"。这种基于学生视觉的针对尊重、感恩等美德的启迪，就是核心价值观教育落地、见效的重要策略。

从上例可见，聚焦关键事件，可增强学生对敬业的深度认知；聚焦关键人物，可树立爱岗敬业时代风范；聚焦关键数字，可培育加深未来公民的爱国情怀。不论是事件、任务、数据，都是来自真实生活的素材。关联生活进行社会主义核心价值观教育，关键是教师需要有双会发现的眼睛。

4. 预留实践空间

从本质来看，"一核四策"是行走德育理念在学科教学中的生动演化。各级、各类、各门课程立足于对人的培养，遵循学生成长规律和教育教学规律，以课程本体知识为突破口，揭示其中蕴含的社会价值和文化精神，融入体现时代特征的德育内容，纵贯横通实现德智融合，系统落实立德树人根本任务。其关键在于不断实践，教师要在课堂上预留实践空间，让学生勇于行动，乐于行动。

【链接 4-16】寻访身边好榜样 培养学生敬业观

一、案例背景

小学语文学科遵循"文以载道"的原则，针对教学实际和学生终身发展

的需要，在各个年级段提出了树立学生社会主义核心价值观的不同要求。其中，第二学段中对应“敬业”的德育目标指出：要求学生能在生活中发现并传送普通人身上高度的职业责任感。

“敬业”作为社会主义核心价值观的重要组成部分，是对公民职业道德的基本要求。作为个人层面的价值追求，“敬业”的主体对象都是具体公民，同一层面的4个要素之间环环相扣且紧密联系。敬业的最终目的指向爱国，诚信又是敬业的前提条件，敬业还是推动友善的内生性动力。爱国、敬业、诚信、友善作为个人层面的价值追求，成为内涵丰富、完整统一的有机体，互相促进，互为条件，也是公民道德规范的基本要素。

本课是统编教材四年级上册的一篇精读课文，要求培养学生乐于观察、勤于思考、积极探索的科学家敬业精神。结合年段目标，笔者把学科特点与德育体验相融合，鼓励学生在行走中感悟“普通人职业责任感”，帮助孩子扣好“人生第一粒扣子”，让“敬业精神”薪火相传。

二、案例描述

场景一：记初心

《夜间飞行的秘密》是一篇改编后的人教版老课文。课堂上，我正结合新教材的语文要素——“在阅读时尝试从不同角度去思考，提出自己的问题”，为它输入新鲜“血液”：

“孩子们，我们通过填表梳理了三次试验的情况，发现了蝙蝠在夜里是靠嘴和耳朵的配合，发出和接收超声波来飞行的。为了解开这个秘密，科学家容易吗？”

“不容易！”孩子们异口同声地说。

“文段的哪一句让你体会到了这一点？”我追问。

“‘科学家经过反复研究，终于揭开了蝙蝠能在夜里飞行的秘密。’这里用上了‘反复’，还有‘终于’。”

孩子们还是能从阅读中发现关键词的，我心中暗喜：“是啊，从‘反复’‘终于’中你体会到了什么？”

一个孩子不假思索地说:“科学家很辛苦。”

另一个孩子说:“他们一定经过了无数次失败,但是他们都没有放弃,才会成功。”

“说得太棒了!其实,勤于思考、善于提问、积极探索、坚持不懈就是科学家的可贵品质。也正是因为他们的无私奉献才有了我们现在美好的生活。让我们带着敬意一起来读一读这句话……”

孩子们若有所思地点点头,认真朗读起来,脸上还洋溢着兴奋的红晕。这是我许久没有见过的情景……

场景二:访校友

2019年9月的一天,我和小邹同学在校长和老师的带领下去拜访我们的老校友——张天立爷爷。他可是一位了不起的科学家,是中华人民共和国第一代环保工作者。在门口迎接我们的是一位笑容可掬的白发老人,还没进门,老人就彬彬有礼地问候我们,并热情地邀请我们进门。

张爷爷特别喜欢我们,和我们围坐在一起,还聊起了许多童年的往事。张爷爷还拿出自己珍藏的各种奖章,讲述起自己的成长经历。听张爷爷说,他经历了中华人民共和国成立、“文革”、唐山大地震、改革开放等历史事件,一直坚持从事环保研究工作,为我国的环保生态事业奉献了一生。早在2004年,张爷爷就研究发现了PM2.5对环境的危害,比社会开始关注雾霾现象早了7年!真厉害!

我忍不住问:“张爷爷,您成功的秘诀是什么?”张爷爷想了想,认真地说:“我有一颗好奇心,什么事情都要问个究竟、弄个明白。当然,勤奋、努力也不可少。”我想起了老师在《夜间飞行的秘密》一课上说的要“勤于思考、善于提问、勇于探索”,原来这就是科学家精神啊!

以上为我班陆同学的采访感悟。四年级上册第二单元是一个以观察与思考为主题的单元。单元中的选文《夜间飞行的秘密》《蝴蝶的家》《呼风唤雨的世纪》都涉及科学内容。尤其是《夜间飞行的秘密》中提到的科学家善于思考、勤于提问、刻苦钻研的精神,实质上就是敬业精神的体现,学习

这样的选文是树立学生正确敬业观的良好契机。恰巧，学校正在开展“访校友、记初心、明使命”主题活动。学生通过走访老校友、老教师，了解优秀人物和动人故事，感受榜样人物不忘初心、坚守理想信念、追求卓越的敬业精神。其间，广大师生在走访中发现了一大批校园“榜样人物”，张天立就是一位孩子们身边的科学家。

离孩子生活较远的榜样很难起到触及心灵的效果，而“访校友、记初心、明使命”主题活动，不仅让学生们看到了像张爷爷那样的杰出代表，还了解了许许多多普通劳动者。他们离开母校，走向祖国的各行各业，成为建设祖国的生力军。教师、警察、公交司机、运动员、演员……一个个鲜活的人物为学生们讲述了一段段成长的励志故事。行走的课堂让孩子们更加深刻理解了语文课堂上老师说的“勤于思考、探索求真、刻苦钻研”敬业精神的崇高和伟大，敬业观也在孩子们心中生根、发芽了。

场景三：明使命

“美丽家课堂”是学校十分火爆的一门选修课。因为每周都会有各行各业的家长带着自己的“绝活”走进课堂。航天航空、快递物流、医疗急救、公交车载……应有尽有，孩子们可以在这里体验到想要的职业感受：

“无论从事什么职业，我觉得最重要的是要有责任心，要坚持把自己的工作做好，不然什么也做不成。”

“我觉得还是要干一行爱一行，我就是对公共交通感兴趣，长大以后我要好好研究。”

这是孩子们在学习中留下的感悟，令人欣慰……

在“美丽家课堂”“校园科技节”“爱心贸易节”“小记者节”等活动中，孩子们对《夜间飞行的秘密》文中的道德感悟有了延伸，挖掘出了更多“榜样人物”敬业精神的核心内涵——爱岗、责任、专注、钻研、奉献。同时，更明确了自己未来努力前行的方向与目标，并规划好自己的时间，制定好成长计划，立志把榜样人物的敬业精神传承下去。

三、策略分享

(一) 榜样教育的时代解读——核心价值观

在新时代背景下，榜样作为社会主义核心价值观的重要体现以及健全人格的典型代表，能够为青少年提供源源不断的精神力量。习近平主席已经对青少年如何培育和践行社会主义核心价值观提出了“记住要求，心有榜样，从小做起，接受帮助”的16字要求。心有榜样，就是要求广大青少年将榜样当成标杆靠拢、看齐，在学习文化知识的同时，积极主动地追求那些崇高的精神和美好的思想品质。

案例中，笔者以“访校友、记初心、明使命”活动为依托，借助校园“榜样人物”，鼓励学生走进各行各业，在榜样示范的作用下，体会劳动者爱岗敬业、无私奉献的精神。小学生还处在人生的起点，正值人生观、价值观、世界观形成的关键时期，正确的信念引领，对于学生敬业观的树立，优良道德品质与行为习惯的养成有着至关重要的意义。

(二) 榜样育人的目标聚焦——践行更重要

改革开放以后，随着市场经济的发展，大量西方文化传入我国，冲击了国内的文化市场。尤其在21世纪，随着网络技术的不断发展，传播媒介越来越丰富，传统的自上而下的榜样模式被打破。越来越多的青少年开始崇拜偶像，这些偶像以娱乐明星居多，并非社会主流文化。而学生的追捧行为往往过于表层化、盲目化、娱乐化，单纯追求表面，而不探究偶像具有的内在价值，影响了青少年正确价值观的树立。而我们平时看到的榜样教育却是——教育主体唱着“独角戏”，教育客体“空场”，教育内容远离生活，教育方法过于单一……

这样的背景下，急需学校、家庭、社会给予有效的干涉。本校开展的“访校友、记初心、明使命”活动就是有力的助推器。学校组织学生自发地开展对榜样人物的寻访，实际上是通过这样的方式引导孩子如何辨识真正的榜样，也是对时代精神、主流道德观念的学习和认识。活动开阔了学生的视野，提高了学生的自我认知能力，使学生对偶像的崇拜从表面转为内在。作

为教育者，也要改变榜样教育的方式方法，把自上而下的宣传灌输、注重表面形式、口号转变为自下而上的教育融合。不仅要立足课堂、用好教材，还要将触角延伸到课外，以活动体验、采访调查等形式开展榜样教育。同时，教育者也要顺应时代，对偶像崇拜行为“取其精华，去其糟粕”，尝试新旧偶像的融合，帮助学生形成正确的世界观和价值观。

(三) 榜样育人的路径探索——走近身边人

本校是一座历史悠久的百年老校，共同学习的同学是校友，许多的学生家长、祖辈、邻居也是校友，甚至有的老师也是本校毕业的学生，也是孩子们的校友。所以“访校友、记初心、明使命”活动实际上也是学生寻找身边的榜样人物的活动。笔者发现学习身边人是榜样育人的一种新方式，它较之自上而下的榜样育人模式有着如下优势：

第一，可亲性。榜样人物可能与学生是相同身份，或者有着相同的经历，两者有着共同的话语体系，有着相似的价值观念，彼此之间更容易沟通，没有陌生感，更能促进相互学习。

第二，可信性。榜样是真实的，存在于学生的生活中，他们的事迹被学生熟知。学生可以随时感受到榜样的示范行为，从而使榜样教育更具号召力和感染力。

第三，可学性。校园榜样人物也是普通人，并非以往那些“高、大、全”式的榜样，使人感到遥不可及。学生身边的榜样人物与他们的学习生活多多少少也有些交集，更接地气，更具有时代感，学生也会充满学习、模仿的兴趣。

因此，笔者利用“访校友、记初心、明使命”活动，结合课内外优质榜样资源展开学习活动。抓住“爱岗、责任、专注、钻研、奉献”等多个角度，选择各个方面的典型代表，多层次、多样化地促进不同群体、不同需求、不同个性特征的学生在一定程度上的趋同，让学生更全面、深入、有效地认识敬业精神，引导学生初步树立正确的敬业观，为未来发展奠定坚实的基础。

(四) 榜样育人的主题推进——阶梯式渐进

传统的榜样教育往往以说教的形式为主，灌输式和口号式的宣传无疑拉开了学生和榜样人物之间的距离。“访校友、记初心、明使命”活动使榜样人物走下了“神坛”，学生可以根据自己的需要，自主选择心中的榜样。这样的育人方式更符合学生的年龄特点，更容易被学生接受。活动有目的、有计划、有方法，呈阶梯式渐进，逐步达到了育人目标，主要有以下几个阶段：

第一阶段：内化于心。

教师立足课堂深入挖掘教材中的德育因素，主动对学生渗透敬业观的教育，并且因势利导，利用课外资源，借助身边榜样人物的力量，寻找敬业精神的核心内涵。在学习榜样的活动中，无论是主要的“杰出榜样人物”推荐，还是根据个人需要，自主进行的“草根榜样人物”寻访，都来自学生身边熟知的人物。这样的榜样与学生生活在“同一世界”，榜样形象更生动、更具体、更直观，让学生发自内心产生榜样认同感，并愿意主动积极地效仿与学习。

第二阶段：外化于行。

合理利用社会、家庭、学校等多方资源，使敬业观教育更加多样化、生活化、立体化。在活动中，学生从不同角度、不同层面来对照榜样人物，调整自己的思想和行为，通过自己的努力逐渐向榜样看齐。事实证明，这些“看得见”“摸得着”的活动引发了学生在情感上和思想上的共鸣，加深和丰富了学生对正确敬业观的主观认识，思想高度和行为举止有了很大的改变。

第三阶段：固化于习。

学生在体验、感悟、思考的基础上，还要把学到的敬业精神和品质落实到学习、生活的各个环节。行为习惯养成的互动课堂中，学生自主制订个人近期和远期的规划，开展自我管理模式，坚持以榜样人物为行为指导，对学习到的榜样行为及时做出肯定评价，并将其固化成习惯。

“访校友、记初心、明使命”主题活动改变了传统“高大全”的榜样教育模式，挖掘了学科育人因素，充分发挥了学生的主体地位，将敬业观教

育、人格教育、行为规范教育融入了其中。这样的育人方式更符合现实生活的需要，与社会价值取向以及社会价值标准高度统一，赋予了榜样教育新的生命力。

如此，把“行中学”范式融通于学科课堂中，以有效展开全员育人为基本要求、文化浸润为基本导向、实践教育为基本特点的“价值铸魂”过程。

第二节　行走德育的机制建设与资源保障

“行走德育”探索的是以区域联动为特征的实践育人创新方案，要推动的是区域内整体德育方式转型的实施路径，需要跨部门、跨机构、跨时空的支持和保障。

一、建构并运行协同机制

“行走德育”需要从区域层面对学校、社会、家庭、企事业单位的育人资源进行整体架构，这需要一整套的协同机制。

（一）行政驱动机制

区教育局为落实“行走德育”的主管部门，各中小学为实施“行走德育”的主体部门，区教育学院、青少年活动中心、区少工委、区妇联、区团委、各街道办事处、场馆为协助单位，各责任部门做到各司其职，各尽所能。

以规划机制凸显顶层设计。“区域规划”是整体综合的区域纲领，“阶段指南”是分步实施的具体要领，二者结合，完整绘就“行走德育”的发展愿景，以保证各中小学德育工作有规划、有目标、有队伍、有评价，确保各项工作顺利进行，促进司法、科技、文化、卫生等系统与德育的联动，馆校、社校及校际的联动，建立双向负责的需求分析、沟通联系、动态监控和活动反馈机制。另外，重点加强学校与学校、校内与校外之间的对接机制建设。

以会商机制落实部门联动。成立上城区德育工作领导小组，各学校确定德育分管校长为主要责任人，每年召开1—2次例会，布置、研讨实施过程中的相关工作。健全和完善校际、校内与校外教育协同工作机制，形成上城德育校内外与校际纵向衔接、横向贯通、科学运行、务实高效的教育网络。

以保障机制促进项目研究。"行走德育"突破课本、教室的限制，以行走体验代替单一说教，因此，学校在时间、经费、内容上需要有更多的空间。在区域层面，要建立各种保障机制，鼓励、支持学校申报的项目研究工作。

(二) 服务配套机制

上城区致力于培育"校内外德育共同体"，加强社会优质资源的整合，构建社会参与的校外教育的合力机制，推进德育制度化、常态化，努力形成一以贯之、久久为功的德育工作长效机制。

通过研究机制突破实施难点。各部门、学校开展定期调研，坚持问题导向，组织专家引领，指导探索新时期德育工作的特点和规律，创新德育工作的途径和方法，组建德育研究团队，研究德育课程建构、行走基地运行、评价方式创新等实施难点，努力形成一批高质量的区域德育工作研究成果。

通过培训机制优化队伍建设。区教育学院要为不同层级的德育骨干和广大班主任教师提供专业化的定制培训，增强德育工作的科学性、系统性和实效性；为家长提供线上线下丰富的专业支持，以"星级家长执照"为载体，着力提升区域家庭教育水平。

通过共享机制搭建资源平台。上城区以"互联网+"基地模式，搭建了德育平台。一类是线上平台，如杭州市学校安全教育平台、第二课堂电子门票系统、校园微信公众号等，供不同部门发布行走活动讯息，也为学生发表体验感悟提供空间。还可联系司法、科技、文化、卫生等系统研发可供网络推送的德育实践资源包。另一类是围绕传统文化、法治、科技、反邪教、时

政、禁毒、安全教育，组建的以学校为龙头、以场馆为资源的主题德育基地群。

（三）评估监督机制

上城区出台了《“行走德育”精品项目基地评估细则》，进一步完善区域、学校德育工作评价体系。每年进行项目申报和评估，设立相应的奖项和奖励。促成学校、育人者和协助机构的德育投入，激发研究的内驱力、创新力。

以评估机制提升德育内涵。围绕中国学生发展核心素养，把学生参与行走的过程表现纳入学生综合素质评价。区教育督导室将以社会主义核心价值观为指向的德育实效作为中小学督导评估的重要内容，定期开展专项督导与评估，其结果作为校长考核、学校发展评价以及各类评先、评优、评教、评课的重要依据。鼓励学校从“爱家兴国”“社会参与”“公民养成” 3个维度建设完善一校一品的德育课程，开展寻根之旅、追梦之旅、铸魂之旅，全面提升德育内涵。

通过奖励机制培育精品基地。鼓励各校申报德育课程、第二课堂场馆和校外研学实践3类基地，落实成果展评与验收，并专设针对研学基地的绿叶奖、针对德育课程基地的绿荷奖、针对课堂场馆基地的春竹奖。

通过推广机制辐射创新经验。定期召开中小学德育工作交流会、德育工作论坛，传播先进经验、优秀做法。从管理经验、课程精品、个案转变、评价载体等实施路径培育样本，通过客观记录、跟踪指导和数据搜集来完善样本，分析样本，形成经验并加以辐射。

二、创建并激活资源

“场域”是皮埃尔·布迪厄社会实践理论的有机组成部分。他将其定义为“各种位置之间存在的客观关系的一个网络，或一个构型”。“行走德育”要建构的场域，以“提升德育实效，促成青少年道德核心价值观内化于心、外化于行”为目标，遵循个体道德发展规律，促成多方关联、动态交互并不断优化的动态全德育场。

基于这个构想，上城区集全区之力借助互联网打造了“淘”平台，平台兼容手机、电脑、手环等终端，拓展功能，实现了德育资源的动态调度、适性推送，以及行走过程的实时评价和行走成果的立体展示。

(一) 线上超市：联通德育资源

人的每个行动均被行动所发生的场域所影响，成长中的青少年德育更是如此。淘平台利用互联网联通管理终端和移动设备，对“行走德育”资源进行动态化调度、数字化管理和服务化分装，建成线上报名、线下体验的德育支持体系。

1. 多维选择

“行走德育”的研究衍生出三类精品资源——基于“寻传统文化之根”“铸红色革命之魂”“追中华强国之梦”“扬立志报国之帆”四大目标的90个校内外德育基地及80条行走线路，“爱家兴国”“社会责任”“少年立志”三维合一的41个德育共享课程，还有众多企事业单位、志愿导师以及物化的研究成果、指导视频。怎样让每个学生更便捷、准确地获取和应用这些资源，是“行走德育”从课题研究变成真正作用于学生道德发展，有效提升德育实效的又一个关键途径。

“淘”平台搭载“行走德育”的各类共享信息，涵盖基地、线路、课程、行走范式、星级家长执照工程等研究成果，包括地图、视频、音频、文本等不同形态，并连接了短信和微信分享功能，支持行走信息的动态发布，通过一键搜索满足师生的多元选择，而且操作简便。学生的账户名为学籍号，输入即可登录“淘”平台，通过关键词搜索就可以“淘”到心仪的实践机会，可以是区内中小学校和区内各个基地共享的精品课程和活动，如“钱庄小掌柜”“植物园露营”等，也可以是第二课堂场馆或研学机构提供的参观、研学活动，如“水文化研学”“运河探秘”等。活动时长可以选择半天或一天，还有总时长2—7天不等的实践机会，像淘宝一样，孩子们可以自由地选择。2019年春假，上城区青少年活动中心“勇敢娃娃兵”中小学生研学实践基地

推出的“重走长征路，共圆军营梦”研学活动就借助“淘”平台向全省开放。一经推出，80个免费名额30秒内就被“秒杀”，被“一抢而空”，从中我们感受到了学生的需求和家长的认可。

2. 一站服务

德育帮助学生在复杂多样、变化多端而又永不雷同的生活处境中确认道德准则，在借助准则解决问题时坚持准则、护持准则。因此，“行走德育”的场域建构必须考虑各种不确定因素的存在，既要吸引学生投入各种践行活动中去，又要保证他们能安全、顺利、有效地参与进来。平台连接微信、短信分享功能，架设家长、导师以及课程供给方的实时互联，实现一站式服务。

比如，参加“重走长征路，共圆军营梦”研学活动的就有住在余杭区的小潘同学。小潘同学的家长评价道：“原来以为路远报名麻烦，没想到用手机很方便。课程收入‘购物车’，一经确认就能收到短信通知，时间、地点、准备、要求写得清清楚楚、明明白白。队伍一出发，我就收到了孩子的定位短信；半天一过，就在平台上看到了老师上传的活动照片，还有孩子的射击荣誉证书。晚上，我担心孩子走错露营的帐篷，老师马上回复我：放心，有编号呢！真是服务到家，安心到家！”平台成了学生随身携带的安全顾问。

道德的形成不可能完全源自习得。单纯从教的立场出发，德育场域往往限定于学校、教师和课程，忽视了学生同社会关系、生活场所、发展时机的交互。建构德育场域的终极目标是让学生不自觉地“居于道德之内”。从这个意义来说，行走德育需要物化多样态的资源，更要创设德育资源与师生主动关联的基础与机制。“淘”平台不仅为这个构想提供了技术上的支持，也证实了实际操作的可能性，同时不断优化这个场域。

(二)实践导航：定制德育指导

不同的人、不同的参与方式和不同的参与场景，让场域作用于个体的德育效果造成差异，甚至出现反作用。例如，青少年法制教育以旁听庭审为途径，如果对案件类别不加以选择，反而会带来负面影响。因此，德育场域的建构需要良性因素恰逢其时地介入，才能有效促成学生道德体验的不间断优化。借助“淘”平台的掌上指导功能，“行走德育”把参与行走德育的人和相关因素都纳入德育场域的建构范围，实现资源的按需推送。

1. **定制推送**

“淘”平台将用户划分入小组，实现更精准的内容推送。用户用来注册的身份不同，得到的推送消息也不同。如果用户注册的是实践活动导师身份，可以接收到实践课程介绍和基地活动指南；如果是学生，可以接收到报名的核准信息、活动通知以及行前课程资料。

家长用微信登陆，能收到活动实况，还能通过链接进入“星级家长执照”App，点击学习家长教育线上课程。上城区邀请全国闻名的医疗专家、特级教师、名师名校长，共同开发了家长教育专业学习课程，通过“成长锦囊”“为师有约”“父母故事”“家教悦读”“荧屏拾贝”五大模块的视频短课组成线上课程。授课视频中时长短的不到1分钟，长的不超过8分钟。还有依托现有区家长总校、分校力量建立的线下家长教育网络，定期推出家教讲堂、家长俱乐部、专家约谈等线下内容。家长在注册登录账号时输入自己孩子的年龄，就能分别接收到“早教”“幼教”“小学低中段”“小学中高段”“中学” 5个学段的线上课程推送和线下活动信息。例如10～12岁学生的家长，完成用户注册，选定孩子年龄后，就能看到“廉洁在亲情教育中生长”“如何督促孩子明确目标，合理规划”“如何借助亲子游戏培养探究精神”“如何指导孩子绿色上网”等线上课程的内容界面，还可以点击线下课程信息通知页面，报名参加“如何教会孩子调整情绪面对困难”“中国古文物中的儿童形象”“锤炼备考秘籍，赢得成功信心”等线下活动。

2. **掌上指导**

“淘”平台把“图文评论”和“自动回复”功能进行叠加，实现掌上指导的实时推送。

在“行走德育”的实施过程中，师生们用地图绘制、录音录像等方式主动记录行走收获，形成了“场馆导览”“研学指导”“文明伢儿”“价值观践行”

4 类 87 个资源包。平台提前设置关键词，和资源包实现关联对应，输入关键词“历史博物馆”“坐地铁”“餐桌礼仪”等，就可以收到自动回复的对应内容，根据行走的实时需要推送线上指导，方便师生实时提取利用。

“潮起钱江路”行走中，可以链接到勇进中学小刘同学上传的钱塘江大桥纪念馆导览视频，介绍了“建桥序曲”“攻克难关”“历经沧桑”“养桥护桥”“卓越成就”“茅以升生平”6 个篇章的精华内容；也可以看到杭师附小小王同学整理的大桥建设历程导图；如果要进行和大桥相关的主题研究，还可以查阅开元中学俞老师提供的微课“桥梁结构和设计参数”。

探秘杭州胡庆余堂中药博物馆，可以借助高银巷小学来老师共享的短片，了解非遗传承人胡庆余堂的老药工丁光明出神入化的手工泛丸技艺，也可以扫码完成建兰中学小蒋同学制作的竞答题，了解胡庆余堂饮誉 120 年的“戒欺”文化。

仍以“重走长征路，共圆军营梦”为例，晚间的露营活动中，这些四、五年级的学生需要合作搭建一个可以供 4 个同学一起过夜的帐篷。大多数这个年龄段的城市孩子都接触过帐篷，但是要在 1 个小时内亲手搭建可以住 4 个人的帐篷，他们都没有经验。共计 20 个帐篷的搭建工作，要研学导师一一帮忙也不现实。记者看到在研学现场，学生手持 iPad 登陆“淘”平台，输入“帐篷搭建”，平台就会回复完整的图解步骤，同时还会提供帐篷拆卸步骤视频的链接。如此，“淘”平台为学生的行走提供了实时指导、贴心导航，成为学生随身携带的德育导师。

场域的界限在场域作用停止的地方。德育场域作为青少年道德的化育之所，需要不断提升其内涵和外延。“淘”平台的“掌上指导”功能通过网络联通实现了行走德育场域的新拓展。

（三）行走足迹：促成主动践行

“行走德育”是让学生将体验形成经验、由他律走向自律、以情感涵养德性的化育过程。参与者的高主动性也是提高德育成效的有效前提。让学生作为主体，在道德实践的过程中更多地获得肯定，是“淘”平台拓展“成长足迹”功能的初衷，这一功能通过“影像图迹”“成长在线”配合实现。

1. 影像图迹

目前，“淘”平台已经联通上城区中小学生学籍库，能点对点记录学生参加德育实践的过程信息，实现“自己的活动自己选，自己的活动自己评”。

升级后的“淘”平台可以连通带有随手拍功能的“图迹”App或微信小程序“小慧足迹”，学生在地图上标注自己的行走足迹、上传实拍照片后调整样式，“足迹地图”即制作完成，可以把足迹图片分享给同学、家长、老师。

同时，平台内设置了“实时争章”功能，老师点击“项目选择—实践争章—自动记录”，三步完成流程，可以即时发布“文化章”“研学章”“劳动章”“公益章”。平台会以“淘足迹”的形式留存这些“章”，积累“行走”足迹，成为学生“行走德育”的电子档案。这样的影像图迹，为学生综合素质评价提供生动丰富的素材，通过实时评价满足学生期待，让学生的行走成果更立体。

2. 成长在线

“淘”平台利用“图文上传”功能支持学生自己作主的“行走德育”成长记录，即“成长在线”，让学生的行走成果更立体。

前例中的“重走长征路，共圆军营梦”，就借助“淘”平台实现了实况推送式的报道。此后一周，平台持续推送7波专辑，发布了74名营员的日记和照片。杭州市崇文实验学校小沃同学表示：“以前我睡觉，每一个晚上都要妈妈陪伴我，这次星空露营，我破天荒地一个人就能独自安睡，还睡得蛮香。在朝阳越野活动中，我们清晨迎着朝阳登山，真的很疲劳，但是我们感受了杭州深厚的历史文化底蕴，开阔了胸怀，强健了体魄。”杭州师范大学第一附属小学五年级的小汪同学写道：“同伴评价我在‘血战独树镇’时，打出了气势，还能有策略地排兵布阵，称得上有勇有谋！听了这些话，我好兴奋！”杭州市金都天长小学五年级的小方同学表示：“我仿佛穿越到了长征路上，真是困难重重的二万五千里，红军能够撑过来真不容易！”这些文字记录了学生真实的感受，是“行走德育”最大的成效，也是“淘”平台为他

们保留的珍贵记忆，实现了德育导师评价、学生自主评价的双向交互。

如此，“行走德育”通过1张行走网图、4类行走范式和“淘”平台的支持，形成了立德树人的落实机制，将学校、社会和家庭统整为一个适宜于学生生长的德育生态系统，逐渐汇聚德育力量并促使其在广泛的时空中发挥巨大的作用，让德育直达学生内心，让学生“行有所悟，德有所立”。

第五章

从了解到传播：文化接力的实施样本

“文化接力”情境下的主题行走，要让学生实现从知识了解者到文化传播者的转变，展开从“文化体验”“文化检索”“文化创作”到“文化传播”的过程，引导学生发现文化之美，体验创作之趣，承继文化精髓，激发民族情。上城区各中小学从中华优秀传统文化教育的现状出发，根据地域特色、学生需求和学校实际，借助多样化的行走方式，丰富了学生的情感经历，激发了学生产生爱党、爱国、爱人民、爱家乡的情感。本章呈现的两个样本来自杭州师范大学第一附属小学和杭州市紫阳小学。

第一节　一公里学习圈：场馆学习的新样态

中华优秀传统文化是5000多年华夏文明历经沧桑变迁后逐渐演化汇集成的，能够反映我国民族特质和民族风貌的文化，是多民族文化经历大发展、大繁荣后在潜移默化中形成的各种思想文化和观念形态。习近平总书记指出："中华文明绵延数千年，有其独特的价值体系。中华优秀传统文化已经成为中华民族的基因，植根在中国人内心，潜移默化影响着中国人的思想方式和行为方式。今天，我们提倡和弘扬社会主义核心价值观，必须从中汲取丰富营养，否则就不会有生命力和影响力。"当前，中国进入了发展的新时代，经济全球化和多元文化交融大背景下，需要大力发展中华优秀传统文化教育，以此绘好学生的人生底色，稳固发展根基。

尽管中华传统优秀文化教育具有重大意义，但是实施实效性却不够理想，主要表现为学生对中华优秀传统文化不够了解，价值认同感淡薄，等等问题。中华优秀传统文化教育遭遇困境，原因主要是内容的系统性不足，资源的匹配度不高，活动设计不够生动。

杭州师范大学第一附属小学根据地域特色、学生需求和学校实际，以"路线图·馆学码·学习单"为样态，打破学校的围墙，打造一公里学习圈；以场馆学习为样态，创新实施"行走德育"。

一、场馆学习对中华优秀传统文化教育的价值

习近平总书记在党的十九大报告中提出，中国特色社会主义文化源自中华民族5 000多年文明历史所孕育的中华优秀传统文化。没有高度的文化自信，没有文化的繁荣兴盛，就没有中华民族的伟大复兴。《中小学德育工作指南》(以下简称《指南》) 明确要求要进行中华优秀传统文化教育，即传

承发展中华优秀传统文化，大力弘扬核心思想理念、中华传统美德、中华人文精神，引导学生了解中华优秀传统文化的历史渊源、发展脉络、精神内涵，增强文化自觉和文化自信。

在实施方式上，《指南》也指出要利用历史博物馆、文物展览馆、物质文化遗产地和非物质文化遗产地等开展中华优秀传统文化教育。场馆学习对中华优秀传统文化教育有着重要的价值。

（一）立德树人，形成家国情怀

场馆是充满活力的人文精神的交流场所，场馆学习是人与物的统一，彰显了人文关怀的时代精神。这种精神就是社会主义核心价值观在场馆学习中的具体表现。让学生在场馆学习的过程中深刻认识到家国情怀是中华民族的文化精髓和内在逻辑。它能让学生感受到家国文化，产生对国家的高度认同，增强民族自豪感，坚定文化自信。

（二）发挥功能，彰显育人价值

作为承载社会文化的公共机构，促进公民的文化素质提升是场馆的重要职责之一。场馆的功能已经由文物保护与鉴赏转向了教育资源的生成与传递，教育功能被放到了首位，它本身就是一种适合进行中华传统优秀文化教育的课程资源。场馆学习运用丰富的场馆资源，为学生提供可自由探索、富有创造性的学习环境，以实物展示、活动体验等方式让学生充分感受到中华文化博大精深。

（三）开放合作，凸显文化自信

2016年，《关于推进中小学生研学旅行的意见》出台，鼓励学校积极进行场馆学习的实践。在场馆中，学生直面历史文物，多角度观察、多维度思考、多形式感受，全面品味中华优秀传统文化的丰富内涵，不断积淀人文底蕴，形成正确的价值观。“把世界当作教材，把社会当成学校，把天地当作教室”，在场馆学习中，感受祖国优秀传统文化、永不褪色的革命精神和社会主义建设成就。

二、一公里学习圈：创新中华优秀传统文化教育的体系架构

（一）概念与目标

“一公里学习圈”是学校创新场馆学习机制的新样态，即将学校周边一平方公里范围内众多的博物馆、展览馆、美术馆、红色教育基地等场馆作为学校进行中华优秀传统文化教育的学习资源，并以此“织线布网”开展场馆学习。该样态中的“路线图·馆学码·学习单”是提升中华优秀传统文化教育质量的核心部分，建构了一公里学习圈的学习系统、助力系统和支持系统。

在研究与实践中，我校精选适合进行中华优秀传统文化教育的场馆，建设“一公里学习圈”，开发“路线图·馆学码·学习单”，形成学校特有的场馆学习机制，形成有序的场馆学习行为，落实立德树人根本任务，感受传统文化、革命精神，厚植爱国主义情怀。

（二）理念与特征

“一公里学习圈”是一种新型的场馆学习样态。学生以已有经验及先天特性为基础，与周围环境相互作用，内化外部资源进行学习，逐步使自身得到发展。这种场馆学习样态以学习者为中心，紧扣世界多样化的特征，为学生提供真实情境，便于他们直接观察、亲身体验与动手操作。

资源统整：学校周边场馆的类型、馆藏、呈现方式等不一样，资源比较庞杂。通过学习图的架构，将这些散乱的资源进行梳理，整合为系统化的网图，制定场馆中用于中华优秀传统文化教育的内容，以实现育人目标。

全程助力：制定场馆学习靶向目标，精准施策，设计三种类型的学习单，建立学习流程，将学习方式从单一的参观升级至集参观、体验和探究等多种方式为一体的研学活动，丰富学生的学习经历。

技术赋能：依托二维码技术，开发馆学码，提供影像资料、文字资料，开发成果展示和评价等多项有现代感的学习服务，贯穿场馆学习的全学程，实现线上线下无缝对接，优化学生的体验与探索，拓宽场馆学习的场域。

(三) 结构与资源

我校以“一公里学习圈”为基础，以“路线图 · 馆学码 · 学习单”为核心，最终提升中华传统优秀文化教育实效。

如图 5-1 所示，“路线图”是“一公里学习圈”的学习系统，是学生进行场馆学习的学习路径。通过梳理学校周边场馆资源，根据类型设计不同的学习目标，架构学习课程，采用不同的学习方式，形成一公里学习网络图。“馆学码”是“一公里学习圈”的支持系统，为学生提供技术支持，引导码和展示码的使用贯穿于学生学习的全过程。“学习单”是“一公里学习圈”的助力系统，是学生进行场馆学习的学习支架，通过个性任务单、互动体验单、探究共研单的指引，帮助学生完成学习。

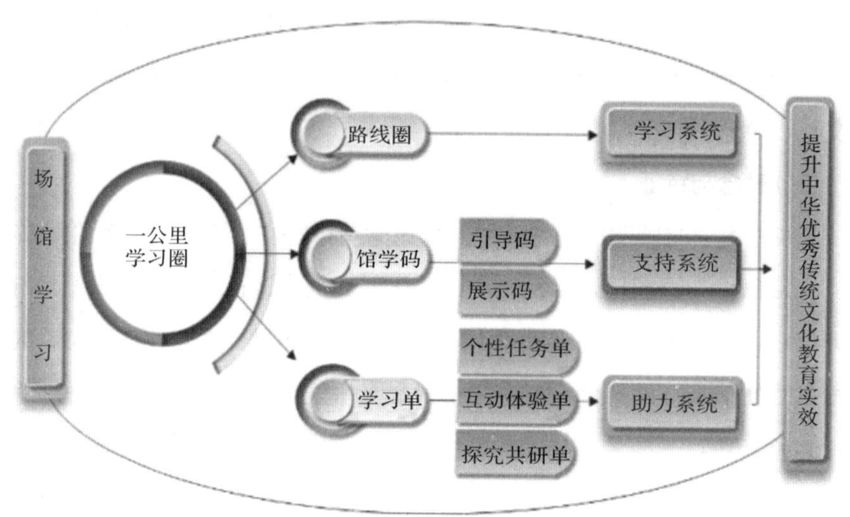

图 5-1 “一公里学习圈”结构图

学校根据中华优秀传统文化教育的特征，精选适合的场馆，编制学习内容，有机整合，形成“一公里学习圈”的资源链。

三、三位一体：创新中华优秀传统文化教育的实践探索

教育部《关于培育和践行社会主义核心价值观进一步加强中小学德育工作的意见》提出了社会主义核心价值观教育的 4 个基本途径之一——实践育

人。学校要创新育人理念和手段，运用学生喜闻乐见的方式，协同育人，使社会主义核心价值观成为每一名学生的精神追求和自觉行为。

(一) 一张路线图：构建中华优秀传统文化教育的体系

学校与周围1平方公里内的数十家场馆达成合作协议，制作路线图，作为学生学习的引导图，明确学习路线和学习任务，设计学习课程与学习方法。

1. 路线网图：科学设计场馆学习路径

根据周边现有的场馆资源，学校进行了路线图的架构，根据学生身心发展特点和认知水平，精选学习内容，有机整合，形成了低段、中段和高段3条适用于不同年级段的“走读场馆”路线。低段的路线是孔庙—胡庆余堂中药博物馆—西湖博物馆—浙江美术馆；中段的路线是胡庆余堂中药博物馆—中国财税博物馆—西湖博物馆—浙江美术馆—国防教育园；高段的路线是孔庙—胡庆余堂中药博物馆—中国财税博物馆—革命烈士纪念碑—清风行走线。

3条线路充分考虑了不同年级段学生的学习特征，并制订了契合发展方向的学习总目标（表5-1）。

表5-1　“一公里学习圈”学习总目标

年级段	线路	学习总目标
低段	孔庙—胡庆余堂中药博物馆—西湖博物馆—浙江美术馆	主要通过教师的引领，感受灿烂的中华传统文化
中段	胡庆余堂中药博物馆—中国财税博物馆—西湖博物馆—浙江美术馆—国防教育园	通过丰富的实践活动，主动获取史料，在活动中体验和感受历史与文化
高段	孔庙—胡庆余堂中药博物馆—中国财税博物馆—革命烈士纪念碑—清风行走线	深入进行采访、实地考察、社会调查等活动，努力形成历史判断能力和正确的价值观

2. 场馆课程：搭建多样态的学习时空

场馆课程的建构首先要细化行走目标。“一公里学习圈”的课程设计秉承“来自本土、面向未来、服务家乡”的理念，整合学校周边的场馆资源，注重各学科领域知识的相互渗透和有机整合，运用多种学习方法，使学生了解家乡的历史传承、风土人情、民间艺术、社会发展等，认识家乡发展的现状和前景等。

根据周边场馆的类型，学校将它们分为历史、自然科学、艺术、红色基地四大类。并根据场馆群特色，制订相应的课程目标（表5-2）。

表5-2 “一公里学习圈”课程目标

类别	名称	课程目标
历史类	胡庆余堂中药博物馆 中国财税博物馆 孔庙	了解和继承民族优秀传统文化；了解家乡的历史悠久，人才辈出，文化底蕴深厚，坚定文化自信
自然类	西湖博物馆	通过项目研究等，了解西湖的历史与变迁，体会西湖的价值，提升家乡自豪感
艺术类	浙江美术馆	学会欣赏艺术类博物馆及艺术展，感受中华传统艺术形式的魅力
红色类	红色教育基地 清风行走线	在行走中体验社会主义核心价值观“爱国”的丰富内涵，感知红色文化，传承爱国精神

其次，要在课程目标的指引下，依据规则，开发课程内容（表5-3）。引导学生了解各场馆的主要馆藏、特色及价值，感受中华文化的博大精深及革命精神的永垂不朽。

表5-3 “一公里学习圈”课程内容

场馆	价值指向	课程群	适合年级段	学习方式
胡庆余堂中药博物馆	诚信	认识中草药	低段	体验学习
		体验传统技艺	中段	体验学习
		理解“戒欺”文化	高段	探究学习
中国财税博物馆	清廉	货币演变	中段	自主 + 体验学习
		财税发展	高段	探究学习
孔庙	知礼	走近先师	低段	体验学习
		坐而论道	高段	自主 + 探究学习
西湖博物馆	爱家乡	寻宝探珍	中段	自主 + 体验学习
		疏浚之路	高段	探究学习
浙江美术馆	东方智慧	版画创作	低段	自主 + 体验学习
		欣赏名作	中段	自主 + 体验学习

续　表

场馆	价值指向	课程群	适合年级段	学习方式
红色教育基地	爱国	国防教育	中段	自主学习
		缅怀英烈	高段	自主学习

再次，编制课程纲要。在实施“一公里学习圈”的过程中，为了让教师和场馆工作人员整体把握各场馆对应的中华优秀传统文化教育的课程目标与内容，理解内在的逻辑关系，学校为路线图中的各个场馆编制了课程纲要，充分包含了各种实施条件及评价等。课程纲要不仅是教师用来实施课程的依据，也是指导学生学习的蓝本。如《走进胡庆余堂课程纲要》中介绍了课程背景与课程目标，希望学生通过3个板块12个课时的学习，了解胡庆余堂的悠久发展史；理解胡庆余堂“戒欺”文化的内涵，知道“戒欺”牌匾意义深远；领会传统技艺蕴含的匠心精神；感受中药文化博大精深，懂得传承与创新的重要性；愿意去宣传优秀的传统文化。在形式多样的体验与实践中，引导学生充分运用小组合作、资料分析等方法，撰写研究性报告，整理研究成果，激发探究热情，坚定民族文化自信，增强民族自豪感。

最后，“一公里学习圈”的课程实施基本遵循课堂学习与课外实践相结合的原则，充分调动学生的兴趣与积极性，发挥主体作用，引导其思考、研究。由于各个课程的内容与特征不同，实施方式也会有所变化。如“走进中国财税博物馆”课程中，制订了学习目标与学习内容，学生分年级段学习“货币演变”和“财税发展”两个板块。一周内，由正副班主任带队进入中国财税博物馆进行探究学习，让学生了解中国财税制度的悠久发展史，理解财税文化的内涵，知道财税对于经济发展的深远意义，领会传统文化中蕴含的匠心精神，感受财税文化的博大精深。整体上来讲，“一公里学习圈”课程组织实施主要采取“学生为主体，教师为主导，场馆工作人员协助”的方式，遵循理论学习与实践活动相结合的原则。

（二）两类馆学码：开发中华优秀传统文化教育资源

馆学码包含“一公里学习圈”的学习内容、学习任务、信息提示等，提供视频、数据、图像、音频或媒体组合，供学生用手机或平板进行扫描读取，帮助他们在短时间内获取期望的信息。馆学码资源库的建立，对提升学生在场馆中的参观体验以及提供更多的展品带来便利。

1. 引导码

引导码是指根据“一公里学习圈”中关于前置学习、实践导航、虚拟体验等阶段的要求，运用二维码技术将场馆的相关内容进行编辑，依托于学校公众号，方便学生扫码获取，包含场馆概况、学习流程、信息提示等多种信息，服务于学生的场馆学习。

针对前置学习，场馆的历史、概况、特色等内容，以文字、图片、视频等形式转化为馆学码，供学生了解，为下一步的场馆学习做好准备。

在实践导航阶段，通过馆学码的指引，学生获取学习单及学习任务、学习提示、场馆信息等，并以此作为学习向导，从而激发学生的好奇心，促使他们深层次地思考，愿意探索未知领域。

进行虚拟体验时，通过扫描馆学码，学生能够进入虚拟场馆进行体验互动，实现现实与虚拟无缝对接，解决无法多次进入同一场馆的困难。通过技术支持，做到“一码在手，学习无忧”。

二维码技术已日趋成熟，制作完成的二维码材料，可以灵活地应用到场馆学习的各个阶段。学生只需扫一扫，丰富的动态内容即可显示，静态文本则变成了丰富多彩的多媒体教材。学生可以在馆学码的指引下进行学习（表5-4)。

表5-4　引导码材料内容及作用

学习阶段	内容	作用
前置学习	与场馆的概况有关，便于学生对即将进行的场馆学习进行感知、理解和预判。除了提供场馆介绍外，馆学码还为学生提供明确的方向定位，如空间布局、重点展区	帮助学生了解认知，运用学生的已有经验，消除学生的陌生感，为进入场馆做好准备
实践导航	为学生提供较为明确的学习任务及学习流程。学生之间合作完成教师与场馆工作人员精心设计的团队任务，重点研究场馆特色，与真实的展品对话，获得直接经验等	帮助学生获取参观某个场馆时的任务单、学习提示、学习流程，深入学习，提升能力

续 表

学习阶段	内容	作用
虚拟体验	学生通过扫描馆学码，即可进入虚拟场馆，进行再一次的参观访问，通过 VR 模式身临其境，感受丰富的视觉盛宴	学生可以反复进入场馆，继续进行项目研究等

引导码的使用贯穿于场馆学习的全过程，为学生提供多种学习策略，学生可以按需选择。

获取知识的策略。在前置学习阶段，学生可以读取场馆的介绍，了解学习的背景知识，提取学习所需的各种资料，完成原有经验的唤起。如六年级进行清风行走前，学生可以通过引导码，了解以下信息：清风行走线路位于距离学校不到 100 米的吴山上，线路为“周新祠—阮公祠—三茅观于谦读书处”，沿途有文化名人导览石碑、刻有《五瘴说》的石壁、廉政文化教育展示厅。体验时，可以听路线讲解员介绍周新、阮元和于谦的生平事迹，也可以自行参观。如果有特别感兴趣的内容，可以提前做好准备，方便到时候研究。

实践指导的策略。在实践导航阶段，学生进入了现实的场景，引导码可以为学生提供完成学习任务的相关提示，当学生碰到问题时，可以自主查询，解决困难。如四年级学生进入胡庆余堂中药博物馆体验泡制养生茶时，引导码会给予以下提示：第一步去药局找适合泡茶的中草药，第二步利用说明推断每一味中草药的特性，第三步把几味中草药放在一起，推断养生茶的功效，第四步将养生茶推荐给合适的人群引用，第五步亲身感受中药文化走进了千家万户。如果一次扫码了解不够，学生可以多次扫码，帮助学习。

解决困难的策略。虚拟体验的主要作用是让学生反复进入同一场馆。虚拟场馆与现实场馆相结合，实现线上线下无缝对接。如五年级学生进入中国财税博物馆，对“货币演变”进行了研究，但是因为这块内容与学生生活距离较远，信息量大，在现场不一定能够完成学习任务，学生回家后可以多次扫码进入中国古代财税历史展厅，继续查找所需材料或进行深入了解。

2. 展示码

展示码为学生交流场馆学习成果及评价分享搭建了一个平台。学生在完成一次场馆学习后可以将自己的学习成果上传，还可以对自己的学习作一次总结与梳理，完成对场馆学习的评价。展示码分成果码和评价码两类。

成果码，用于收集学生完成场馆学习后的成果，如小组研究报告、学生文章和创意制作等。老师将学生的各类作品编辑成二维码，供大家扫描读取，互相借鉴，交流分享。评价码，用于收集学生在完成一次场馆学习后，对整个过程的回顾与梳理。评价的数据供老师或场馆工作人员参考，为改进和优化下一次学习提供帮助。

综上所述，展示码是在引导码使用的基础上开发的，用于展示学生作品及完成整个场馆学习结束后的评价（表5–5）。

表5–5　展示码功能及作用

展示码	功能	作用
成果码	收集学生各类作品，如学习单、小报、调研报告、文章或创意制作等	信息量大，方便学生互相交流与借鉴
评价码	一次场馆学习结束后，学生进行回顾与整理	学生进行总结回顾，也为教师或场馆工作人员改进和优化下一次学习提供帮助

学生完成场馆学习的任务单、调查报告、个性创作等成果后，递交给老师，老师将这些内容制作成展示码，上传到《场馆学习码》栏目，供学生扫描读取信息。以“走进浙江美术馆之版画创作”为例：第一步是学生完成版画作品；第二步是将作品递交给指导老师；第三步是由指导老师审核作品，第四步是为审核通过的作品制作展示码；第五步是供学生扫码欣赏。

当一次场馆学习结束以后，老师会用问卷星制作一份问卷，给学生提供一个评价码，请学生在线递交评价，内容包括对学习兴趣、学习成效的评价，也有对学习需求的征集等，老师或场馆工作人员可以在后台读取到相关信息，进行收集并反馈，一般流程为：第一步是给学生提供评价码，第二步是学生完成评价，第三步是数据处理与分析，第四步是反馈与改进。如六年级学生完成清风行走线的学习后，教师为学生提供评价二维码，学生通过扫码进入问卷并进行评价。教师对数据进行分类处理与分析后，得出以下建

议：教师和吴山管理处的工作人员应思考如何提升学生对场馆的喜爱程度，如结合于谦读书处与相距不远、位于祠堂巷的于谦故居的参观，让学生能够对于谦有更立体的了解，从而理解于谦的高洁品质。展示码为学生搭建了丰富多元的展示平台，激发了学生的荣誉感和成就感，激励其以更加积极的状态投入场馆学习中去。

(三) 三张学习单：实施中华优秀传统文化教育的载体

学习单是教师与场馆工作人员合作设计的，协助学生进行场馆学习的教育资料，目的是促进学生更加深入地进行参观、体验和探究，是“一公里学习圈”的助力系统。学习单由个性任务单、互动体验单和探究共研单三类构成，可以归纳为人与环境、人与展品、人与人交互等模式。在比较固定的场馆空间和展品呈现方式的情况下，为学生提供学习单可以提升学习实效。

1. 个性任务单：借助参观学习实现“智慧地看”

为了解决学生在参观过程中“走马观花”的现状，学校设计了个性任务单，以个体学习为主，凸显自主性。学习目标以了解场馆的展品、历史与发展为主。个性任务单一般由“概况检索”“任务聚焦”“行走记录”“过程展评”四部分组成。

以“走进胡庆余堂之‘我了解’”的个性任务单为例，为了帮助学生能够学有指向、学有所得，学校建立了相应的学习流程：第一步了解场馆；第二步阅读个性任务单；第三步参观访问；第四步完成任务单；第五步进行交流分享。

如“中国财税博物馆之货币演变”学习，学生可以听工作人员的介绍，也可以到每个展柜前，品读这些展品代表的历史与价值。最终，在任务单上通过思维导图的方式，画出中国货币的演变过程。

通过实践证明，场馆学习过程中精心设计的个性任务单能够激发学生的学习兴趣，增强学习的选择性，满足学生的需求。这样的学习适合学生自主学习，也适合亲子活动。

2. 互动体验单：通过多方体验实现“智慧地游”

为了加强学生与工作人员、展品、体验区等的有效互动，学校设计了互动体验单，凸显交互性，能够通过互动建构经验。互动体验单的设计一般由五部分组成。

例如“走进胡庆余堂之体验传统技艺”互动体验单的内容，一为胡庆余堂的场馆介绍，二是提出了如下的学习任务：

想一想：参观胡庆余堂中药博物馆的时候，你关注过“手工泛丸”技艺表演吗？除此之外，还有哪些传统技艺？

议一议：在“机器泛丸”技术普及的今天，为什么还要保留“手工泛丸”技术？你能从文化传承的角度说说这一类传统工艺的存在价值和传承方案吗？行动计划表如表5-6所示。

表5-6　我的行动计划

行走主题				
活动过程	时间	人员	活动方式	结果呈现

三是记录小组讨论的内容和结论。

四是回顾和整理自己在行走中遇到的困难、得到的收获和感悟，学生需要完成评价记录表（表5-7），并阅读“手工泛丸”技艺传承人丁光辉的人物介绍，提出新的研究主题。

表5-7　评价记录表

	会合作	会倾听	会分享	守规范	有成果
自己评（1—3星）					
同伴评（1—3星）					
老师评（1—3星）					
我想研究的新问题					

为了帮助学生能够互动有效、体验有得，学校建立了相应的学习流程：

第一步确定场馆；第二步阅读互动体验单；第三步进行场馆体验；第四步完成体验单；第五步交流分享。如西湖博物馆的“拓印”体验活动深受学生喜爱，学生可以将拓印出来的西湖美景带回家，更好地感受中国传统文化的魅力。

在互动体验单的助力下，文物能够真正“活起来”，符合学生的认知特点，满足学生不同的需求，能够让他们接触世界、启迪智慧等。学生能够在场馆学习中获取更多的“情感”“沟通”“共鸣”等富有人情味的感受。

3. 探究共研单：依托主题实践实现智慧地学

探究共研单的学习凸显探究性，旨在以合作的形式，让学生通过不同的方式对某一个主题进行探究，得出结论，获取新知识。探究共研单的设计一般由五部分组成。

以“走进中国财税博物馆之‘我了解’”的探究共研单为例，为了让学生合作有法、探究有方，学校建立了相应的学习流程：第一步确定主题；第二步组建小组，阅读共研单；第三步进行场馆探究；第四步完成共研单；第五步进行交流分享。如在申遗成功之后，西湖如何继续进行开放性保护，让人湖互动的关系一直能够延续，学生通过多种方法得出团队的结论并以研究报告、学习册等形式进行分享交流。

研究证明，结构合理、难度适中、具有探索性的学习单，能够促成学生更多的学习行为。

四、创新中华优秀传统文化教育的实施成效

（一）厚植爱国主义情怀，形成了中华优秀传统文化教育的系统

场馆学习是弘扬中华传统文化，进行社会主义核心价值观教育的重要载体。一个地方有一个地方的历史，一个地方有一个地方的风物。这些风光景物、风俗物产历经沧桑沉淀下来，就变成了一个地方永恒的精华。在场馆学习中，学生能主动学习，开阔自己的视野，充分感受到祖国深厚的文化底蕴，产生自豪感，愿意积极参与传统文化的传播与交流，进而形成价

值体系，产生热爱祖国、报效祖国的情感。场馆学习具有非常明显的非“学科化”、非“教学化”、非“教材化”等特征，让学生更深入地了解文化世界，形成独特的文化空间，形成民族印记。上城区质量监测中心发布的监测结果显示，我校受检学生在国家认同度、国际视野、中华优秀传统文化了解度、国情常识等方面的得分均列全区前沿。

(二) 打造“一公里学习圈”，丰富了中华优秀传统文化教育的资源

“一公里学习圈”的建设，让学生有了真正能够走出去的机会，为学生提供了一个个动态的、开放的空间，学生从书本走向生活，从理论走向实践，将书本与生活紧密结合在了一起，中华优秀传统文化教育有了具体的抓手。实施“一公里学习圈”以来，学校与8家场馆签订了合作意向书，开发了专门的场馆行走码栏目，参加场馆行走的学生人数达到100%。场馆行走改变了以往以书本资源为主的局面，从依靠传统的教师个人经验及知识储备到使学生自身进入真实的场馆，抽象的传统文化概念立刻鲜活了起来。据对全校学生的调查显示，超过85%的学生非常喜欢场馆学习，说明实践类的场馆学习深受学生喜爱。其中，超过六成的学生表示通过场馆学习，了解到了祖国文化的博大精深、源远流长，对劳动人民的智慧与勤劳表示了由衷的赞叹。

(三) 破解传统教育之困，拓展了中华优秀传统文化教育的渠道

作为公共教育机构的场馆与学校进行合作后，很大程度上消除了学生与展品之间的隔阂，学生进入真实世界后，创造出属于个体的经验，还能够把这种经验带回家庭，带动全社会把场馆学习作为了解中华优秀传统文化的重要渠道。当场馆学习成为学校的育人共同体时，就能相互促进，各自弥补短板，带来“1加1大于2”的教育效果。如学校和中国财税博物馆共同希望学生能够更好地了解专业博物馆的历史与发展，合作开发了公众体验馆建设项目。在馆内，学生可以观看场馆自制的科普视频资料，可以使用手机扫描图片识别出文物的三维虚拟图像，也可以在VR体验机上体验一把穿越回古代使用不同的货币购物的场景。这让学生以一种有趣味、有温度的方式感受了财税文化，也让他们愿意在双休日将家长带进中国财税博物馆，共同感受

不一样的场馆表达方式，共同度过不一样的家庭生活。

“一公里学习圈”的研究让学校找到了提高中华传统优秀文化教育的创新道路。一是让场馆学习有了“靶向”，学习目标明确，任务清晰；二是有效整合了场馆资源，梳理出了适合的学习内容；三是搭建了丰富的中华优秀传统文化的学习支架，建立了规范的学习流程，让学生行动了起来。

第二节　涵养乡情：跟着宋词游杭州

读万卷书，行万里路。2000多年前，孔子与弟子周游列国，开阔眼界，在天地大课堂增进学识、修身养性，成为行走教育的滥觞。2016年，教育部等11部门联合发布的《关于推进中小学研学旅行的意见》指出研学旅行要以立德树人、培养人才为根本目的，同时也指出小学阶段学校应根据学段特点和地域特色，逐步建立以乡土乡情为主的研学旅行课程。中共中央办公厅印发的《关于培育和践行社会主义核心价值观的意见》指出：“中华优秀传统文化积淀着中华民族最深沉的精神追求，包含着中华民族最根本的精神基因，代表着中华民族独特的精神标识，是中华民族生生不息、发展壮大的丰厚滋养。”古典诗词是中华优秀传统文化中一颗璀璨的明珠，对传承传统文化，实现中国梦，践行社会主义核心价值观具有重要意义。杭州作为南宋的首都，是当时的经济、政治、文化中心，许多文人墨客在这里留下不朽的诗篇。面对当前研学旅行的现状，校方以宋词为主题，以杭州地域文化为背景，顺应学生年龄特点，转变德育方式，开展“跟着宋词游杭州”主题行走，拓宽诗词学习的场域，知行合一，以优秀传统文化养心正德，涵养乡情。

一、问题审视

(一) 缺少深入：研学内容探究性不足

《意见》明确提出要将研学旅行“纳入中小学教育教学计划”，“研学旅行”成了热搜。根据笔者的了解，学校组织的研学旅行一般有两种方式，一种是长途住宿的依托研学机构承办，学生利用节假日参加；另一种是本地一日游，是春秋游的升级版，表面上搞得轰轰烈烈，学生写感受，学校发微信，但实质上往往表面“热”，内在“冷”，“玩”多“游”多，“研”少。常常是行前老师按照惯例做一下安全教育，行中一般是逛一逛，吃一吃，玩一玩游戏。做得比较好的也只不过是参观一下博物馆，听一下讲解，拍几张照片，回家写一篇习作。这样的研学走马观花，蜻蜓点水，缺乏互动体验与学习深度。

（二）缺乏目标：研学实施本土性不显

《意见》明确提出，要积极鼓励开展研学旅行，“建立小学阶段以乡土乡情为主、初中阶段以县情市情为主、高中阶段以省情国情为主的研学旅行课程体系”，并首次明确了中小学研学旅行“乡土乡情”内涵，支持乡土旅游建设。浙江省教育厅副厅长韩平提出：要让中小学生更多地走出校园、走出家门，亲近自然、融入社会，在没有铃声的课堂中学会动手动脑、学会生存生活、学会做人做事；到广阔的天地了解省情国情，感受“诗画浙江”，感受中华优秀传统文化，在社会大熔炉中锻炼成长。而省内的中小学生研学实践教育基地中，有关乡土乡情的人文场馆很少。再综观周边乃至国内研学旅行，针对小学阶段的“乡土乡情”研学旅行的研究与实施也不多。

（三）缺失主题：研学设计系统性不够

研学旅行的线路不同于一般的观光旅行线路，要具有明确的主题。线路上一个景点就相当于一个教学单元，每一个单元都是研学线路大主题的组成部分。当前，旅行社承办的研学旅行一般以观光游览为主，而学校组织的研学旅行以参观、游戏为主，虽然有目标，但没有明晰的主题，或者说主题是涣散的。一般情况下以地点为中心开展行走活动，景点与景点之间是割裂的，各自为王，担负着不同的教育使命。这样的行走设计缺乏系统性，而教育是慢的艺术，就像春雨润物一样，需要设计一条条指向同一主题的线路，通过一次一次同样主题的行走，构成一个行走系统，才能更好地落实立德树

人的总目标，毕竟一个好的心性的养成不是一蹴而就的。

综上所述，当下研学旅行虽然很火爆，但往往流于形式，缺乏课程意识，“研”“学”“游”的融合深度不够，关于乡情的研学旅行更是少之又少，主题性、系统性缺失，很难真正达到立德树人的根本目的。面对研学旅行的现实症结，笔者开展了“跟着宋词游杭州”系列主题行走，以宋词为学习载体，行走为德育方式，走进自然、景观，让学生在感受宋词意境的同时，感受家乡杭州的历史文化，知行合一，增强对家乡的自豪感，对家乡的热爱之情，激发建设家乡的责任意识。

二、“跟着宋词游杭州”主题行走的设计

（一）主题行走目标设计

1. 让孩子根植地域文化，有对家乡的自豪感

进入宋代，词的创作逐步丰富，名篇佳作层出不穷。许多词人都和杭州有不解之缘，有的长年居住在杭州，有的是杭州的父母官，他们的足迹遍布城市的角落，甚至造福了杭州的一方百姓。苏东坡曾先后是杭州的通判、知州；陆游来杭州的次数有明确记载的就已不下十数次；李清照在杭州生活了20多年。杭州的许多街巷、景观都和这些词人有关，和一些词作有关，如岳庙、苏东坡纪念馆、苏堤、三潭印月、六一泉、有美堂、东坡路、学士路、孩儿巷、清照亭、钱塘江……特别是西湖，可以说是一个景点一首诗词。这些街巷、纪念馆、景点为“跟着宋词游杭州”主题行走提供了丰富的学习资源。

2. 让孩子热爱杭州历史，有对家乡的归属感

我校是一所九年一贯制学校，一半以上的学生来自外地，比如某个班级，共35位学生，本学区户口的学生只有9位，占25.7%，有11位来自外省。通过访谈发现，很多学生只知道杭州有个西湖，去西湖边逛过，但对于西湖背后的故事、人文内涵很少知道，甚至一无所知，对杭州的历史也缺乏了解。这就有必要引导学生通过系统的行走慢慢融入杭州并了解历史文化，适应成

长环境，增强对杭州的认同感和自豪感、对第二“家乡”的归属感与责任感。

3. 让孩子行走家乡山水，有对家乡的使命感

“最好的课堂在路上”，生活即教育，社会即课堂，行走是综合实践活动的延伸，是孩子喜闻乐见的活动。在“跟着宋词游杭州”主题行走中，老师和学生一起走出校园，走在场馆、景观、街巷中，以小组合作的学习方式在没有铃声的课堂中，在真实的情境中，寻访、参观、体验、感悟、行走、实践，对话词人、词作，发现景观背后的故事，感悟宋词的内涵，了解宋朝的杭州，感悟词人的哲思，促进学生从诗词、历史、社会中汲取自我成长的力量，培养我为杭州自豪的幸福感和我为家乡出一份力的责任感。

（二）主题行走内容整体架构

根据地域特色、学校、学生的实际需求，充分挖掘资源，针对苏东坡、范仲淹、陆游、岳飞、柳永、李清照这6位词人，我校教师设计了6条行走线路，和孩子一起追寻词人的足迹，在场馆、景观、小巷中重拾宋代的文化。在吟诵的基础上，通过情境学习、项目研究、毅行体验、公益活动丰富学生的情感体验与表达，打通学生认知世界和文学艺术的渠道，引导学生从学习宋词走向感受词人的生命故事，从感知南宋历史走向体验与浸润城市文化，培育亲近家乡、热爱家乡的情怀，让乡情在行走旅行中得到滋养。

（三）主题行走设计策略

1. 行走主题来自学习问题

一切学习的动力来自真实的问题，这是让学习真正发生的根本。在开展行走之前，利用学校周五的拓展性课程，先学习宋词，然后根据学生在学习中引发的问题，确定行走的主题。

吟诵苏东坡的“明月几时有”，孩子们对苏东坡产生了浓厚的兴趣，提出了针对东坡词作的问题，如东坡还写过词牌是水调歌头的其他词作吗？赠给他人的词作还有哪些？……也有针对东坡本人的问题，如东坡真的乐天吗？在密州的生活如何？在杭州的生活呢？学生根据自己感兴趣的问题，确定自己本次行走的主题，有的研究苏东坡的为人，有的研究苏东坡在杭州的生活。

学习了《望海潮（东南形胜）》一词，学生的脑海浮现了无数的问号：钱塘真的自古繁华？柳永在什么地方观潮？观潮诗还有哪些？分别描写的是什么观潮点的景色？根据这些问题学生们确定了项目学习主题：(1) 合作绘制观潮地图（不同观潮点的观潮时间、潮形等），猜测、考证不同观潮点的诗词。(2) 钱塘江的前世今生（用不同的形式展示），学生带着好奇踏上“江潮涌诗韵来”行走之旅，根据自己的个性喜好选择项目研究主题。

需要强调的是，要充分鼓励学生在行走的过程中质疑问难，产生的新问题也可以作为他们的项目研究主题。在“江潮涌诗韵来”行走之旅中，学生在参观钱塘江博物馆时产生了新的问题，如一线潮是如何产生的？还有哪些伟人参观过钱江潮、视察过江堤？有没有留下诗词？钱塘江的上游富春江、新安江是不是也有许多文人墨客留下佳作诗篇？即将改址兴建的钱塘江博物馆诗词展厅会是怎样的？孩子们的问题一个个地冒出来，在问题中又产生新的项目学习主题：(1) 为即将改址兴建的钱塘江博物馆设计诗词展厅。(2) 绘制跟着诗词游钱塘的行走路线。(3) 选一首诗词为新馆代言。

五、六年级学生的自主意识、思维的独立性和批判性都在逐渐增强。学贵在思，小疑则小进，大疑则大进，行走旅行以问题为起点，以好奇心为支点，一个个项目主题从孩子的问题中来，不断生成，个性而又独特。

2. 行走方案由学生团队自主设计

在确立了行走主题之后，在教师的引导、家长的协助下，群策群力，学生团队通过资料查阅与搜索，甚至实地考察、规划行走线路，选择出行交通工具，并设计行走方案。例如在学习了范仲淹的诗词后，在小秦同学和家长的提议下，同学们开展了“游梅城思范公”行走活动，将其作为毕业旅行。小秦同学和家长利用双休日回老家梅城镇进行了实地考察，其他学生通过网络了解梅城与范仲淹，确立了行走方案（见表5-8）。

表 5-8 “游梅城思范公”行走设计

时间／地点	行走内容	行走指导
4月28日上午 8：00在学校集中后上大巴车	(1) 范仲淹词作朗诵 (2)“范仲淹”有奖竞猜 (3) 听导师介绍“游梅城思范公”的行走行程、任务等	(1) 组织朗诵与有奖竞答 (2) 交流本次行走安排、任务 (3) 安全教育
4月28日上午 10：40—11：30 南峰塔	(1) 登塔眺望三江口、北峰塔、乌龙山 (2) 采访当地农民，了解沿江的五水共治 (3) 参观严陵文化碑廊、先贤堂，找寻赞美严陵山水的诗人诗作，欣赏书法，摘录吟诵	(1) 导览“双塔凌云”，讲解双塔传说、方腊点将台 (2) 导说：沿江的五水共治 (3) 参观先贤堂，补充介绍范仲淹的严陵佳作及创作背景
4月28日下午 13：00—14：00 严州文化公园	(1) 逛公园，数雕塑(16座)，通过不同的方式了解雕塑故事 (2) 走城墙，步行估算古城墙的长度，目测高度，了解防洪功能	(1) 交流了解雕塑故事 (2) 介绍城墙的防洪功能 (3) 介绍梅城特色小吃及由来
4月29日 8：00—14：30 七里扬帆	(1) 乘游船，游七里扬帆 (2) 踏峡谷，览葫芦飞瀑 (3) 登钓台，观严陵文化 (4) 进渔村，尝渔家鱼宴	(1) 游船上赏两岸风景，介绍富春山居图，并组织“诗画严州府”诵诗会，在情境中感受诗词的魅力 (2) 导览子胥野渡、葫芦飞瀑、严子陵钓台 (3) 尝江鲜，介绍“九姓渔民”，议一议：古今交通的变迁

在方案的设计过程中，以问题为线索，以考察、资料搜集为基点，引导学生积极参与，亲历方案设计的全过程，以此走进词人的生命故事，对话历史，感受家乡杭州的变化与人文内涵。

三、“跟着宋词游杭州”主题行走的实践探索

根据地域特色、学生成长需求和学校实际，经过1年多的实践探索，我校教师和学生、家长一起研究了与6位词人有关的杭州景点、街巷、场馆，开发了6条行走线路(见图5-2)，形成了一个内容丰富、操作简便、行之有效的系列行走项目，基于学生立场，厚植乡情。

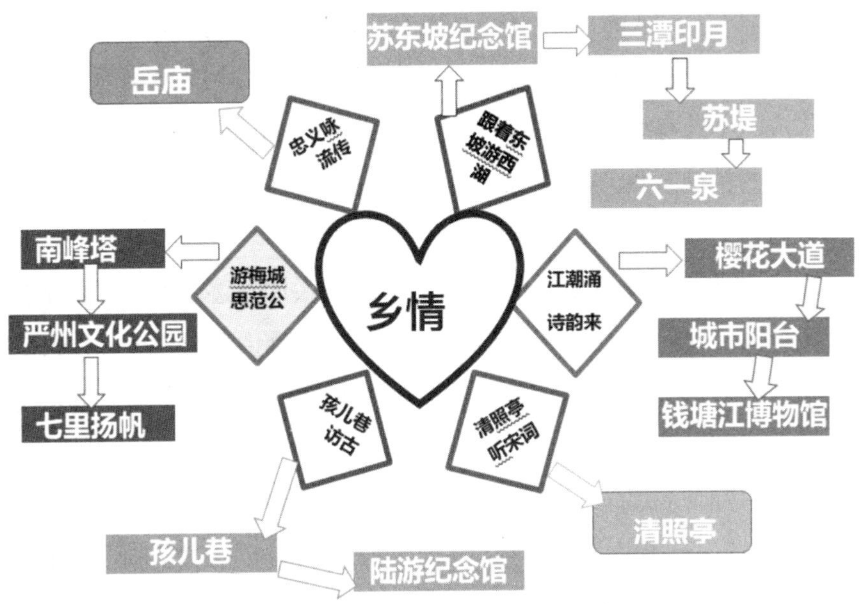

图 5-2　行走线路图

基于学生立场，是指根据学生的身心发展规律及情感需求，从学生的视角，为其主动学习和自主发展提供丰富的资源，使之在活动中愿学、乐学、会学，从而获得适宜的成长。行走活动中，充分发挥学生的主观能动性，引导学生选择自己喜欢的主题开展学习，立足于学生的个性、特长、喜好，引导学生用自己的眼睛观察，用自己的大脑去思考，用自己的心灵去感受。

（一）情境体悟诗词，厚植爱乡种子

情境学习是一个社会性的过程，知识在这个过程中是由大家共同建构的，这样的学习总是渗透在特定的社会和自然环境中。学生在教室里吟诵完诗词，组成小队，走出校门追寻词人的足迹，在场馆、景观、小巷中重拾宋代的文化。在吟诵的基础上，通过行走活动，在情境中对话词人的生命故事，边触摸与词人相关的遗迹，边体会其中的人生哲理，“穿越时空”了解杭州的市井百态，体悟家乡杭州的人文历史，以情境学习为路径，变经过为经历，笃行养德。

每学完一个词人的词作，孩子们总会走出课堂，走进场馆，借助苏东坡纪念馆、岳庙、陆游纪念馆、钱塘江博物馆等，通过学习者和学习情境的互动，形成一个具有社会性、实践性的参与学习过程，拓宽宋词学习的外延，沉淀宋词的精神内涵，在真实的情境中走进词人的生命，涵泳宋词的同时，滋养乡情。

学生们在苏东坡纪念馆边触摸与苏东坡相关的遗迹、景点，边听志愿者娓娓道来，体会东坡虽一生坎坷、颠沛流离，但始终胸怀国家，无论在哪个岗位上都愿为国作贡献的志向。在展品欣赏、参观访问中，了解苏东坡疏浚西湖、造福于民的丰功伟绩，初步体会苏东坡作为杭州父母官勇于担当、敬业奉献、为国为民的崇高品格。这一系列的情境学习点燃了孩子们热爱家乡的心绪，领悟到现在好好学习，长大才能服务家乡，报效祖国。正如习近平总书记提出的对儿童的希望："让社会主义核心价值观的种子在少年儿童心中生根发芽、真正培育起来。"

诵读是孩子喜欢的学习方式之一，特别是喜欢文学、喜欢阅读的孩子，而词的意脉就在深情的诵读中萦绕，通过吟诵赋予词以切实的生命况味。

每到一处场馆，学生在参观、访问的同时都不忘读一读词人的词作。在苏东坡纪念馆诵读《水调歌头》，在岳庙诵读《满江红》，在清照亭诵读《声声慢》。家长志愿者毛爸爸在孩子们的感染下，在岳庙高歌了一曲《满江红》。一时间诵读、歌唱宋词在班中火了起来。吟唱宋词成了学生课余生活的一部分，成了一种生活的方式——用宋词为杭州代言，将对杭州的热爱之情内化为行动。

知识源于情境、变化于情境；情境蕴含着认知，折射着体验。时时有学习，处处是资源，景观、场馆是鲜活而又真切的学习情境，伙伴、家长、志愿者，甚至是周围的游客都可以成为孩子的老师。在跟着宋词游杭州的主题行走中，学生沉浸在人文场馆中，听着故事，学着文化，润着心灵，在走走看看听听、摸摸问问想想中，体悟乡情，将宋词之美、人文之美根植在心中。

（二）毅行体验景观，追寻爱乡情怀

毅行体验是行走的一种方式，在“跟着东坡游西湖”行走活动中，通过实地体验式的行走，孩子们一步步丈量了由六桥相连的近3000米的苏堤。孩子们感叹：“我们走一遍都有点累，这可是苏东坡带领着宋朝百姓们用疏浚西湖的淤泥一点一点堆起来的，这是一项多么伟大的工程。”在真实的环境里，通过游览、毅行、观赏等实践活动，了解、体悟苏东坡在杭州一心为民、疏浚西湖的壮举，解决当时杭州百姓的用水问题，并因地制宜，堆积淤泥，于是举世闻名的三潭印月与苏堤春晓应运而生，苏东坡的敬业和辛苦的付出为后世的我们带来无尽的甜。孩子们行走在风景优美的苏堤六吊桥上，欣赏着一株杨柳一株桃的美景，他们无不感叹这不正是苏东坡带领着宋朝百姓们留下来的最宝贵的财富吗！苏东坡的敬业精神就是现在社会主义核心价值观的最好体现。青山绿水就是金山银山！

在“跟着柳永游钱江”行走活动中，学生们从樱花大道出发，沿着江堤，步行至城市阳台，一边行走，一边用自己的眼睛去欣赏钱塘江风景，想象农历八月十五潮来时的壮观，感受自古以来钱塘江潮“壮观天下无”的磅礴气势，进一步体悟江潮诗带给人们的那种奔流不息、竞进向上的精神。“弄潮儿向涛头立，手把红旗旗不湿。”杭州已从西湖时代走向钱塘江时代，“拥江发展”，弄潮儿的精神一直是杭州精神的缩影，学生在毅行体验中，沿诗词之路，赏潮水大观，悟诗词之美，扬江潮精神。

（三）公益践行责任，激发爱乡行动

“天下兴亡、匹夫有责”，责任与担当是每一个公民、每一个孩子应有的家国意识。中国是诗的国度，这种深植于心的家国之情自然会在诗人笔底澎湃，在诗歌中回响，绵绵传递，不绝如缕。在公益行走中，要引导学生用自己的实际行动展示宋词之美，服务社会，促使学生成为有信念、有情怀、有担当的小公民。

学习了岳飞的《满江红》后，孩子们搜集了大量的资料，了解了岳飞的生平事迹，许多孩子看起了《岳飞传》，学唱《满江红》，一时间在班级掀起

了岳飞热。孩子们被他的忠义所折服，于是策划了一次以公益宣传服务为主的行走活动——“忠义咏流传”。

1. 公益活动与信息技术整合实施

在科技高速发展的时代，利用信息技术做公益，宣扬传统文化，是大众乐于接受的一种方式，更是新时代人与人交往的一种方式。

“忠义咏流传”行走活动中，学生设计了有关岳飞的微信扫码调查问卷，在岳庙、西湖边动员游客扫码完成问卷，向来自五湖四海的人介绍《满江红》，让更多的人关注抗金英雄岳飞、诵读《满江红》、了解岳飞的爱国事迹、宣传宣扬忠义文化。

有了信息技术的支撑，词人的家国情怀、词作的家国情愫传播得更快，辐射面更广，让更多人学习、重温了宋朝的历史与文化，坚定了文化自信，而且加深了孩子们做公益的兴趣，从中孩子们也深深地体会到学会并利用好一门技术，可以更好地服务社会，可谓一举多得。

在“跟着柳永游钱江”行走活动准备阶段，孩子们精心设计了江潮诗歌竞答题，发朋友圈邀请同学参与竞答，或去公园、博物馆、小区等地方，让更多的不同年龄、不同性别、不同职业的人通过扫描二维码参与竞答，让更多的人知道江潮诗，加入学习江潮诗的队伍，体悟弄潮儿精神。

2. 公益活动与劳动实践的整合实施

劳动不能简单理解为洗衣、做饭、打扫卫生，它体现于社会生产，它是创造真实价值的手段。它体现为教育，就是知识的躬身修行。劳动教育的意义，贵在让学生用身体丈量物理和心灵的世界。当教育回归到实际的劳动实践中，就是结合孩子的实际生活，进行力所能及的实际操作，那么孩子的生长也就与生活紧密地联系起来，他们的创造力被激活，他们的生命力被唤醒。

在“忠义咏流传”行走活动开始之前，孩子们精心设计扇面，献出爱心零用钱做小扇子，创新了形式，增强了活动的吸引力。在炎炎夏日送出清凉的同时，更送出了对忠义文化的传承与发扬，播下了小公民的责任担当、奉

献力量的种子。正如小秦同学在活动感言里写道：“看到来来往往的行人带着我们分发的纪念扇离开的时候，我的内心是开心而感动的，这是我们的责任。今天我们所做的这些小事虽然微不足道，但一定会影响更多的人。”

孩子们在吟诵完诗词之后，也常常会动手做一些书签，在书签上写上自己最喜欢的词，或者给词配画，在阅读节上分发；在行走时，把书签送给游客，宣传宋词，为坚定文化自信献出自己的绵薄之力。

在学习了李清照的《鹧鸪天·桂花》后，学校请来了家长志愿者教孩子们做桂花糕，在秋天采集校园里的桂花并晒干，在“清照亭里听宋词”行走活动的尾声，孩子们带上亲手做的桂花糕、亲自晒的桂花去了敬老院，为那里的爷爷奶奶读宋词，泡桂花茶。

生活即教育，当宋词和劳动实践联合，孩子在实践中传承、发扬宋词文化，知、情、意、行相融合，用自己的实际行动服务家乡。

3. 公益活动与艺术审美的整合实施

没有针对美的教育，就不可能有完整的教育。一朵云在大人眼中是一团水汽，在孩子眼中是棉花糖、宫殿乃至一个童话王国。在公益行走活动中，学校通过绘画、音乐、演播等，让美的元素进入孩子的世界，回归对孩子生命直觉的引导，用宋词之美来温润孩子的眼睛和心灵，使他们感悟诗词背后的人生际遇、家国情怀。

行走在岳庙，学生除了参观还有更重要的行走任务：当小导游，为小游客讲解；为游客朗诵或歌唱《满江红》或岳飞的其他词作，进一步体验岳飞精神，内化为品质，外显成行动，形成良好的道德情操，萌发、提升公民意识，从行走合一走向知行合一。小蒋同学在行走感受《报国何曾惜此身，忠孝留世代代传》中，写道：

“接着，我们走进了岳庙，白驹小队的每一位成员都要在岳庙里继续我们的岳飞精神宣传。在展览馆里，我们也做了一回讲解员，向来参观的小游客们介绍我们眼中的岳飞。看，这边金洪宇绘声绘色地讲岳飞抗敌的故事。瞧，那边程浩然正给一位小朋友介绍岳母给岳飞刻上‘精忠报国’的故事。

听，展览馆门边还传来了毛逸飞同学演唱《满江红》的优美歌声。再往外望，顾柏韬正给游客们朗诵岳飞的诗词呢！白驹小队的成员们都拿出了自己的本领，为宣传岳飞爱家爱国的精神作出了自己的努力。我们的宣传得到了游客们的称赞，直夸我们是岳飞忠孝精神的代言人。”

以公益为主题的行走活动，就是“宣扬传统文化，服务于社会”的强烈信念在参观、游览等活动中的践行，将宋词之美与忠义文化、社会责任有机融合，在潜移默化中实现知、情、意、行的统一，形成正确的价值观、人生观，使学生对杭州，乃至国家与世界都表现出强烈的责任感与忠实情，践行责任与担当。

四、“跟着宋词游杭州”主题行走的评价样例

行走活动是行走的课程，学习的结果是多元化的。随着“跟着宋词游杭州”系列行走活动的开展，多样的物化成果逐渐形成，孩子们的个性特长得到发挥，每一个成果都是孩子们群策群力、互相讨论、互相扶持的结果，凝结着孩子们独特的思考。故“跟着宋词游杭州”主题行走的评价以成果性评价为主，侧重于对学生通过行走所获得的物化成果进行评价。

（一）行走体验绘本制作

在经历了“跟着东坡游西湖”行走活动后，学生对苏东坡有了更全面、客观的认识，从而对苏东坡产生了浓厚的兴趣。喜欢书画的学生合作绘编了《东坡画册》，不同样貌的东坡跃然纸上，而每一种样貌都是孩子经过大量的阅读考证、猜测才绘成的，是独一无二的孤本，彰显着学生对苏东坡的独特体悟。小吃货们制作的东坡美食攻略更是让人眼前一亮。绘本的制作让学生的内在体验、探究可见、可赏，是他们对城市文化的诠释。

（二）行走路线手绘创作

时下在许多年轻人、青少年中，非常流行做旅行手账，即图文并茂记录旅行中的点点滴滴，风格各异，线描的、卡通的、剪贴的，也有电脑制作的，多种多样。每次行走活动结束后，学生都会绘制本次行走活动的路线

图，还附上温馨提示，乐此不疲。手绘路线图，凝结着学生的行走心得，除了记录满满的回忆，更重要的是给学姐学弟们提供借鉴。手绘路线图在校园里的展出，是对景点、线路的有利宣传与代言。

(三) 行走会演个性文艺

有人说孩子是天生的演员，多样的表演更是学生所热衷的。行走结束后，学生总是喜欢编排节目展示自己的才能与学习所得，这远远超出一份评价量表、几颗星或几个印章对他们的诱惑。有的创作了单口相声《东坡为民》、苏东坡画册、快板《苏东坡景点颂》，有的还用《小白船》的曲调创编《东坡之歌》，用非常文艺的形式演绎宋词的意蕴。他们还利用放学后的时间，在社区开展过公益会演。在某次教学研讨会上，程浩然、胡怡晨、陈宇恩、叶鑫同学自编自导自演了《文化之旅——观澜楼》，受到了与会老师的一致好评。毛逸飞同学在“2018杭州市中小学生文化艺术节古诗词朗诵比赛”中朗诵《满江红》，获得了小学组一等奖。同学们在说说唱唱演演中，宣扬了杭州精神、传统文化。

行程的结束，并不意味着活动的落幕。有效实施行走评价是行走活动的延伸，是对行走活动学习成果的展示与提升。学生以作品为载体，以团队或个人的形式，用自己喜欢而又独特的方式展示行走所得，表达对家乡名人的敬仰，对家乡的热爱，那份对家乡的自豪与责任感都浓缩在创作中。这样的评价是跨学科的，立足于学生的个性发展的，更是学生喜闻乐见的，有利于乡情的根植。

实践证明，“跟着宋词游杭州”系列主题行走活动，拓宽了学生学习的场域，丰富了学生的学习方式，变革了德育方式。师生行走在人文场馆、自然景观中，合理利用社会资源，通过情境学习、毅行体验、公益活动，将宋词之美、景观之美、人文之美根植于内心，体悟家乡杭州的历史文化之美，培育对家乡的热爱之情。同时在系列行走活动中，孩子学习诗词的兴趣被大大激发，从某种意义上说，跟着宋词去行走已经融入了孩子的生活，丰富了孩子的双休日生活，让孩子的生活更有诗意与担当。

第六章

从聆听到行动：红色传承的学校实践

“红色传承”情境下的主题行走，引导学生从旁观聆听走向知国报国。实际应用中，上城学子们寻访英雄故事，体悟爱国精神，回望建党历史、建国之路，滋养爱国心。老师们借助“行中学”范式，展开“主题探究”“史料解析”“定格体悟”“榜样践行”等活动环节，赋予红色教育别样的风景。本章呈现的两个实例是杭州市惠兴中学的“一九〇”中队传承和杭州市回族穆兴小学的红色教育，既有教育内容的整体架构，也有实施途径的探索总结。

第一节 “一九〇”传承：革命传统教育的校本探索

习近平总书记多次强调，要把红色基因传承好、发扬好，党中央更是提出“注重党史国史教育、进行革命传统教育”“推进爱国主义教育”等教育要求。2021年恰逢中国共产党建党100周年，教育部印发《革命传统进中小学课程教材指南》，文件更是强调了革命传统教育的重要性。杭州市惠兴中学依托“一九〇”英雄中队的建设，与时俱进地开展革命传统教育，培养学史明理、学史增信、学史崇德、学史力行的少先队员和共青团员，发挥革命传统教育的特殊效能，不断探索让红色基因、革命薪火代代相传的团队建设途径。

一、革命传统教育的现状分析

目前，革命传统教育得到普遍重视，但限于条件，均不够深入。已经开展的革命传统教育中，存在教育内容分散呈现、形式机械表面、生动不足、说教有余的问题。对学校来说，需要挖掘基础，拓展资源，开展系列化的主题实践活动。具体问题分析如下：

（一）系统性不足

革命传统教育传递的是精神力量，对于革命文化的传承与发展具有重要推动作用。在青少年拔节孕穗的成长关键时期，革命传统教育有着至关重要的作用与价值。众多的革命先烈和他们的生平事迹中，都蕴含着极具感染力的红色基因。今天的中小学生，应当成为优秀传统文化的坚定继承者，更应该成为中国革命精神的优秀践行者。但在具体的教学环境中，革命传统教育尚未纳入学校常规课程，大多数学校在进行革命传统教育时往往缺乏固定的组织团队、明确清晰的实施方案、严密准确的管理细则和评价体系等重要元素，导致学生无法得到良好的情感体验和价值体认。同时，革命传统教育作为一种隐性教育，很少被学校或者老师视作不可或缺的重要教育手段。当前学界也很少对革命传统教育所蕴含的时代价值和精神引领作用进行系统全面的研究。在革命传统教育的实施中，有的只停留在对其历史意义的阐述和介绍上，没有与新时代的社会生活相结合，挖掘其时代价值，导致青少年无法真正浸润其中。这样的革命传统教育流于表面，无法让学生内化于心，收效甚微。这就提醒学校，要系统、深入地解读革命传统教育的时代价值，坚持理论与实践相结合，拓展革命传统教育资源，形成体系化的教育内容。

（二）资源利用率低

进入新时代以来，经济水平飞速发展，信息化程度不断提高，但学生对于革命传统文化却知之甚少。要在这样的社会背景下继续发挥革命传统文化的教育功能，就要求学校和教师不断创新和丰富教育内容、教学方法，尤其是要关注革命传统教育的资源建构与应用。现阶段，校内开展革命传统教育，主要依赖于图片、影视作品和文学作品。一些红色资源基地、历史名人故居、历史遗址、博物馆等丰富的历史场馆没有被充分利用。但是，关于“抗日神剧”的讨论提醒我们，这些作品是否真实、全面，的确值得我们深思。又如红色文学作品，其创作背景和现代社会生活存在着天然的年代差异，学生要准确理解文章中所体现的革命思想还是有难度的。因此，大部分学生对革命传统文化的了解只停留于表面，对其历史来源、精神文化内涵等了解较少。我们认为，确定革命传统教育的内容，不能完全依赖于“拿来主义”。学校有责任为不同年龄段的学生设计具有针对性的革命传统教育内容。加强对革命传统资源的利用，这既是时代的呼唤，也是教育的必要诉求。

（三）实效性不强

实践教学是指“在一定理论指导下，通过引导学习者的实践活动，从而传承实践知识，形成技能，发展实践能力，提高综合素质的教学活动”。而革命传统是民族文化中极为重要的部分，教师可以充分挖掘其精神内核，把它转化为别具一格的实践教学方式。虽然近年来革命传统教育越来越受到重视，

但教育活动大部分停留在课堂讲授、机械性背诵记忆、浏览二手资料等方式上。没有将革命传统文化真正融入学生的实践活动中，青少年无法身临其境地感悟到革命传统文化中所蕴含的英雄气节和精神感召力。此外，绝大多数学校在设计青少年革命传统教育的评价体系时，仅仅把理论知识的记忆考察作为唯一标准，无法使得学生的价值观在具体的实践活动中得到融汇和升华。

革命传统和红色精神，是社会主义核心价值观教育的重要内容，是激发学生民族自信、文化自信、国家自信的重要途径。因此，如何让红色基因潜移默化铸魂育人，已成为新时代德育的重要课题。

二、开展争创“一九〇”革命传统教育活动的基础和价值

“一九〇”中队自1955年成立至今已经走过了66个年头。从“一九〇”第一小队到“一九〇”第五十二中队，50余名辅导员和3 000多名少先队员在这个英雄中队中不断学习和成长。“一九〇”中队不仅是一个称号，它拥有着广泛的群众基础和社会影响力，是坚持从具体实际情况出发，结合当地的资源优势，推进“行走德育”的优秀实践样本。

（一）渊源：“一九〇”的建队历史

1954年10月，我校少先队大队部响应毛泽东主席“绿化祖国”的号召，组织了一次采集树种的活动。初三年级第一中队第二小队的9名队员在葛裕昆小队长的带领下采集了最大、最好的马尾松种子，寄给了担任解放一江山岛任务的“淮海战役全团战斗第一连”。这些马尾松种子随着战争胜利的旗帜，播种在了一江山岛上。

为了纪念少先队员和解放军叔叔之间的情谊，更好地向解放军叔叔学习，学校征得0080师部党委的同意，于1955年3月将第一中队第二小队命名为“一九〇”小队。1955年7月，全校隆重举行“一九〇”第一中队命名典礼。从此，“一九〇”中队在我校生根发芽，代代相传，到2020年已传承发展至第五十二中队，基于英雄中队建设的革命传统教育活动开始形成并不断发展。

(二) 价值：开拓革命教育新途径

革命传统教育的价值和精神意义就在于其自身属性充分满足了教育主体的需要，革命传统文化是来源于我国历史长河的宝贵精神财富，照耀着建国、强国的奋进征程。随着社会的发展变迁和时代主题的深化，革命传统教育又被赋予了不同于以往的全新内涵和价值，创建红色英雄中队便是中学传统革命教育的创新内容和方式，对提高青少年的思想道德水平具有充分的现实意义和实践价值。

1. 学习英雄，激发家国情怀

现代德育理论提到，榜样的力量是无穷的。榜样教育对青少年具有巨大的感染力和说服力，对学生个性、品德、能力的形成都有着重要的影响。学校在新生进校时、新中队组建后开始接受学生的自主申报，要求建立“一九〇”中队的班集体组织队员展开大量的阅读、参观和学习活动，以参加解放一江山岛战役的英雄们和寄送马尾松种子的少先队员们为榜样，从解放军战士们身上发现爱国爱党、不怕牺牲、冲锋在前的奋斗精神。这一过程聚合了队员的集体荣誉感，坚定了他们创建英雄中队的决心，在体验和感悟中积淀了家国情怀。

2. 层层合作，彰显集体力量

始业教育期间，学校少先队大队部会组织全体中队开展“一九〇传承”的国防教育课程。组织各中队的少先队员交流学习感悟，宣讲“一九〇”建队故事、英雄人物生平、优秀少先队员事迹，以及解放军与少先队员的情谊。各中队会利用主题队会开展、教室环境布置、创建计划制订等实践活动，营造浓郁的争创氛围。各小队会选定探究主题，如寻找红色基因、探寻英雄中国女队、开展“一九〇”寻根之旅。

3. 内外结合，共育时代新人

争创“一九〇”中队，抓住“一九〇”这一活动阵地，引导学生学习英雄，勤奋学习，团结创新。同时利用好校外德育基地，组织各中队寻根“一九〇”，前往一江山岛参观体验，开展国防教育，体验战士作战情境。同

时开展小队争创活动，在湖滨街道、邮电路校区、湖滨步行街等地开展志愿服务。校内外活动互为一体，丰富了“一九〇”精神的内涵，将“一九〇”精神从校内延伸至了校外。

三、基于“一九〇”的育人实践

对革命传统教育进行实践探索，其本质就是要专注于实现革命传统教育的主体化，即不断地对革命传统文化这一优质的教育资源进行开发利用，将其内核中所承载的革命精神和民族文化以一种便于被人们所接受的方式，让学生欣然接受，再转化为优秀品格，外化为行为准则。我校“一九〇”传承的革命传统教育，围绕“爱国主义”“责任教育”，结合“求学以勤、修身以敬、躬行以恒”的校训，积极探索革命传统教育资源的发掘与再造，努力为青少年建设具有时代内涵的精神课堂。

（一）课程化：革命传统教育内容的系统架构

推动革命传统教育课程化，需要注重把革命传统精神作为教育内核，始终围绕着这一中心点来开展相关教育。要让学生们积极主动地参与其中，来提高其思想道德水平，同时不断激发其对于革命传统文化的兴趣，真正实现革命传统教育的实效性。基于学生道德发展规律，结合本校实际，我校对“一九〇”中队的争创活动进行了整体规划和系统设计，构建了符合学生期望的革命传统教育课程。

1. 建立师资队伍

一支思想素养好，业务能力强的活动课教师队伍，是开展好活动课教学，提高教育效果，实现教育目的的保障。我校辅导员专精结合，颇具专业性。校内中队辅导员在教育过程中所担当的角色和地位最重要，是开展革命传统教育活动最合适的人选。因此，我们加强了对中队辅导员的校本培训，组织理论学习，开展队会课交流分享会，展示实践成果，促进师资队伍的建设。

除了校内辅导员，我们还聘请了校外辅导员，如95岁的曾参加一江山岛战役的老兵陈龙岗，浙江省德育特级教师、“一九〇”终身辅导员李鸿基，

"一九〇"第一小队队长葛裕昆等，组建了项目团队，制订了分工菜单(图 6-1)。

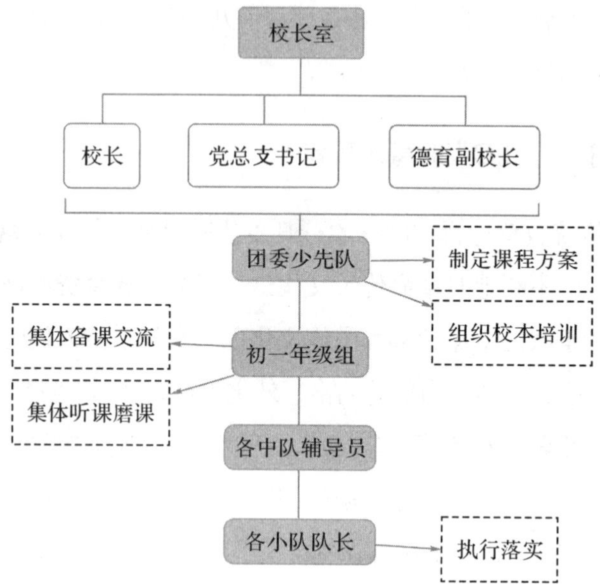

图 6-1 "一九〇"传承项目组织架构

2. 规划课程架构

有明确教学目的的活动课程，有助于学生内心的精神世界的丰富、道德情感的培养、个性的完善。2021 学年，争创"一九〇"革命传统教育课程完成了设计架构(图 6-2)。

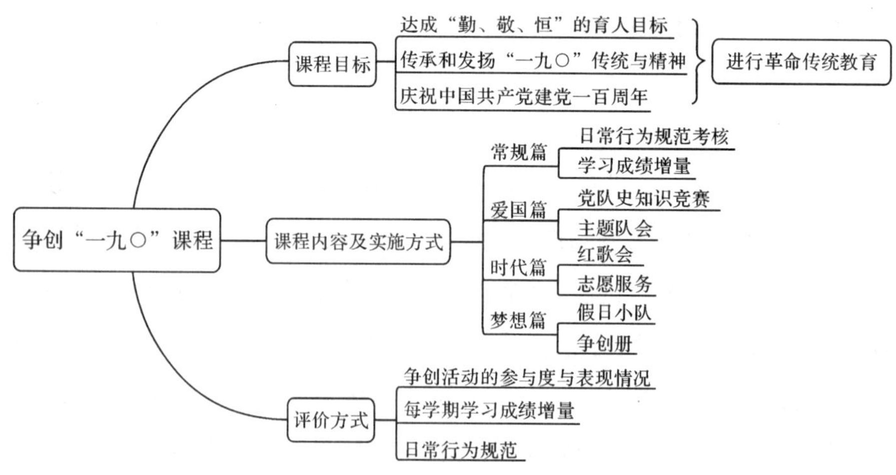

图 6-2 争创"一九〇"革命传统课程设计架构

明确课程目标。为达成学校“勤、敬、恒”的育人目标，继续传承和发扬“一九〇”传统与精神，让“一九〇”旗帜代代相传，我校在初一年级以“百年征程不忘初心，青春献礼建党百年”为主题，在各中队中评选出“以勤求学、以敬修身、以恒躬行”的优秀中队和优秀队员。

确定课程内容和实施方式。明确“结合社会主义核心价值观的培育”“建构丰富多样的实践内容”两大原则，课程内容分为常规篇、爱国篇、时代篇、梦想篇，将课程实施于每周的晨会、日常团队活动、学校传统活动、主题教育和文体活动中。

完善评价体系。组建不同角色的评估人员，从争创活动表现、日常行为规范、学习成绩增量等方面建立评估标准，评选“一九〇”英雄中队及“一九〇”阳光队员。

3. 建设课程资源

只有深入地了解英雄模范的事例，才能深刻地理解、内化英雄精神的内涵，才能激发出学生对革命英雄的情感，引领他们的实践行动。为了拉近学生与解放军的距离，与66年前的解放战争的距离，课程从学习史戊辰等解放军战士的精神入手，精选一代代“一九〇”辅导员和少先队员们拥护国家、拥护人民军队、团结奋斗、不断创新的故事，编写了《教育熔铸智慧，信念造就辉煌》革命传统教育读本。该读本配套了图片、史料和大量视频、音频，凸显学校文化和教育特色，成为我校革命传统教育的良好载体。

(二) 情境化：革命传统教育方式的多样融合

在面向青少年的革命传统教育中，核心导向是促成核心价值观理解与践行的“知行合一”。丰富的社会实践活动，能有效加强革命传统教育的情景化和体验性，发挥革命传统文化的教育功能，升华学生情感认知。我校的“一九〇”革命传统教育在开展常规德育和少先队活动基础上，注重学生的体验感和亲历性。“所谓情境化是指创造真实或模拟的道德情境，让学生在身临其境的活动参与中，认同道德价值，激发道德情感。”在情境化体验中，让学生自然而然地萌发爱国之情，感受团结创新的力量，真正做到内化于心。

1. **活动参与，在过程中体悟精神**

由学生自主策划、彩排、展示、评价党史、队史知识竞赛、主题队会、红歌会、红色研学等革命传统教育活动，在这一整个过程中，可以培养学生策划的能力、组织协调的能力、团结协作的能力、客观评价的能力，提高学生语言的运用能力和思维的审辨能力，增强审美意识和对文化传承的理解能力。

学英雄，在学习中获得价值认知。全体少先队员组织开展形式多样的党史、队史学习，各中队派代表参与学校团委少先队开展的党史、队史知识竞赛，其余少先队员在现场观摩学习。备赛过程让学生对革命传统的内容和精神有了进一步的了解，对中国共产党成立、发展、壮大这一过程有了更深刻的感悟和认同。

演英雄，在模仿中提高价值认同。围绕“一九〇”精神传承这一主题，引导各中队以话剧、歌舞表演、朗诵、武术表演、书画展示等形式，配合“争创一九〇”为主题的教室美化，再现革命场景，重温历史，同时也表露新时代少先队员对未来建设祖国的决心。这一活动依托主题活动的形式展开，全体少先队员、共青团员合作参与，是建队成果的阶段展示。以“一九〇”第五十二中队的主题活动的整体设计为例，活动分为三个篇章，分别是“共青团，在动荡变迁中诞生”“共青团，在枪林弹雨中成长”“共青团，在国家建设中奋进”，学生成为主角，以小品、朗诵等表演形式，把英雄人物展演在舞台上，讲述共青团在战火硝烟里的成长。其中，队课“英雄精神代代相传”、舞蹈《抗战烽火》不仅打动了学生，连老师、家长也激动得热泪盈眶。在主题活动的准备过程中，学生间所涌现出来的团结协作精神，为了集体荣誉献计献策挺身而出承担重任的精神，奋勇争先勇夺第一的精神，都是革命传统精神的体现和传承。

诵英雄，在宣传中强化价值选择。主题活动后，各中队还将展开宣讲活动。有的自选一首红歌和教材内歌曲进行演唱，有的到街道社区宣传红色文化，还有的自发组织部队慰问活动。红色革命歌曲的演唱，红色革命诗

篇、红色英雄家书的诵读，把革命传统教育转化为入脑、入耳、入心的情感体验。宣讲过程中，学生追忆艰苦的峥嵘岁月，感受革命光荣岁月的光辉历史，体会崇高无上的革命传统精神，爱国、爱党、爱人民、爱社会的情感演化为真实的行动。

2. 实地走访，真实还原历史情节

每年，学校团委大队部都会组织寻根“一九〇”活动，乘船登上一江山岛，在当年战争发生的地方寻找战争留下的足迹，亲眼看看那些为了中华人民共和国成立而牺牲的战士当年英勇作战的地方；与现在驻守一江山岛的官兵对话，了解66年来一江山岛发生的变化，66年前解放军战士们用生命换来了一江山岛的解放，如今新时代的解放军们依旧驻守在这里，保卫先烈前辈打下的土地；参观一江山岛战役纪念馆，在讲解员动情的讲述和一张张真实的黑白照片中感受战争的残酷和解放军战士们面对强敌时的英勇团结。在一次次实地走访中，历史情节仿佛一场电影，一幕一幕真实而又生动地在眼前浮现，让学生仿佛亲历其中，为国战斗、冲锋在前的火焰在心中熊熊燃起。

3. 场景还原，亲身感受战争场面

体验理解是一种高度情感状态，能不断引起人的高级复杂的感情性动机。我校在新生入学时的国防教育课程中开展场景拓展活动，学生身穿军装，肩背长枪，在狼烟中，在沟壑间，团队接力匍匐前行。一场真实的情境体验，可以滋养学生的道德情感，激起学生熊熊的爱国热情。

(三) 多元化：革命传统教育评价的途径探索

蓬勃向上、团结友爱的团队组织，要让队员有强烈的集体荣誉感、凝聚力，关系融洽，能积极实践行为规范和社会公德，勤学刻苦，得到德、智、体、美、劳全面的发展。基于“一九〇”中队建设的革命传统教育，要注重多元化评价，把评价转化为学习和践行的力量。结合上城区行走德育、价值铸魂的目标体系和《革命传统进中小学课程教材指南》，我校设立了以下评价体系（表6-1），使学生从小植入红色基因，继承弘扬革命传统。

表 6-1 “一九〇”英雄中队的评价指标

一级维度	二级维度	具体表现
树立家国情怀	爱党、爱国，树立共产主义理想信念	(1) 知党史，感党恩，听党话 (2) 树立正确的历史观、民族观、国家观，增强中华民族归属感、认同感、尊严感、荣誉感 (3) 增强中国特色社会主义道路自信、理论自信、制度自信、文化自信
体认革命精神	敢于担当、实事求是，传承革命精神	(1) 学习共产党人无私奉献的高尚品德和英勇顽强的英雄气概 (2) 掌握马克思主义立场、观点、方法，提高运用正确方法认识和解决问题的能力
培育优良作风	关心集体，热心公益、勤于奋斗	(1) 把为人民谋幸福、为民族谋复兴作为自己的精神追求，不断增强为党和人民的事业奋斗的自觉性和使命感 (2) 弘扬党的自力更生、艰苦奋斗的优良作风，培育自强不息的吃苦精神，历练敢于担当的奋斗精神

1. **争创活动开展情况**

争创“一九〇”系列活动是革命传统教育的重要内容，其活动主题、内容和方式都充分围绕革命传统教育这一主题。由学校行政中心和“一九〇”老一辈辅导员组成评审小组，对主题队会、党史知识竞赛、争创册、队歌展示、假日小队项目进行评分和排序。

2. **行为表现理解认知**

遵从组织纪律、严于律己等都是革命传统精神的体现。自觉遵守日常行为规范是学生把革命传统和红色精神内化于心、外化于行的体现。全体队员都能遵守中学生日常行为规范，无疑是班风良好的重要表现。因此，学校把行为规范考核分也纳入了中队评比。此外，勤学守纪、学习刻苦、学风良好、成果优异也是“一九〇”英雄中队和“一九〇”阳光队员的评价依据。

3. **公益服务活动成效**

集体主义是一种高尚的精神，它要求我们时刻铭记，要以集体利益为主，在对自我的要求中，淡化个人利益。对于青少年来说，投身于公益事业，是把集体利益放在首位的重要表现。新时代，“一九〇”精神被赋予了更多新的内涵，因此我们将“一九〇”与“公益”组合在一起，成为新时代

的产物。以争创“一九〇”为载体，将公益积分融入日常管理，“一九〇中队”“争创一九〇先进中队”“一九〇阳光队员”等内容的考核都以公益积分为重要考核依据。

四、英雄中队建设在革命传统教育中的成效

基于“一九〇”中队的革命传统教育，我校通过课程化、情境化、多元化的争创活动，加强了英雄中队的建设，强化了革命传统教育。在这一过程中，学生对革命传统学习的热情高涨，以往枯燥理论化的历史知识变得生动形象。在一系列丰富多彩的课程化活动中，学生潜移默化地领悟革命传统精神，将红色基因融入心灵，成为行动指导。

（一）家国情怀不断积淀

利用“一九〇”中队这一载体来进行革命传统教育，是以培育新时代社会主义接班人为历史使命的创新实践，是开发育人资源、丰富教育途径的典型案例。从中，学生们陶冶了道德情操，对社会主义核心价值观有了更生动、更深入的理解和认同，不断提升了探索精神和责任意识，勇于承担历史赋予的重任。丰富有趣且具有体验感和亲历性的争创活动，激发了学生的参与热情。自主自发的参与和学习才能让学生接纳知识。在学生亲身参与的情境化体验中营造道德氛围，即“由道德活动引起人们道德同感共鸣的心理效应场”，才能引发学生的道德同感共鸣之心，加深学生的爱国之情和革命热情，从而增强道德情感。

（二）革命精神更加坚定

在活动过程中，学生获得了丰富的情感体验，培养和锻炼了革命品质。无论结果如何，每个中队在争创过程中都大大提高了中队凝聚力，提高了队员们的个人展示能力、团结协作能力，增强了队员们对党、国家以及人民的责任感和使命感，学会了用正确的方法认识和解决问题。

（三）优良作风不断涌现

英雄中队的建设，是进一步探索革命传统教育模式的有效途径，有利

于充分发挥革命传统教育的育人职能，各中队通过争创，在知识竞赛中掌握了党史、队史、校史等相关知识，开阔了知识视野，增加了知识储备，发展了不同特长，促进了班集体的建设。在争创册的制作中，学生回忆并记录一年的奋斗历程，留下了宝贵资料；在主题队会中，各中队组织歌舞表演、朗诵、入队仪式等，展示了队员们的特长和风采。

学生对职业的要求从当偶像、高待遇、出国等转变为成为医生、教师、军人等为人民做贡献的人，把为人民谋幸福、为民族谋兴盛作为自己的精神追求，增强了为党和人民的事业奋斗的自觉性和使命感。

星星火炬代代相传。在“一九〇”光荣的旗帜下，我校师生勇创佳绩，在全国、省、市各项评比中奋勇争先，被评为全国红旗中队、全国五大功勋集体，被中华爱国工程联合会授予“全国中小学五十所英雄团队建设示范学校”称号。历届“一九〇”中队曾获得“全国优秀少先队中队”“杭州市红旗中队”“杭州市先进班集体”等称号。

作为全国英雄中队建设和发展的标杆，“一九〇”中队的育人经验多次在“全国英雄中队建设交流研讨会”“全国火炬引导我前进夏令营”活动中与众多革命传统教育同行分享、交流。如今，“一九〇”走过了60多载光辉的历程，未来的征程正在开启。

第二节　铸就学生红色基因的“三全路径”

今天的小学生基本过着衣食无忧的生活，对我国的红色经典文化以及革命精神知之甚少，对来之不易的幸福生活不够珍惜，爱国主义精神等在一定程度上缺失。红色教育是爱国主义教育的重要组成部分，蕴含丰富的教育内容和灵动的教育形式，对于小学生的社会主义核心价值观培育有着非常重大的意义。

一、红色教育的定义及教育价值

2018年9月10日，全国教育大会在北京召开。习近平总书记出席并发表重要讲话，其中他谈到6个“下功夫”：“要在坚定理想信念上下功夫”“要在厚植爱国主义情怀上下功夫”“要在加强品德修养上下功夫”“要在增长知识见识上下功夫”“要在培养奋斗精神上下功夫”“要在增强综合素质上下功夫”。这6个下功夫中有4个与学生的思想道德建设有关，而“红色教育”有着丰富的教育内容和灵动的教育形式，对于培养小学生优秀的思想品德有着非常重大的意义，是爱国主义教育的重要组成部分，是社会主义核心价值体系的精髓。

近两年，我校对红色教育进行了探索。我们结合校内外联动、特色课程和实践活动等3条实施路径，对学生进行爱国主义教育和革命传统教育，引导学生树立正确的世界观、人生观和价值观，养成坚毅勇敢的意志品质、严谨认真的学习习惯、乐观自信的生活态度和机敏灵活的适应能力，从而在心里种下爱国主义的种子，努力做一个全面发展的新时代接班人。

二、实施路径

（一）全员：以三位一体的形式开展红色教育

1. 学科渗透，在课堂内外开展红色教育

学校是爱国主义教育的主阵地，而课堂更是教师开展红色教育的有效平台。小学的教材中，特别是语文教材有很多红色的文章，如《我的战友邱少云》《狼牙山五壮士》《一夜的工作》《灯光》等，这些文章也是为爱国主义教育服务的。我们的老师始终把立德树人放在首位，很好地利用了这些教材，通过深入地备课、教学、讨论，紧紧抓住课堂，在课堂教学的过程中把爱国主义教育渗透其中，这些红色的种子将会在孩子幼小的心灵生根发芽，茁壮成长。

课后，教师还会结合单元主题组织学生开展拓展阅读，如学完六年级下册的第三单元，教师就会组织学生进行革命题材的小说阅读，刘知侠的《铁道游击队》，吴强的《红日》，罗广斌、杨益言的《红岩》，等等，都成为

学生喜欢的课外阅读书籍，连参与第二课堂活动的空闲时间也拿来阅读。

通过课内课外相结合的阅读活动，学生们缅怀革命先辈，继承革命传统，先辈们坚强的意志、视死如归的精神、为人民服务的忘我态度都深深地感染了他们，“红色教育”润物细无声。

2. 发挥家长力量，开展红色假日小队活动

红色假日小队活动作为少先队实践活动的一种，是在节假日由学校、家庭和社会三方协同参与的活动，其主要宗旨是通过开展深入细致的社会实践活动提高少年儿童的综合素质，如团队协作能力、组织协调能力、沟通表达能力和创意策划能力等。

学校积极发挥家长的作用，使他们成为学生校外红色教育的主力军。2020学年第二学期期末，在家长志愿者的精心组织下，三（5）中队希冀小队怀着无比崇敬的心情，千里迢迢来到了红色摇篮、毛主席创建的红色根据地——井冈山。孩子们先后用了6天时间参观了大井朱毛旧居、小井红军医院、黄洋界、红军造币厂、井冈山博物馆等红色场馆，听了讲解员的精彩介绍，从纸质阅读，到亲临实地，再到耳濡目染，切身体会到这片土地的神圣魅力，终于明白了“井冈山精神”的伟大力量。

通过这次井冈山之行，孩子们了解到了过去革命斗争的艰苦，也知道了现在幸福生活的来之不易。作为一名少先队员，他们立志继承革命先烈的遗志，永远心向党，立志报国恩，发奋学习，努力进步，争做一名合格的共产主义事业的接班人。

除了假日小队活动，“红色”的班级亲子活动既能使亲子欢聚，增加亲子感情，还能在让孩子受到教育的同时让家长也受到教育。临近毕业，六年级家委会会组织孩子和家长前往桐庐县分水镇富源村的忆长征红色素质拓展基地开展亲子实践活动——重走红军路，争当小红军。真人CS、重走长征路、野炊进行时，孩子们体验红军生活，感受革命经历，形成了孩子抗压、扛挫、解决问题的能力和坚强、乐观、勇敢的优秀品质！

3. 依靠社会资源，开展红色实践活动

对孩子们进行红色教育，仅仅依靠学校的力量是不够的，需要学校、家庭、社会三方协作，而且社会中往往蕴藏着更多的红色教育资源，充分发挥社会红色教育的作用，定会起到事半功倍的效果。

爱国热线，继往开来。为庆祝中华人民共和国成立70周年，弘扬爱国主义精神，传承红色文化基因，杭州市委宣传部联合杭州市公交集团于2019年的3月30日专门开通了首条爱国主义教育公交专线。线路以“最美浙江人”展示馆为起点，途经“五四宪法”历史资料陈列馆、岳王庙、盖叫天故居等9个红色景点。这条爱国主义教育公交专线拓宽了红色教育的时空，方便学生前往沿线教育基地学习参观，是一个有效的学习载体。专线开通后，我校组织每个年级的学生以假日小队的形式前往参观，通过收听沿途关于对应场馆红色历史或红色故事的语音播报、阅读宣传手册、实地参观场馆等，真实地体验红色文化，了解杭州丰富的爱国主义教育文物史迹和社会主义现代化建设成就，爱国主义精神根植于心中。学生们感想良多，纷纷表示不虚此行，学到了学校里学不到的知识，更加热爱我们伟大的祖国了。

（二）全程：以特色课程将红色教育贯穿始终

1. 用系列成长课程将红色教育贯穿平时

2018学年，学校创建成长课程，以入学启蒙课程、入队课程、10岁生日课程、毕业成志课程为内容，分学段开展。低段：开展一年级入学启蒙课程，知礼明理，启智入泮；开展入队课程，做好全童入队，完善中队组织。中段：开展十岁生日课程，回首成长历程，感恩父母养育，寄语展望未来。高段：开展毕业成志课程，告别母校，铭记师恩。

知礼仪、明事理、启智慧：在入泮典礼上，孩子们一一完成整理衣冠、上香祭笔、朱砂启智、书写“人”字、师长寄语、行礼拜师、诵读《三字经》环节，在实践中学会尊师长、知礼仪、明事理，体验中华传统文化的博大精深和无穷魅力。

10岁成长礼，追梦少年行：在前期，每个孩子都做了“成长的足迹”小报，回顾了自己10年来的成长历程，并写下了自己的成长宣言。生日会上，孩子们表演节目、讲述成长故事、互赠礼物、拍摄成长照片……在欢乐的背后，孩子们获得了真正的成长。

师恩难忘，母校情深：在毕业典礼上，六年级的孩子用各种形式展示了6年的学习成果，献礼母校、感谢师恩，他们从懵懂到自信、活泼、开朗，他们展望未来，奋发向上，立志做有理想有抱负的好少年。

系列成长课程的开展，增添了仪式感，增强了对学生的理想信念和感恩教育，可助力学生个性化发展，助力学生良好的道德品质的养成，助力学生综合素养的提升。

2. 开展以学校地域优势辐射的红巷研学课程

《孔子家语·六本》："与善人居，如入芝兰之室，久而不闻其香，即与之化矣。"这句话很形象地说明了环境的好坏对人的成长有很大的影响。

学校学区内，小营巷、皮市巷、方谷园3条小巷构成了"红巷"，周边的中共杭州小组纪念馆、钱学森故居、毛主席视察小营巷纪念馆等红色景点又串珠成链，成为杭州的红色圣地、浙江的革命摇篮，红色资源丰富而充满魅力。

我们学校的孩子多数住在学校周边，从出生到上学，对小营"红巷"的历史耳濡目染，都会了解一些，对小营"红巷"，孩子们并不陌生，但学习深入程度还不够，对小营地区"红色精神"的体会还不够深。

我们深刻地认识到了这一点，对周边的红色资源进行挖掘，对红巷精神进行概括，对传承活动进行策划，结合上城区内的"行走德育"工作，于每年2、3月间，利用授课总期一个月的周一下午的拓展性课程大力开展以"追寻红色印迹，传承红巷精神"为主题的"红巷"研学课程。

行走前：各年级组围绕教材或自编红色教育主题，制定研究方案，开展主题研究活动，从研究中学习英雄的事迹，了解中国共产党成长的历程、战斗的历程，传承革命信念，弘扬民族精神，编写红色小报。

行走中：各年级深入"红巷"，参观毛泽东同志视察小营巷纪念馆、钱学森故居、中共杭州第一党小组纪念馆等红色场馆，追寻先烈的足迹，感受伟人的

熊熊爱国之心和主动探究的精神，立下做好新时代接班人的志向，完成研学单。

行走后：各年级组开展“红领巾走红巷”研学成果交流会，学生们运用多元形式展示汇报，分享研学的快乐和成果。

我校通过“红巷”研学课程，围绕认识“红巷”人物、阅读“红巷”故事、传承“红巷”精神等实践活动，对学生进行理想信念、爱国主义教育，唱响“爱国主义、家国情怀”的主旋律，培育社会主义核心价值观。

3. 开设基于学生实际情况的城市亲情课程

我校的学生有70%左右都是新杭州人，为了让他们了解、体验、感悟真实的杭州城市生活，具备良好的城市文明素养、公民意识和积极的生活态度，增进学生对杭州的认同感和归属感，学校基于育人目标开设城市亲情课程，通过带领他们“走进第二课堂场馆、走进大自然、走进企业、走进基地”，每月开展一次研学活动，形成6年一贯的学习序列。

2018学年第一学期，学校以“亲近自然，科技环保”为主题，组织孩子们开展了城市亲情课程，一至六年级的孩子们分别去了杭州低碳科技馆、天子岭垃圾处理基地、杭州市水稻研究所、杭州西溪湿地景区、杭州农业产业传化大地、“绿科秀”杭州萧山科技城等场馆。一年级的孩子们坐着小火车进行了一场“低碳之旅”，他们亲身感受了环境污染、森林减少、洪水肆虐、沙尘暴侵袭、地球毁灭等灾难，深感地球变暖的危害性，树立了低碳生活的理念。二年级的孩了在天了岭垃圾填埋场了解到 连串触目惊心的数据：一个人一生约产生26097.5千克垃圾，相当于43496瓶600毫升矿泉水的重量。全世界人口一生约产生1802亿吨垃圾，相当于17550个西湖的水的重量……震撼之余，孩子们认真学习了如何做到垃圾减量，体验了给垃圾分类的小游戏，还在放映厅观看了微电影，对保护环境、垃圾分类有了进一步的认识，并努力付诸行动。

亲近自然，科技环保，这场“城市亲情”之旅，让穆兴学子更亲近杭州，更了解杭州，更热爱杭州！

城市亲情课程，旨在让孩子们用身体和心灵去感受杭州城市文明，增进城市亲情体验，把所学知识学以致用，以促进学生的核心素养发展，促进学生形成社会主义核心价值观。

(三) 全方位：穿插于学生真实生活的红色社会实践活动

活动最能锻炼人，造就人。学校不断丰富红色教育内容，拓展红色教育内涵，加强红色教育行为，把爱国主义、集体主义和社会主义荣辱观教育等思想道德教育细化，寓教于活动中。

1. 校园文化建设，彰显教育内涵

校园是孩子们每天学习生活的地方，校园环境对于学生的影响是潜移默化的，我们希望校园的每一个角落都传递着文化，渗透着教育。2018学年，学校进行了两个校区的整体装修，目前已进入校园文化打造阶段。我们在小营校区打造了“红巷”文化展示区，里面有一座反映红军革命的艰辛和少先队员心向党的铜雕；有多媒体设备，不定时地播放红色影片和歌曲；有印有“红巷”人物介绍的图片；有我校“红巷”研学课程的成果展等。穆兴校区的主建筑是一幢回族建筑，学校完好地保留了具有民族文化特性的建筑风格，让孩子们能了解多民族文化，理解“回汉一家”的理念。同时，为满足新形势下开展民族教育的需求，学校打造了民族文化陈列室，里面有学校的校史介绍、荣誉陈列，有56个民族娃娃陈列区、民族书籍展示区、民族服饰的照片墙，有学校开展民族课程的成果展，有民族游戏体验区等。每年9月，学校一年级新生的始业教育就是在这里进行，旨在让他们更好地了解学校，更好地体验多元文化、更好地热爱学校。

2. 少先队主题活动，服务学生健康成长

少先队活动是少先队组织对少年儿童进行教育的重要途径和基本形式，它服务于少先队员的全面发展和健康成长。

向国旗敬礼，不忘使命。为深入贯彻落实党的十八大精神，加强爱国主义及“中国梦”宣传教育，引导未成年人培育和践行社会主义核心价值观，中央文明办、教育部等共同举办了“向国旗敬礼、做有道德的人”网上签名寄语活动。学校认为这是加强未成年人思想道德建设的重要载体，每年的国

庆假期，大队部就会动员广大家长和孩子共同参与“向国旗敬礼”活动。在杭城大街小巷，在各商场、场馆门口，无论白天还是夜晚，到处都留下了队员向国旗敬礼，与国旗合影的身影。他们戴着鲜艳的红领巾，庄严肃穆，向国旗敬礼，为祖国母亲庆生，表达对祖国的热爱之情。小营巷里，承载着队员们追寻红色之旅的梦想；南宋御街上，古色古香的石板路上映衬着队员们对祖国的美好祝愿；西子湖畔，队员们在感受秋意的同时，谨记自己身为少先队员的使命。一年级的新生还不是少先队员，但他们遇到了国旗，都能立正、肃立，向国旗行注目礼。有些队员回了老家，碰到国旗，也主动立正、敬礼，不忘初心。向国旗敬礼，燃中华骄傲。

缅怀先烈，继续前行。今天的中国迅速发展，经济实力、科技水平、人民的幸福感等不断提升，但是我们不能忘记为了中华人民共和国的解放和如今的幸福生活而抛头颅、洒热血的革命先烈们，我们除了缅怀他们，更需要学习他们的精神力量，作为前行的动力。每年清明时节，学校都会安排四、五年级的学生前往杭州革命烈士纪念馆和浙江革命烈士纪念馆进行英烈祭扫悼念仪式和参观纪念馆活动。通过悼念活动，同学们认识了一大批为了祖国的解放事业抛头颅、洒热血的革命先烈，感受到了他们视死如归的英雄气概，学生们还会声情并茂地献上诗朗诵《站在烈士墓前》以示悼念，献上《中国少年先锋队队歌》以提升身份意识。通过活动，同学们增进了对红色革命文化的认同感，体会到了幸福生活来之不易。孩子们的亲身体验，远比老师在课堂上的讲述教育要来得生动有效的多。

红色宣传，心向党。为促进学生们对革命历史的了解，增强对国家与民族的自信心和自豪感，培养热爱祖国、热爱家乡的美好情感，学校通过国旗下讲话、红领巾广播、主题队会等多种形式开展红色宣传系列活动。邀请新四军宣讲团进校给四年级学生作以《铁的新四军》为主题的专题宣讲；组织学生观看《小兵张嘎》《铁道游击队》《地道战》等红色影片；组织学生开展以“我心中的红色精神”为主题的演讲和征文活动等。系列活动的开展，使红色的种子逐步在孩子们的心中萌芽。

3. 学校社团活动，提供学生个性成长

学校与中共杭州小组纪念馆签订了馆校共建协议，成立了红领巾讲解社，通过社团活动为纪念馆提供“小小讲解员”服务。

每周五下午的拓展性课程时间，“红领巾讲解员”们由老师带领，来到纪念馆熟悉讲解工作。通过专业讲解员的言传身教，他们逐渐熟悉讲解活动中需要注意的仪容仪表、语速、语气等，逐渐熟悉革命人物、事件和相关背景，更学会了如何独立完成讲解工作。学校的小讲解员目前已经承担了许多次志愿服务，接待了来自各地的参观人员，既不断地重温了“红巷”文化，也在服务中体验了给他人、给自己所带来的快乐，在快乐中健康成长。

三、实施策略

（一）馆校共建

中共杭州小组纪念馆是杭州市委命名的市首批党史教育基地，我校与纪念馆近在咫尺。为了贯彻落实习近平总书记的复信精神，以青少年爱国主义教育为抓手，充分发挥纪念馆党史教育和爱国主义教育的作用，做到资源共享，我校利用这一契机，在2011学年新学期伊始，就与中共杭州小组纪念馆签订了“馆校共建”协议，至今一直开展共建活动。

联手中共杭州小组纪念馆，意在更好地实施学校育人战略，加强学生爱国主义教育，培养学生的爱党、爱国情怀。学校聘请纪念馆负责人担任校外辅导员，让学生可以有更多的机会聆听党史知识，参观党史纪念馆。同时，学校也为纪念馆推荐优秀学生作为“小小讲解员”，既让学生在社会实践中作为志愿者为参观者服务，又锻炼了自己。此次馆校共建，于学生、于学校、于纪念馆都是一件好事，可谓三方共赢。学校一定会充分发挥它的作用，让它成为学校实施红色教育的第二课堂，服务学生，服务学校，真正实现“馆校共建、共创共赢”。

（二）社会联动

社会教育具有独特的功能和作用。要提高红色教育的有效性，学校还

需要协调好与社会各方的关系，利用社会教育的优势来弥补学校教育的不足。学校主动与小营红巷广场达成协议，他们根据学校活动时间接待学生参观，学校为他们提供“红领巾讲解员”，接待参观群众，合作共赢。学校还组织各年级设计了杭州市范围内的红色研学线路，如四年级组的“缅怀革命先烈，传承红色精神——浙江革命烈士纪念馆研学线路设计”、五年级组的“弘扬烈士精神，传承民族气节——钱塘江大桥、杭州解放纪念碑、杭州革命烈士纪念馆研学线路设计”、六年级组的“送你一张来自杭州的明信片——寻根之旅一日研学之旅线路设计”。这些研学活动都充分利用了社会资源，丰富了红色教育的内容，拓展了时空，更好地为学生提供了服务。

(三) 评价前置

为了让“红巷”研学课程开展更有成效，学校逐步完善评价机制，设计了“红巷研学活动”评价单（如图 6-3 所示），对班级、学生的活动情况，对活动开展的过程与结果作动态和物化的评价。让学生在研学前就清楚研学活动的评价标准，在研学中能按照标准开展活动，在研学后能及时记录自己的研学足迹和课程感受，课程开展有依据、有落脚点。除了使用评价单评价，我们在这个过程中还将自评和互评相结合，并进行研学活动成果汇报展示，使整个研学活动有启动、有过程、有反馈。学校还实施“美好卡评价”方法，对学生的美好行为进行及时表彰，将行为规范和学生综合素养评价落实到日常教育之中，使每个孩子自觉向善向美。

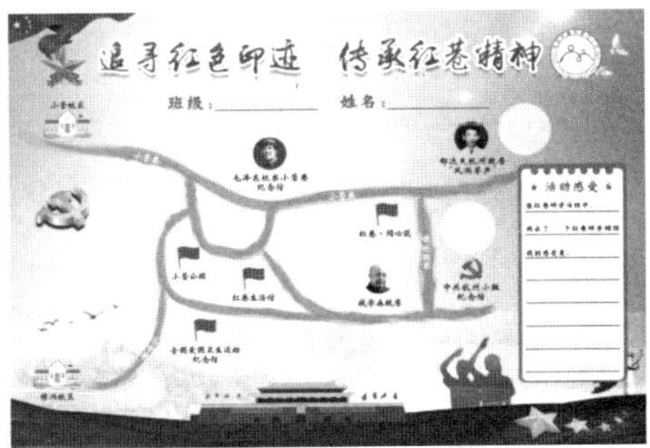

图 6-3　“红巷研学活动”评价单

四、实施成效

学校的红色教育旨在让学生有真实的心理体验，在活动中感悟、在感悟中提升，心中有信仰，脚下有力量。我们欣喜地看到，学生们从红色教育中汲取了强大的精神力量，在各方面都得到了体现。

整个学校井然有序，校园环境整洁优美，师生关系健康和谐，学习氛围勤奋踏实。同时，红色教育促进了学生个体良好道德品质的形成，积极向上的生活态度的形成，勤奋好学的学习习惯的形成。

学校场地小，体育训练困难重重，但我校教师和学生克服重重困难，发挥顽强拼搏的精神，刻苦训练，近几年来在各项体艺赛事中屡获佳绩。女子足球队在比赛中分获冠亚军，代表上城区参加“市长杯”比赛；女子排球队分别获得区第三、四名的好成绩；2018 年的区“七色花”艺术节，有学生获歌唱比赛小组一等奖，工艺比赛小组一等奖，舞蹈比赛、书法比赛都取得了前所未有的好成绩；2019 年的区运会，有学生获得了 66 分，要知道这是以前连想都不敢想的；在 2020 年举行的区七巧板科技节的空模比赛中，学生们发挥了自己的聪明才智，以全区第二名的成绩获小学团体一等奖。一切成绩的取得，不能说都是学校开展红色教育的功劳，但是不能否认的是，它对学生精神品质的培养起着不容忽视的作用，犹如春雨润物细无声。

校园中也不断涌现出好人好事。一个同学骨折了，其他同学就会主动关心他，帮他倒水喝、拿饭吃、扶他上厕所；一个同学学习有困难，其他同学就会辅导他、督促他；有同学在比赛，其他同学就会为他加油呐喊……自 2020 年 9 月学校推行“美好卡”评价以来，教师及时记录下学生在校内外产生的美好行为并给予表彰，老师们评得不亦乐乎，学生们拿得兴高采烈。

学校每学期都会评选出一大批优秀学生、优秀学生干部和其他各单项奖，获奖比例高达 60%，采用典型引路、榜样示范的机制，使广大学生学有楷模，赶有方向，起到了很好的激励作用。

青少年是祖国的未来和希望，对青少年开展红色教育是落实立德树人

要求、践行社会主义核心价值观的根本途径。学校坚持以红巷精神、红巷文化渲染德育工作，致力于挖掘小营地区有代表性的人、事、物，全员、全域、全方位实施“红色教育”，续写小营文化，弘扬红巷精神，培养学生的家国情怀，形成校园环境处处红、班级氛围时时红、师生心中久久红的校园文化特色。

第七章 从游览到探究：国情体察的内容创生

“西湖小记者”旨在让学生在社会行走中体认祖国的富强和民主，了解新闻工作者的工作，体认“诚信”和“敬业”，学习新闻记者的基本技能，报道“富强”“民主”“文明”“和谐”的社会生活故事，形成积极的社会责任感。“杭州韵”从自然和社会、传统和现代、科技和人文、城市和乡村、中国和世界5个角度呈现杭州独有的文化韵味，让学生在浸润、经历中传承、践行“富强”“和谐”和“爱国”。本章选取的两个项目来自杭州市饮马井巷小学和杭州市清河实验学校，他们都从学校文化和周边资源出发，创新了生动的行走课程。

第一节　西湖小记者：培育小学生社会责任意识的行走课程

信息时代，培养小学生的正能量舆论意识应该为教育者所关注，也是当下学校德育的热点。我校在省级规划课题《西湖小记者，生活大能人——基于小学生生活力提升的育人路径探索与实践》的研究基础上，不断完善以“西湖小记者”为载体的德育特色项目，以综合实践活动的形式落实春风化雨般的熏陶与养成措施，培育小学生的社会责任意识，走出了德育的新路径。该成果获得了浙江省教育科学研究优秀成果三等奖、杭州市教育科研优秀成果一等奖和杭州市义务教育精品课程称号，获得了社会与家长的广泛好评。

一、项目背景

(一) 社会主义核心价值观的融入

响应中共中央办公厅印发的《关于培育和践行社会主义核心价值观的意见》的倡导，贯彻落实教育立德树人的根本任务，加强社会主义核心价值观教育是学校德育当下的重要任务。但在实践中，社会主义核心价值观融入小学德育活动依然存在着主体接受限度的问题，主要表现为价值认知水平低、价值认同率低、价值践行度低。以社会主义核心价值观为指引，有效选择德育活动内容、形式，完善其评价体系，营造良好德育环境是解决这一问题的有效途径。为此，我们以“西湖小记者”为载体，不断创新德育活动，逐步在学生中树立爱国、爱家、诚信、友善的道德标准，形成积极的社会责任感和舆论意识，塑造会观察、勤参与、懂担当，有社会责任感的饮马学子形象。

(二) 知性德育向生活德育的回归

陶行知先生在生活教育理论中指出：活的学校教育要用活的环境，不用死的书本；要运用环境里的活势力，去发展学生的活本领。目前，知性德育正在向生活德育回归，学生的道德发展只有通过社会实践才能实现。社会实践作为生活德育，是学校德育活动的重要形式。在对德育活动的设计中，我们努力营造一种与社会生活本身一致的综合形态。以“西湖小记者”为载体，创新德育活动的实施方案。重视学生在“西湖小记者”实践活动中的主动发展、自主发展，以学生的视角和社会生活事件来呈现德育活动的教育话题和教育案例，重视学生在活动过程中的情感体验，强调寓教于乐、情感互动，为学生表达思想感情、进行创造活动留出空间，借此培养学生自主探索社会、发现问题、解决问题的能力，培养社会责任感，促进道德意识和道德素养的发展。

二、目标与内容

“西湖小记者”德育项目以培养有社会责任意识的小公民为整体目标。具体表述为：通过以“西湖小记者”为载体的德育实践活动，学生有兴趣了解新闻工作，能掌握基本的采访技能，养成正向的新闻理解力，有兴趣争做善于发现、乐于报道正能量社会生活故事的“西湖小记者”，逐步建立爱国、爱家、诚信、友善的道德标准，形成积极的社会观察力、社会参与力和社会担当力。

项目具体内容如下：

(一) 渗透正能量的新闻意识，培养社会观察力

针对初学新闻报道的小学生，为采访播报等实践活动，我校设计了采访礼仪123、新闻发现智多星、采访技巧ABC、报道写作小技巧、校园播报我能行5个单元的学习内容与整理单“我的成长我记录”。具体内容如表7-1所示。

表 7-1 “西湖小记者”基础培训的教学主题与分课时目标

单元主题		分课时目标	内容
一	采访礼仪123	(1) 学习观摩小记者的采访礼仪，在模拟情景中实践演练 (2) 分组进行小品表演，在游戏中反复排练，基本掌握采访礼仪 (3) 通过案例演练，运用所学礼仪进行行为辨析，巩固礼仪养成	第1课 态度友好有自信
			第2课 举止得体有礼貌
			第3课 言谈大方会沟通
二	新闻发现智多星	(1) 了解新闻六要素，基本建立“新闻”的概念 (2) 初步学习掌握新闻选材的途径与技巧，培养获取、处理信息的基本能力 (3) 在交流中学习积累新闻写作素材的办法，了解良好的观察积累习惯该如何养成	第4课 了解什么是新闻
			第5课 处理信息会选材
			第6课 学会观察积素材
三	采访技巧ABC	(1) 了解采访要围绕主题搜集信息的基本要求，选择信源，学习捕获采访机会的方法 (2) 了解提问的方式，学习如何提问 (3) 了解采访笔记与记录的内容与种类，学习如何做笔记与记录	第7课 围绕主题巧设问
			第8课 精彩提问有高招
			第9课 采访笔记有讲究
四	报道写作小技巧	(1) 了解新闻报道作为一种文学体裁的结构特点 (2) 通过案例对比了解新闻报道的选材角度与拟题方法 (3) 通过修改和交流，基本掌握新闻报道文字简洁概括、态度中立客观的语言特点	第10课 新闻写作快入门
			第11课 新闻选材巧拟题
			第12课 新闻写作勤实践
五	校园播报我能行	(1) 了解校园广播站、电视台的作用，知道小记者播报员的工作职责以及广播和主持节目时的基本要求 (2) 通过小调查了解广播稿和电视节目稿的具体要求，玩玩“绕口令”，进行口齿和气息的训练 (3) 学习使用话筒以及常见问题的处理方法，通过学习了解新闻播报的站位姿势、发音技巧，尝试简单播报自己写的通讯稿	第13课 播报要求要明确
			第14课 口齿清晰善表达
			第15课 新闻播报有技巧

以上内容根据初学学生的实际能力和活动需求进行编写，以学生的视角进行设计，既有情境化的采访任务和体验指导，又穿插了知识问答、童谣、绕口令和游戏，以图文并茂的形式、充满童趣的语言使小记者学习充满趣味。

（二）践行新时代的价值取向，培养社会参与力

设计实施“行走西湖山水、美化西湖环境、描绘西湖形象、探究西湖人文、传播西湖文明”五大主题的小记者实践活动，充分利用西湖景点、各大场馆、人文历史方面的资源，分层设计全员参与的实践活动，以满足不同年段学生的需求，实现德育活动与社会生活的相互铺垫、衔接与呼应，实践内容如表 7–2 所示。

表 7–2 “西湖小记者”实践内容

主题	实践形式	地方课程内容整合		实践指导	德育关键词
		《人与自然社会》	《我与杭州》		
行走西湖山水	阅读西湖 游历西湖 采风名胜	**一年级** 《走路的安全》 **二年级** 《家乡的古桥》 **四年级** 《游览岳王庙》 **五年级** 《京杭大运河》	**四年级** 《杭州的四季》 《虎跑泉》 《灵隐寺和飞来峰》 《雷峰塔》 **六年级** 《家乡一日游设计》 《我爱你——我的家乡》 《便捷的市内公共交通》	语文教师 家长 志愿者	爱国 自由
美化西湖环境	美化校园 西湖保洁 环保宣传	**一年级** 《我的家乡》 **二年级** 《浙江的江河》 《我们的生活环境》 **三年级** 《千年古刹》 **六年级** 《宜居家园靠大家》	**四年级** 《让杭州更清洁》 **五年级** 《西湖的成因和保护》	班主任 社区工作人员 校外辅导员	文明 法治

续 表

主题	实践形式	地方课程内容整合		实践指导	德育关键词
		《人与自然社会》	《我与杭州》		
描绘西湖形象	校园播报 宣传西湖 形象设计	**二年级** 《王羲之和王献之》 **三年级** 《南宋官窑》 《浙江的农特产》 《浙江绿茶》 **四年级** 《风景秀丽的四大名湖》 **六年级** 《西泠印社话百年》	**四年级** 《杭州的丝绸》 **六年级** 《杭州的街巷》 《西湖楹联》 《西泠印社》	选修课教师 名作家 家长志愿者	和谐 公正
探究西湖人文	名人中队 研究西湖 探访市井	**三年级** 《茅以升和钱塘江大桥》 **四年级** 《江南古民居》 《西子湖畔的苏东坡》 《钱王与杭州》 **五年级** 《江南药王的传奇》 **六年级** 《鉴湖女侠轩亭洒碧血》	**四年级** 《白蛇传》 《雷峰塔》 《白居易在杭州》 **五年级** 《苏东坡在杭州》 《抗金将领岳飞》 **六年级** 《陆游与杭州》 《杭州市的古代科学家》 《于谦和张苍水》 《近代诗人龚自珍》 《郁达夫和夏衍》	班主任 学科教师	自由 诚信
传播西湖文明	时事评说 校报编印 媒体实践 公益活动	**三年级** 《王星记折扇》 **四年级** 《南宋都城》 《江南戏曲奇葩——越剧》 **五年级** 《说说杭州小热昏》 **六年级** 《梦回古都再现千年辉煌》	**四年级** 《西湖博览会》 **六年级** 《杭州“老字号”》 《杭州的国际友好交往》 《生机勃勃的杭州民营企业》	骨干教师 专业记者	平等 友善

(三) 历练真善美小公民，培养社会担当力

基于自主选择，小记者们还有机会通过每周上一次选修课的形式，选择参与“杭州伢儿”“小骏马演播”“小骏马摄影”“《饮马景》校报编辑”等小记者精英选修课程，开展多方位的实践体验。

选修这些课程的小记者不仅可以尝试校外的媒体投稿、文学活动，还能学习摄影、摄像和播报技能，和其他小记者组成团队，参与“小骏马节日”、运动会等各种校内外活动，采集素材、记录事件，进行有声有色的采访和播报。以“《饮马景》校报编辑”为例，选修这门课程的小记者自组团队，分工合作完成“新闻采编”“专栏创作”“版面征稿”“栏目设计”“排版美工”“发行上网”“存档宣传”的全部流程，非常具有挑战性。

三、过程与方法

(一) 架构顶层设计，完善德育管理

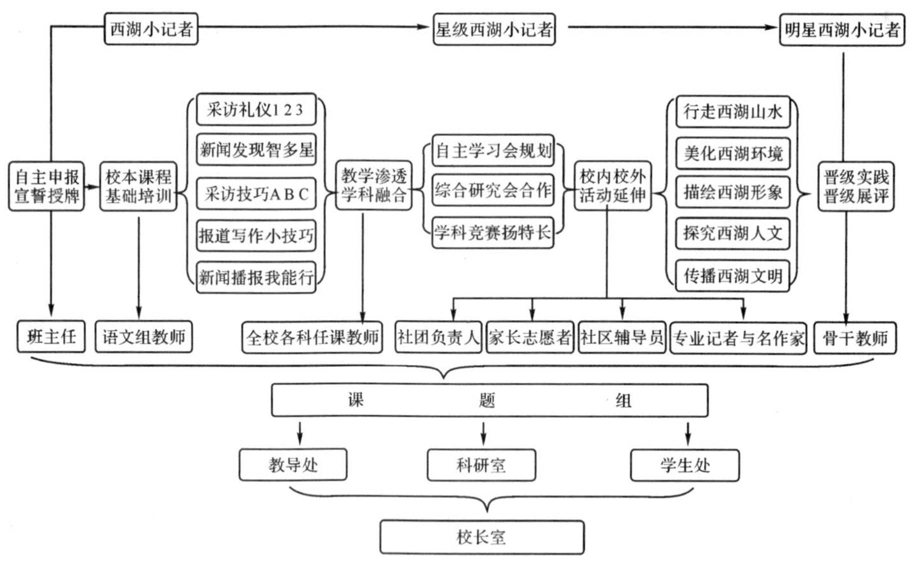

图 7–1 顶层制度设计

要提高小学生的社会责任感，提升道德素养，必须使其在日常生活中得以锻炼与体验，因此育人路径的顶层制度设计不可或缺。只有完善了路径

的设计，才能让具体的操作有径可寻，有径可依（具体如图7–1所示），清晰架构了学校对该德育项目的实施落实、师资配备、资源拓展的管理路径，还能看到全校学生从自主申报成为“西湖小记者”，通过《西湖小记者基础培训》的校本课程和学科学习，参加校内外以“西湖”为主题的实践活动，成为“星级西湖小记者”，经过晋级实践最终成为“明星西湖小记者”的过程。

（二）整合地域文化，建构德育路径

作为世界历史文化遗产，西湖的春花、秋月、夏荷、冬雪各具美态，丰富的场馆资源与深厚的人文积淀，为地方课程教学实施创造了良好的基础。在地方课程《我与杭州》和《人·自然·社会》教材中，西湖文化相关内容占有一定的篇幅，但对孩子熟悉喜爱的杭州美食、特产、老字号、西湖新旧十景及传说却涉猎较少。因此，以整合地域资源为思路，建构更为有效的德育路径是培养具有社会责任感的西湖小记者的必由之路。

该项目实施7年以来，西湖的山山水水，大大小小的博物馆、纪念馆都有我们“西湖小记者”身着橘黄小马甲的亮丽身影。毫不夸张地说，他们人生中第一次专注于西湖的游历都来自小记者身份的推动，他们心中对家乡杭城的情感在小学6年的学习中越来越深厚。相关调查显示，2010年9月至2021年7月，我校小记者参与的西湖游访、调查、参观活动达到10121人次。其中针对学生的调查问卷显示，我校学生对西湖文化知识的知晓度由活动前的22.36%上升至96.81%。该项目的推进，使爱家乡教育得到了自然渗透，学生对生活的美好情感得到了有效培养，社会责任感不断提升。

（三）顺应学习规律，实施德育活动

1. 夯实活动前培训

借鉴研究性学习步骤“情境任务—学习演练—实践体验—自我回顾”，小记者们在参与社会实践之前，都能获得基于《大记者有话说》《读读记记》《看看说说》《学学做做》和《小记者备忘》5个栏目的小记者培训，内容丰富，关注体验，指向实践，如表7–3所示。

续 表

表 7-3 小记者培训内容

培训栏目划分	内容说明
大记者有话说	情境任务：对小记者的行为标准和注意事项进行说明
读读记记	学习演练：通过朗朗上口的儿歌，既培养语言能力，又加深记忆
看看说说	实践体验：通过实例进行行为探讨
学学做做	实践体验：行为模仿练习
小记者备忘	自我回顾：学生记录、展示

2. 倡导采访式实践

我校通过培训与调研，切入小记者实践的难点，研制图文编辑、采访问题设计等微课，助力小记者学习。利用西湖地域资源，组织“行走西湖山水、美化西湖环境、描绘西湖形象、探究西湖人文、传播西湖文明”等德育主题活动，鼓励学生走进社会生活，用采访、报道的实践方式，发现西湖人文之美，宣传家乡杭州，培养社会责任感，真正实现知性德育向生活德育的回归。

3. 鼓励多元化体验

我校专设“小骏马记者节”，落实全员参与的星级小记者评选和成果展，对接“小骏马”选修课程，鼓励有能力的孩子选修“杭州伢儿”“小骏马演播”“摄影”“校报编辑”等校本课程，实现多元化体验，满足不同孩子的成长需求，为不同孩子的社会实践助力，更有效地提升道德认知和社会责任感。

四、实施途径

在顶层设计的指导下，在整合地域文化的基础上，在满足生本需求的前提下，本项目的实施分为 3 个步骤来落实。

(一) 研发课程，全员育人

在我们的制度设计中，一至六年级所有学生都可以自主申报“西湖小记者”，并且获赠“西湖小记者”称号，所以小记者基础培训是学生最需要的帮助，也是他们十分期盼的培训活动。为此，我们参考专业记者的建议，根据学生的实际能力和活动需求，完成了“西湖小记者”学生用书和教师用书的编写。其中，教师用书分 5 个主题，分别是“采访礼仪 123”“新闻发现智

多星”“采访技巧 ABC”“新闻写作小技巧”“新闻播报我能行”。每个主题设计了 5 个课时共 15 个分课时的教案。

现列举一基础能力课教学设计如下：

【链接 7-1】“西湖小记者”基础能力课教学设计

<table>
<tr><td>培训主题</td><td colspan="3">采访礼仪 123</td></tr>
<tr><td>培训课时</td><td>1—3 讲</td><td>设计教师</td><td>吴老师</td></tr>
<tr><td>培训准备</td><td colspan="3">教师准备案例，学生准备笔记本。</td></tr>
<tr><td colspan="4">第 1 讲</td></tr>
<tr><td>培训目标</td><td colspan="3">了解小记者的采访礼仪，并在模拟情景中反复实践，熟练演示。明确小记者要尊重被采访对象，得到被采访对象的认可，提高小记者的人际交往能力。</td></tr>
<tr><td colspan="4">一、观看我校的浙江星级小记者陈越哥哥的采访视频
二、思考讨论：小记者在采访前该做哪些准备工作
(1) 分小组讨论，指名回答。
(2) 教师总结：确定采访对象、了解背景材料、做好联系工作、制定采访计划、拟定采访提纲、排好时间和顺序、准备好采访器材。
(3) 学生记录。
三、初晓“小记者礼仪”
(1) 观看我校的《杭州日报》明星小记者俞佳盛姐姐的采访视频。
找找视频中俞姐姐在哪些地方表现出自己很有礼貌？
讨论并回答小记者应有哪些采访礼仪。
(要向采访对象问好，采访结束时要跟采访对象握手。)
(2) 该如何行握手礼？
观看视频，明确握手礼的动作要领：身体前倾，右手相握。
(3) 进行握手练习，指名上台表演，学生评价。
(4) 看动画片《握握手》。
讨论：哪些时候不方便行握手礼？
(别人手头有事正忙着，就不要跟别人握手了。)
(5) 活动：跟教室里的同学一起练习握手。
说说握手后的感受，明白为什么要跟采访对象握手。
(与采访对象成为朋友，拉近双方的距离，有利于采访工作的顺利进行。)
四、什么是采访，该如何进行
(1) 明白采访就是调查研究、了解情况、采集访问。
(2) 教师出示案例，说说应该采访哪些对象。
交通事故：采访目击者。
学校的大型活动：采访参加活动的同学、老师或学校领导。
五、教师总结</td></tr>
</table>

以上述案例为例，我们希望一名“西湖小记者”，首先要了解新闻工作，掌握基本的采访技能，才有能力参加丰富多彩的小记者德育实践活动，才有能力争做善于发现、乐于报道正能量社会生活故事的“西湖小记者”。

“西湖小记者”项目不仅提倡活动育人，更强调全员育人。因此，在活动前不仅有教师提供基础培训，还有社会德育资源随时提供助力。学校特地邀请专业记者、编辑、儿童文学作家走进校园，为“西湖小记者”作实践活动的专业培训。《青年时报》的黄冉、吕琳，杭州网的陈焕，《家庭教育》杂志编辑、作家张婴音，一级作家赵冰波等都曾指导过我校小记者，《小主人报》资深记者钱亮更是我校的常客。从外出前的“器材准备”到采访后的“交流总结”，从“摄影角度”“新闻选题”到“采访速记”“图片编辑”……这些专业化的培训助力小记者们完成了一次又一次的挑战。全员参与的基础培训，充分发挥了教师的指导作用，为学生有效参与实践助力。通过专业培训的做法将“西湖小记者”活动和学校德育工作紧密相连，极大地激发了学生的参与热情和学习潜能。

（二）知行合一，全程育人

我们以“源于学生的生活、凸显学生的实践、发展学生的个性”为基本原则，努力挖掘西湖文化的本土资源和校本课程的实施资源，结合学校各项工作，重点聚焦“西湖小记者”的实践能力与社会责任感的培养，分层设计适合各年级学生开展的“西湖小记者”实践创新活动，以满足不同年级学生的需求。例如，针对聚焦西湖人文的探究活动，我们进行了以下分级设计，如图 7–2 所示。

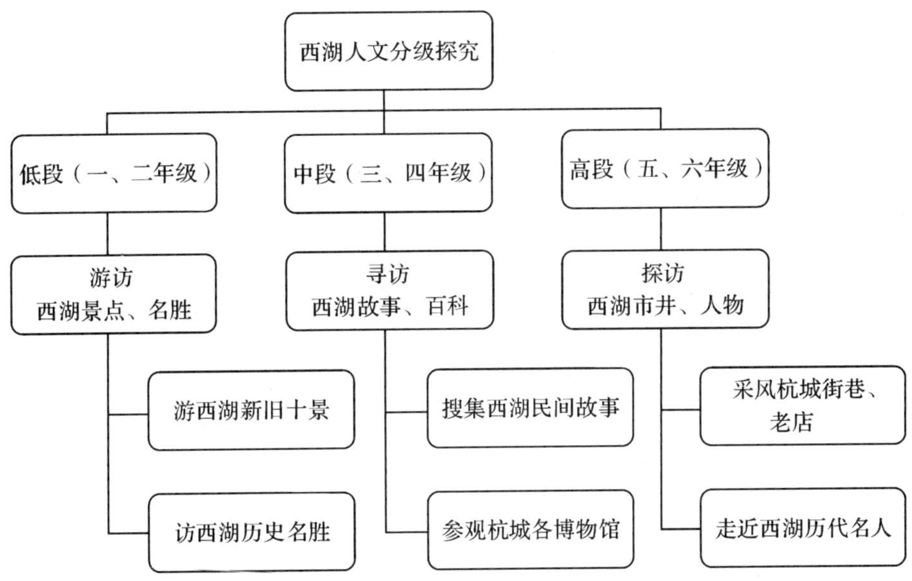

图 7–2　西湖人文探究活动分级设计

“西湖小记者”实践活动包括全员参与的培训实践，也有基于社团活动的“星级西湖小记者”主题实践，还有明星“西湖小记者”们与社会媒体互动开展的拓展实践。学校的小骏马摄影社团就是摄影小记者的活动基地。

“西湖小记者”实践活动是以培养具有社会责任感的小公民为目标的德育活动，因此只有丰富分层实践活动，保证全员分层多平台的实战演练，才能让每一位学生有机会进行有目的的社会参与和观察活动，加深体验，学会发声，提升社会责任感，实现知行合一。在这种思想的指导下，我们针对不同年级的学生设计了不同方案的社会生活体验活动，取得了良好的效果。以“西湖小记者”晋级挑战为例，我们针对不同水平的小记者设计了不同的内容，在实地考察的基础上，真切体验，真情表达。

【链接7-2】“西湖小记者”晋级挑战（三星级）

图一：中河旧貌

图二：中河新颜

图三：河坊街旧景

图四：河坊街新貌

同学们，这两组照片都是我们“西湖小记者”在进行“美丽的变迁”主题活动时收集到的照片，你一定从中感受到了这些年来杭城的巨大变化，从鼓楼、庆春路到河坊街、南宋御街，我们有了许多感受……

下面两项内容中，请你选择一项完成挑战。

(1) 有序观察一组图片，把你所看到的、想到的写下来。

(2) 自拟题目，写一写你和同伴参加“美丽的变迁”主题活动时的所见、所闻、所感。

(三) 多元评价，全方位育人

我校的每一位学生只要有意愿，就能通过宣誓授牌仪式获得学校特制的“西湖小记者”橘黄色亮丽小马甲，成为光荣的“西湖小记者”。指导教师会对小记者们参加每一次培训和活动的表现，如完成的新闻稿件、拍摄的新闻图片，组织实时自评和互评。选出优秀作品后，通过校园网的《西湖小记

者》专栏组织发表，或推荐给校报录用刊登。星级“西湖小记者”则有机会担任“小先生”，指导低年级的“西湖小记者”开展活动。每一学期，小记者们都能进行自主申报，通过完成晋级任务成为“摄影之星”“编报之星”“采访之星”“合作之星”，明星“西湖小记者”的照片和成绩会被光荣地张贴在学校的明星墙展出。

针对小学生的年龄特点，我们还专门为“西湖小记者”设计了晋级评价制度，出台了《饮马井巷小学“星级小记者”评定细则》(以下简称《细则》)。同时，每个年级都有一名骨干教师根据《细则》定期落实星级考核，小记者们可以通过“校园媒体我做主”“西湖文化我宣传”等晋级任务展示才能，成为明星“西湖小记者”。

【链接7-3】饮马井巷小学“星级小记者”评定细则

为了更好地开展学校小记者特色工作，培养孩子们的综合能力，鼓励更多的孩子参与到小记者活动中来，现制订饮马井巷小学“西湖小记者”星级评定制度。

(1) 凡是报名参加饮马井巷小学“西湖小记者”活动，服从“西湖小记者”管理规章制度，乐意积极主动写稿并在学校园网站投稿的小学生，均可以成为饮马井巷小学的一星小记者。

(2) 通过学校小记者站特别推荐，积极参加“西湖小记者”活动，并有3篇以上文字、图片稿件（其中一篇为区级以上媒体发表，其余在校园网站发表）发表者均可成为饮马井巷小学的二星小记者。

(3) 在二星的基础上，文字、图片稿件投稿量超过10篇，视频稿件超过3篇（区级以上媒体发表文章、视频达到3篇或在市级媒体发表1篇及以上，其余在校园网站发表），表现积极，并通过“西湖小记者”三星培训课程考试，可成为饮马井巷小学的三星小记者。

(4) 在三星的基础上，能独立自主完成稿件采写，积极参与学校组织的重大活动并能出色地完成任务，一学期内投稿数量满20篇，录用比例达到

10篇或10篇以上(在市级以上媒体发表3篇及以上),同时通过四星“西湖小记者”培训课程考试,可成为饮马井巷小学四星小记者。四星小记者参与学校西湖小记者团管理工作。

(5)在四星的基础上,被评为饮马井巷小学年度优秀小记者,或在学校电视台担任一定的主持、编辑、导播、视频的职务且表现优异的小记者,通过五星“西湖小记者”培训课程考试,可成为饮马井巷小学五星小记者。

学校通过形式多样的评价内容、分层设计的评价标准,鼓励学生扬长创新、大胆展示。展示评价、晋级评价相互结合,相辅相成,给予学生全方位的评价激励。因此,我校“西湖小记者”德育活动,不仅群体氛围良好,而且有多人被推荐参加省、市媒体的小记者活动,成为闪亮杭城的媒体小达人,他们个个善于发现,乐于报道正能量的社会生活故事,有强烈的社会责任感。

五、主要特色

该项目致力于小学生社会责任感的培育,探索以“西湖小记者”为载体的德育路径,取得了有目共睹的成效,产生了良好的社会影响力。

(一)培养学生的社会责任意识

该项目通过实践活动培养了有社会担当的小记者,通过小骏马记者节、校报展评等活动激励全校学生用自己的生活体验宣传西湖,宣传杭州,做当之无愧的杭州小伢儿、家乡小主人。“压岁钱该如何使用”“如何看待共享单车项目”“生活中的垃圾分类小调查”等主题采访调查活动的开展,让学生更聚焦社会热点问题,肩负起社会小主人的责任,逐步形成自由、平等、公正、法治的价值取向,爱国、敬业、诚信、友善的道德标准,让社会主义核心价值观能真正扎根于学生心中。

(二)建设可共享的德育资源

“西湖小记者”活动作为区域课程,同时向全区中小学师生开放,交流并融合各校德育经验,不断完善课程纲要、学生用书、教师用书、教学微

课和校报、网站、第二课堂等德育资源，最终“西湖小记者”活动案例编入《项目育人的十四个学校案例》一书中，并正式出版。同时，利用小骏马微信公众平台，研发了能实现个性化推送《西湖小记者》学习材料与微课功能的技术，让学生可以在线学习。

(三) 创新生活德育实践途径

“西湖小记者”活动育人的路径设计完全颠覆了以往一间教室、一支粉笔、一个老师、一群学生的知性德育模式，创新了生活德育的实践路径。学生走出教室，离开老师，或一个人，或三五成群，来到西湖，来到杭城的大街小巷走访、体验，用自己的眼睛去发现，去追问，去思考，并把自己的观察和思考写下来，说出来……饮马学生在全员、全程参与“西湖小记者”采访实践活动中逐渐提升了对社会的认知与社会责任感。

“西湖小记者”活动在实施中逐步完善了方向正确、内容适恰、学段衔接、载体丰富、常态开展的德育路径，促使了每个学生不断增强社会责任感，提升了现代小公民对“富强”“民主”“和谐”“敬业”“诚信”的价值体认。

第二节 行走家乡：“杭州韵”行走课程的开发和实施

随着课程改革的不断深入，校本课程在德育方面的独特优势日益得到重视。那么，如何利用校本课程创新社会主义核心价值观培育的实施途径？杭州市清河实验学校从实际出发，遵循“行走德育”理念，挖掘地方文化的育人资源，设计实施了“杭州韵”行走课程。

一、缘起

(一) 打造学校品牌，追求内在发展

学校现有的学情和区域特点为生源情况相对复杂，大部分学生为新杭州人。对于这样大群体的新杭州人，同时学校是九年一贯制新校，小学部刚

成立不久，如何让学生融入杭城，如何让学生传承杭州优秀的传统文化，如何将学校品牌建设与学生培养两者相统一是重要课题。我们需借助德育课程来推动学校整体发展，并围绕“培养具有传统美德和现代素养的合格公民”的育人目标，扎实落实学校德育课程的开发和实施，并将德育课程的开发作为德育工作的重点。

（二）优化行走课程，完善体系建设

学校位于杭州市中心城区，该城区既是中心城区，也是南宋皇城所在地，更是杭州商贸旅游、文创发展的中心，因此其历史传承悠久，文化底蕴深厚。杭州独有的文化魅力，更是学校德育活动最佳的课程资源。学校前期围绕“杭州元素”，已在校园环境建设、德育活动中有所涉猎。这次研究，更是从“自然与社会之和”“传统与现代之和”“科技与人文之和”“城市与乡村之和”“中国与世界之和”5个维度去挖掘杭州独有的文化韵味，让学生在行走的过程中，和自我对话，和伙伴对话，和杭州对话，和世界对话，从而达成学校所希冀的“五和育德”。

（三）助推学生体验，促成文化传承

教育的路径如何选择？立德树人，以德为先。学校要让孩子在行走中寻求更有意义的学习，让“经历”成为学习的重要资源，让学生在各种“经历”中完善认识、丰富体验、养成品德、品味成长，让“经历”成为学生生命成长的重要财富，继而促进教育的真发展。学校以“五和”为行走路径，让学生在文化浸润、行走实践、传承践行中，将“杭州韵”行走德育校本课程予以落实。

二、“杭州韵”行走课程的体系架构

（一）创设旨趣

“杭州韵”行走课程是在“杭州韵味·别样精彩”的设计理念之下，依托杭州优秀传统文化，借助杭州地方传统民俗和社会资源，所开设的年级综合体验类行走德育课程。该课程以活动为载体，以研究性学习为主导的学习

方式，通过“杭州韵”的研学行走、跨科行走和环境行走的路径创建，拓宽课程多维的育人空间、实现课程多元的育人目标、发挥课程无声的育人作用，真正让学校的每一个孩子亲历缤纷多彩的课程百花园，从而在活动中笃行养德。

该课程就是通过儿童浸润学习、亲身经历、传承践行等方式，促进学生自主学习、探究，获得生活经验，解决问题，锻炼合作交往能力，同时感悟杭州传统乡土文化，遇见杭州当下的幸福生活，展望杭州未来美好发展；学生在行走德育活动中了解杭州地方文化，感知家乡蓬勃发展，继而培养探究精神和创新能力。

“杭州韵”行走课程教育是一种唤起学生热爱家乡的情感，培育学生长远视野，使其在实践中亲历美好、继承优秀传统的教育，是一种情境教学背景下的道德实践，更是一种人与人、人与自然、人与社会之间互动的真教育。

（二）建设原则

“杭州韵”具备 4 个特点：“着眼于大历史，开发整体性”“着眼于体验，强调亲身实践性”“着眼于自主选择，提供菜单式课程”“着眼于全员性，师生家校同心合力”。具体在实施上要关注 5 个走向：

一是从灌输走向传承。古希腊著名的哲学家和教育家苏格拉底曾经说过：“教育不是灌输，而是点燃火焰。”传统的德育课往往会采用说教的单一形式，无法点燃学生对杭州传统文化学习的传承之火。

二是从参观走向体验。“杭州韵”不再局限于书本知识的传授，而让学生走出教室，亲身参与，主动实践，从原本走马观花的参观，进阶到在实践体验中运用所学知识解决各种实际问题，提高解决实际问题的能力。

三是从操作走向建构。“杭州韵”充分发挥了学生的想象力和创造力，让学生在积极探索、主动实践的过程中，在操作实践中不断建构新知识、新技能，同时在建构过程中不断有所发现，有所思考，有所创新。

四是从游学走向研学。游学更倾向于开阔学生的视野，而“杭州韵”则是研究性学习和旅行体验相结合的校外教育活动，更是一个多学科融合的课程，根据学龄段设计开发了专业线路和课程。

五是从接受走向反哺。“杭州韵”不再只停留在学生单一的接受层面，而是要积极营造德育行走的双向互动性。在浸润感知、亲历文化的基础之上，要让学生将所学所得用个人独有的方式进行展示呈现，甚至反哺社会，培养其良好的杭城公民意识。

(三)“杭州韵”行走课程的内容设计

近年来，学校树立了“无处不课程、无事不课程、无时不课程”的大课程观，创造性地把“九年影响一生与培养具有现代公民素养和传统美德的少年”的办学理念落实到“杭州韵”的创新设计上。课程从“自然和社会”“传统和现代”“科技和人文”“城市和乡村”“中国和世界”5个维度去挖掘杭州独有的文化韵味，用五和育德，让学生在浸润学习、亲身经历、传承践行中，拓宽多维的育人空间，实现课程多元的育人目标，发挥课程无声的育人作用，如图7-3所示。

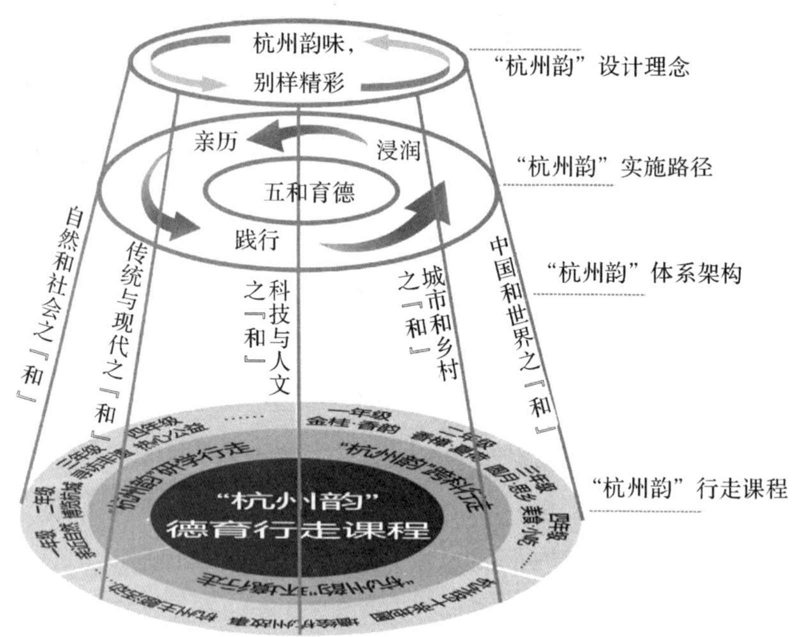

图7-3 “杭州韵”的体系框架

三、“杭州韵”行走课程的实施路径

（一）系统规划

杭州是一座悠久历史与现代风范并存的城市，亦是一座景色秀丽与人文雅俗相融的城市，更是一座开放兼容与形态丰富的城市。我们所生活的杭城，所生活的这个社会主义和谐社会，正因为民主法治、公平正义、诚信友爱、充满活力、安定有序、人与自然和谐相处，所以才如此“和”美共生。同时学校以“人和事真”为校训，待人以和，做事以真。因此“和”字为“杭州韵”实施的核心要义。

“杭州韵”基于学生的学习动机、兴趣点和直接经验来设计，回归生活，立足实践，同时着眼于知行合一的德育实践课程，让学生体验“自然·社会”之和，传承“传统·现代”之和，践行“科技·人文”之和，探究“城市·乡村”之和，寻访“中国·世界”之和。“杭州韵”坚持走“情智并育”之路，从简单的约束管教转向深层次的教育引导，调动学生的内驱力，在细节处培养学生的智慧之真、道德之善、心灵之美。

基于这样的构想，学校做了整体规划，架构了一至九年级的“杭州韵”课程设置，如表 7-4 所示。

表 7-4　“杭州韵”行走德育校本课程框架

	五和主题	行走样式	行走内容和特色	行走年级	行走目标与成果
“杭州韵”行走德育校本课程	体验自然·社会之“和”	研学行走	亲近自然：美丽家乡四季	一年级	领略杭城之美、诗词之美和人文历史之美，走访中认识自然，并以自己的方式分享推荐给身边的朋友
			博览杭城：博物馆奇妙日	二年级	乐享行走中获得的文化体验，了解杭城深厚的文化底蕴，进一步认同中华文明，能参与相关主题活动、公益项目或进行义务讲解

续 表

<table>
<tr><th></th><th>五和主题</th><th>行走样式</th><th>行走内容和特色</th><th>行走年级</th><th>行走目标与成果</th></tr>
<tr><td rowspan="11">“杭州韵”行走德育校本课程</td><td rowspan="5">体验
自然·社会之“和”</td><td>研学行走</td><td>户外生存：
露营欢乐夜</td><td>八年级</td><td>通过户外生存课学习，团队开展合作烹饪、露营联欢、校园草地趴等活动，感知校园生活美好，与人和睦相处，并以主人翁的姿态参与其中</td></tr>
<tr><td rowspan="4">跨科行走</td><td>金桂·香韵：
桂花飘香云天外</td><td>一年级</td><td rowspan="4">相应年级围绕主题词，并结合本学科特色，开展跨学科主题式的研学行走活动。学生自主选修相应主题学科，亲历杭州主题元素下的学习活动。行走满陇桂雨、曲院风荷、西子湖畔、梅家坞、丝绸博物馆等景点、场馆</td></tr>
<tr><td>香樟·夏荷：
绿树相称别样红</td><td>二年级</td></tr>
<tr><td>西子·垂柳：
淡妆浓抹总相宜</td><td>一年级</td></tr>
<tr><td>丝绸·蚕桑：
绿遍山原忙蚕桑</td><td>二年级</td></tr>
<tr><td rowspan="6">传承
传统·现代之“和”</td><td rowspan="2">研学行走</td><td>寻访非遗：
杭城传统手艺</td><td>三年级</td><td>关注非遗文化的传承，学习感兴趣的一项非遗项目，并通过小报、文字记录等方式，展示学习成果</td></tr>
<tr><td>热心公益：
尚法小达人
走进社区：
志愿者小服务</td><td>四年级</td><td>了解法律知识，争做学法守法的好少年，开展走进社区志愿者服务，培育公益之心，用实际劳动来践行志愿服务</td></tr>
<tr><td rowspan="4">跨科行走</td><td>圆月·思乡：
一轮明月寄相思</td><td>三年级</td><td rowspan="4">相应年级围绕主题词，并结合本学科特色，开展跨学科主题式的研学行走活动。学生自主选修相应主题学科，亲历杭州主题元素下的学习活动。行走凤凰山、杭帮菜博物馆、龙井山园、河坊街、南宋御街等景点、场馆</td></tr>
<tr><td>美食·小吃：
舌尖上的杭州味</td><td>四年级</td></tr>
<tr><td>香茗·龙井：
嫩茶长鲜谷雨春</td><td>三年级</td></tr>
<tr><td>剪刀·折扇：
民间艺人不可觑</td><td>四年级</td></tr>
</table>

续 表

	五和主题	行走样式	行走内容和特色	行走年级	行走目标与成果
“杭州韵”行走德育校本课程	传承传统·现代之“和”	校内环境行走	“杭州元素”学习场：杭州茶艺、曲艺“小热昏”、杭帮菜、陶艺教室等场地。“杭州十张地图”：南宋地图、杭城书店、杭州名人堂等	全校	学校积极营造和创造具有杭州地方文化特色的环境场，让学生在校园里就能感知环境育人的力量，同时学校借助各方力量，积极营造具有“杭州元素”的学习场，让学生在隐性的文化浸染下，感知杭州地方文化的优秀魅力
	践行科技·人文之“和”	研学行走	国防教育：争做小军人	五年级 七年级	热爱中国军人，形成集体观念，锻炼自主生活能力，坚持完成所有军训项目，并获取一项优秀荣誉
			毅路前行：新年毅行登高	一年级 九年级	通过亲子毅行和登山活动，感受生活美好，用自己的脚步去抵达前进的坐标，去攀登向往的峰顶
			职业规划：我的未来不是梦	九年级	了解新兴科技工业，感受创新精神，走访高校名企，把个人理想和中国梦联系起来。通过给父母的一封信，向他们汇报学业和职业规划
		跨科行走	互联·阿里：一网相连随人思	五年级	相应年级围绕主题词，结合本学科特色，开展跨学科主题式的研学行走活动，并行走阿里巴巴课外场馆
	探究城市·乡村之“和”	研学行走	学农体验：田间地头小农人	六年级	走访杭城小镇和规划馆，了解感知家乡发展的美丽变化，感受与时俱进的时代变迁，亲身经历学农体验周的活动，体验劳动生活的快乐
			城市生活：勇立潮头杭州人		
		跨科行走	钱塘·江潮：春江潮水连海平	五年级	相应年级围绕主题词，结合本学科特色，开展跨学科主题式的研学行走活动，并行走钱江世纪城课外场馆

续 表

	五和主题	行走样式	行走内容和特色	行走年级	行走目标与成果
“杭州韵”行走德育校本课程	寻访中国·世界之“和”	研学行走	国际交流：新加坡研学	五年级	通过国内外的交流走访，了解他人眼中的“杭州”，能多角度去感知了解家乡杭城的美好，并以自己的方式对比介绍两地，形成个人的行走主题报告
			国内交流：广州顺德实验学校	六年级	
			国际交流：澳大利亚研学	八年级	
		跨科行走	于谦·马云：自古杭城才人出	六年级	相应年级围绕主题词，结合本学科特色，开展跨学科主题式的研学行走活动，并行走杭城名人堂、滨江亚运主会场等课外场馆
			亚运·梦想：杭州美名传四方	六年级	

(二)“杭州韵”的行走方式

1. 研学行走，别有收获

两个学部根据本年级的模块，选择不同的项目与内容进行探究。小学部会选择每年杭城最美的4月、5月间和10月、11月间，安排每周一或周二下午的第二、三两节课，实施“杭州韵”行走课程。

【链接7-4】自然·社会之和：一年级美丽四季研学行走

一年级的“亲近自然：美丽家乡四季”，从杭州四季景色入手，一年级小朋友通过行走去感知杭州独有的自然与人文景观，对杭州四季的景色进行实地调研，并在父母合作指导下完成《“杭州韵”研学手册》，在手册的填写过程中获得亲身参与实践活动的积极的经验；初步知晓信息资料的搜集、分析与处理的方法和参与社会实践与调查的方法；认识和了解杭州自然景观。该活动可以加深孩子们对家乡杭州的热爱，体验收获的快乐，促进家庭亲子关系的和谐。

例如“吴山观景找石”活动，老师会提前通过“杭州韵”之学宝大讲堂进行相关吴山知识的讲授，而后在家委会的协助下，驱车前往吴山，在行

走过程中，重点合作游学——寻找十二生肖石。学生听老师和家长讲讲吴山生肖石的传说，画一画“我的生肖石”，返校后完成“水宝”争章的评价活动。

以上是小学部分样例，初中部的研学课程则会借助初一新生入学、八年级离队、九年级中考百日誓师大会等特殊活动契机，集中开展相应行走课程。每年新年第一天，小学部一年级新生与家长一同沿着钱塘江，举行“毅路前行”亲子毅行活动；九年级学生和父母、老师一同登北高峰，登高祈福，祝愿自己来年顺利进入高一等学府。此外，国内外行走课程则利用春秋假或暑假时间开展。

从上述呈现的课程架构不难看出，学校在行走课程建设中，主打的关键词是：浸润、整合、实践、经历。“浸润”，即将杭州主题元素文化，通过形式多样的研学行走，让学生浸润体验；“整合”，即将有关杭州的教材资源进行了全年级整合拓展，将地方的所有资源通过一个大模块进行整合，包括教师资源和社会资源；“实践”，即实施的途径为学生自主体验、自主探究，以获取地方文化知识；“经历”，即课程的实施，需要教师引导且以学生为主体。

2. 跨科行走，别有洞天

“杭州韵”采用“主题浸润式、全学科式”学习方法，这也是《浙江省深化义务教育课程改革的指导意见》中倡导的主要学习方式。我们以一个月，甚至两个月的时间为学习周期，在每周固定的“杭州韵”课程中予以保障，主张在课程启动课中让学生明晰学习任务、自主申报活动项目；在课程实施课中，教师进行指点、学生开展个性学习；在课程汇报展示课中，则人人展示、多元评价。学生都将在小学阶段，围绕不同主题，浸润式参与到不同主题的年级活动中。

“杭州韵”有多个主题元素模块，每个年级组以项目为载体引领学生深度观察、了解身边某一特色文化。基于项目学习实施模式，其操作流程是：

“项目确定—整合内容—课例设计—活动实施—成果交流—表现评价”。逐步推进、环环相扣，最终形成一个完整的项目开发和学习过程（见图7-4）。行走课程在实施过程中，可打通学科界限，实现资源互通。

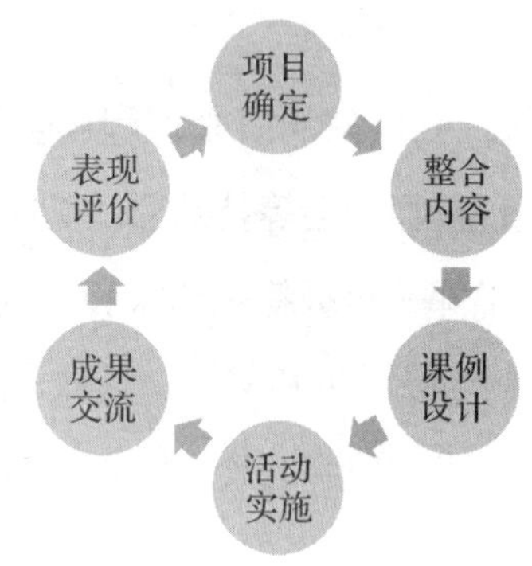

图7-4 “杭州韵”行走课程研发流程图

【链接7-5】传统与现代之和：圆月·思乡

课程总体构架为了解杭州中秋习俗，品尝中秋美食，感知中秋节所特有的寓意、典故与情怀。而进一步落实到具体的某一年级，则通过年级组长与组员的协同商讨，将活动变得更加丰富。语文学科，开展说文解字谈“圆月”，绘本《晚安，小月亮》《月亮的味道》创意读写活动以及引导学生学习嫦娥的故事；科学学科，师生共探讨“月满盈亏”的月相知识；美术学科，开展美化校园窨井盖、“圆形图”马克杯绘制DIY活动；音乐学科，老师教唱《月亮代表我的心》，做玉兔捣药游戏；综合实践学科，则让学生学做冰皮月饼与大伙分享，以及制作秋叶书签。整个行走课程持续3周，第一周为启动周，全年级进行授课，主要为主题活动的开启，具体内容包含《弯弯的月亮》歌曲学唱，《水调歌头》唱诗表演，“团团圆圆话中秋”情景剧表演，“月亮”诗词飞花令，创写“月亮”儿童诗以及解读下周的跨科行走活动。第二周就根据安排进行选课走班。第三周进行校外研学，探访杭州的“平湖秋月”，并对活动进行总结梳理。

3. 环境行走，别有滋味

德育是无形的，浸染在校园的每一方土地上，学校积极营造和创造具有杭州地方文化特色的环境场，让学生在校园里就能感知环境育人的力量。同时，学校借助各方力量，积极营造"杭州元素"的学习场，如创设的学习杭州茶艺、曲艺"小热昏"、杭州方言、杭帮菜、南宋陶艺等的场所。

走进校园，映入眼帘的便是主题墙中间的《礼记・大学篇》，《礼记》是中国儒家的传统经典书籍，其中《礼记・大学篇》表达了中国传统优秀文化中对于一个人做人求学的要求。学校和真广场正中央则镌刻着南宋时期的杭州地图，不仅展现了南宋时期杭州的特色，同时还将学校的变迁史也用形象鲜明的五角星予以标注。围绕地图的 12 根柱子代表 12 地支，每一根柱子上都有该地支对应的时辰名称和生肖名称。

最有"杭州"韵味的，当属每个独具匠心的廊道、场馆。例如姚江楼中，杭州话、杭帮菜、杭州茶道、杭州诗词、杭州名人等文化知识，通过喜闻乐见的形式在墙上予以布置与展示，可以说是一间间小型的展览馆。除此之外，学校还依据杭州特有的风土人情，设计制作了 10 张杭州地图，内容含杭州的十大古城门、杭州书局、杭州友好城市、杭州风景名胜、杭州第二课堂活动场馆、杭州小镇等。漫步在楼道间，杭州特有的文化气息，在潜移默化间熏染着孩子，让其感知杭州这个城市特有的味道。

学校将"杭州"元素融入校园环境建设的方方面面，各项活动的实施涉及学校教育的每一个角落，教学时空得到无限延展，形成了立体的、全方位的、富有实效的育人网络，打造出了环境行走课程。

(三)"杭州韵"的评价举措

在评价方面，学校创设性地结合吉祥物"水宝"的卡通形象，给予学生更多元的评价空间，更关注学生过程性发展评价。德育处结合学校的水分卡评价机制以及《学生手册》中的"水宝旅行记"，有效且操作性强地进行活动评价。"杭州韵"在具体实施过程中，对学生的评价方式主要有 4 种：

其一，班主任或者学校德育处评价，对学生在活动过程中的表现进行即时评价，如积极参与“杭州韵”行走活动、积极实践、言行统一，随时指导与鼓励。这里最常用的方式为口头表扬与水分卡同时使用。

由学生创生设计的“水宝”形象，已深入人心，包含：“德宝”——富有社会责任感，有爱心，会感恩；“能宝”——班级管理能力强，乐奉献，重公益；“才宝”——才能发展好，有专长，乐展示；“学宝”——学业水平居上游，会探索，勤创新。4个分身，通过不同的评价维度来激励学生朝着更优的目标前行。

其二，学生评价，让其他同学写出自己在活动中的优缺点，有则改之无则加勉。例如“圆月·金桂”主题活动课程采用一年级和七年级的“大手拉小手”综合实践活动，这不是简单的寻访桂花活动，而是让学生依循主题特色，在年级组长的策划下，进行内容丰富的实践活动，返校后依据各自活动成果予以适合的评价。七年级的学长对一年级的学生进行描述性的评价，而后评定星级；一年级的学生则用点赞卡，直接点赞感谢与自己结队的大哥哥、大姐姐。

其三，自我评价，就是让学生进行自我反省，积累活动中的经验，记录活动中的精彩，找出活动中的不足，改正活动中的缺点。一般每次活动课程都会有相对应的活动评价单。学校为学生设计了一本活页式的《学生手册》，能及时记录并有效评价学生课程学习的全过程。

其四，借助其他媒体的宣传与评价。当下是自媒体时代，除了借助学校网站、微信、校园平面软木墙展览并发布课程学习成果、进行课程总结及外媒的介入宣传报道之外，还可借助班主任、家长朋友手机里的微信朋友圈，为孩子们在“杭州韵”课程中表现出来的种种精彩点赞，用不同的渠道与方式来多元评价。

四、“杭州韵”行走课程的实践效果

（一）践行并提升了学生核心价值观

课程紧扣了杭州元素，有助于培养孩子对家乡文化的认同感，对祖国

优秀文化的内化程度。课程以活动为载体，体现民主、文明、平等、友善、公正、诚信的元素，在师生、生生的互动交流中，我们一直倡导这样的核心价值观。在这样的交往、亲历中，最终的目标则是达成“和谐”。

（二）优化拓展了学校德育资源建设

学校是德育的重要阵地，整合学校中的常规活动和特色活动，积极开展“杭州韵”教育，使学校的各项资源得以不断优化和拓展。一是优化了节日活动与“杭州韵”相融合的方式；二是拓展了“杭州韵”教育的社会资源；三是充分调动家长这支课程的助力军，同时在行走过程中，充分彰显全人教育，发挥育人者同心圆的力量。

（三）推动教师思考并实践“去学科”化的协同教学

“教师”即课程的研发者，每个教师浸润于杭城，是杭城生活的体验者，要充分调用教师的聪明才智、生活经历，来丰盈课程本身的内容架构；“学生”要在课程中充分地动起来，要在生成中不断汲取知识、提升能力。这种生成不局限于课堂本身，涉及全方位，包括对资源的开发、方式方法的运用、评价的实施等。

（四）落实了杭州文化特色教育

通过3年的探索，我校初步建构起了“杭州韵”行走德育校本课程的体系，形成了序列化专题内容和课程实施途径，既促进了学生对家乡文化的传承和良好行为的养成，也促进了学校德育品牌的彰显。

在实践中具体物化形成美丽四季、博物馆奇妙日、杭州志愿者等9个专题研学行走德育课程，金桂·香韵、香樟·夏荷等12个主题跨科行走课程，将杭州元素融入校园环境建设的方方面面，探索出“杭州韵”实施的3个途径，使“杭州韵”逐步形成特色品牌。

可以说我们一直在“杭州韵”建设实践的路上，正如校歌中所吟唱的：在路上脚下有泥泞，在路上途中有风雨，在路上有时会疲惫，但是我们不悔，因为路上有我们恋着的人，因为路上有温暖我们的人，因为路上有与我们同行的人。相信我们的杭州韵味，定将别样精彩。

第八章

从旁观到服务：社会公益的路径探索

“社会公益”情境下的主题行走，把个人历练和服务社会融合在一起，开展“组织筹备”“技能拓展”“项目实施”“交流改进”活动，培养学生的公德心、责任感，激励报国行。本章呈现的“创意智造”项目来自杭州市胜利实验学校，“校史行走”项目则来自浙江省杭州第十中学，二者都是“行中学”范式校本化实施的典型。

第一节　创意智造：有爱有行动

党的十八大把“立德树人”作为教育的根本任务，将教育放在民生之首，首次在党代会报告中提出要“培养学生的社会责任感”，充分体现了党和国家在培养学生社会责任感方面的高度。而对学校来说，落实“社会责任感”的最好途径是进行关爱教育，即坚持培育和践行社会主义核心价值观，弘扬中华优秀传统文化，对学生进行爱祖国、爱人民、爱劳动、爱科学、爱社会主义的“五爱”教育。

一、“关爱教育”的实施需要创新途径与方式

一直以来，学校都有对学生进行“关爱教育”的意识，也利用各种活动进行落实。在本课题实施前，我们针对一到六年级的120名学生，从关爱内容、关爱动机及对活动的满意度等进行了调查，旨在了解问题和学生实际现状，使课题实施更有效。从调查结果看，学校之前开展该主题的活动起到的教育效果的确不明显，带给学生的改变也不大，甚至有个别活动没有给学生留下任何印象。综观其他兄弟学校的关爱教育主题的活动，我们再一次进行了反思。

(一) 关爱行为被弱化

学校一直重视培养“健康”的胜实小海燕，学生不仅要有一个健康的体魄，同时还要有积极的心态和对世界的“关爱精神”。可通过梳理近几年来学校对学生进行“关爱精神”培养的资料，不难发现，学校开展关爱活动的方式较为单调，大部分还停留在思想意识层面，而德育不仅要激发善念，同时更要引导学生把真理转化为实践。不仅要看见善、懂得善，更要追求善、践行善，把善落实到行动和细节。道德品质是在道德行为的基础上形成的。只有当“关爱”的行为多次重复出现，才会形成“关爱”习惯，这种习惯为优秀的道德品质。

(二) 关爱视野不广阔

作为一名现代社会小公民，学校应该引导学生在关爱自我、关爱他人的同时试着拓宽关爱视野，将目光转移到社会以及我们赖以生存的大自然，培养具有“大爱精神”的现代公民。目前，学校开展关爱教育的对象主要以“人”为主，所设计的活动大多以关爱自我和关爱他人为主，关爱的视野相对比较狭窄，这不利于培养学生的“大爱精神”。作为现代小公民，关爱的视角不应只停留在“人”身上。学校组织的活动应把关爱对象从“人”拓宽到“自然”和“社会”，从而培养学生的“大爱精神”。

(三) 活动方式不新颖

问卷中，针对“列举印象最深刻的1—2个活动”一题，高年级有63.8%的学生提到了“贸易节”，而提到一直进行的“传统活动”的学生却只占28.1%，8%左右的学生竟然没有印象深刻的活动。在其他学校，大多数活动也是一些常规活动，也很难看到新颖的活动设计。这也是目前德育存在的一个共性问题。创新德育活动的方式需要重点关注。

二、基于创意智造活动，设计“关爱思路”

(一) 操作定义

创意智造：通过学校创客教育浓厚的良好氛围和扎实的基础，引导学生学会主动发现身边的人、物、环境所面临的困难或不便；并努力通过创意智造来帮助解决或克服其当下的困难，给所关心的人带来幸福和便利，给予暖心的提醒和帮助；对所生存的自然和环境尽到自己的责任，做一个珍惜自然资源、关爱环境的具有大爱精神的人。

社会责任感：是对社会各个领域和各个方面的责任，它包含政治、经济、文化和环境等方面的责任意识。本课题主要从“关爱教育”切入，引导学生主动对自己以及他人的身体健康、举止文明、生存环境、生活便利等方面予以关注，积极发现所关注的对象可能存在的困难、不便、问题等，并为解决相关问题做出种种努力，从而逐步培养学生的社会责任意识，做一个关

爱生命、珍惜资源、关爱环境的具有大爱精神的人。

（二）研究目标

紧扣学校学生培养目标，利用学校创客教育的有利条件，挖掘“创意智造”活动蕴含的德育价值。通过组建“家长导师”，开展“微课堂”，引进科技大咖等，为学生实现“创意智造”提供多方面的帮助，引导学生学会主动发现需要帮助的对象，并在创意智造过程中激发对生活的热情和活力，培养心怀“大家”的同理心和道德担当，引导学生心中有他人，心中有集体，心中有学校，心中有责任，促进学生温暖、健康、美好地成长。

（三）研究内容

“创意智造”活动主要从开发和实施两大板块进行（见图8-1）。其中开发部分主要从开发理念、开发原则、开发内容和开发资源4个方面进行研究。“全员育人、全程育人和全方位育人”是本研究总的开发理念，体现创意智造活动中的德育因素。结合创意智造本身的特点，确定基于真实问题的pbl学习、基于思维力提升的深度学习和基于学习共同体的合作学习3个方面作为本研究的开发原则。在这基础上，对研究内容和研究资源进行开发。实施板块主要为活动流程、活动方法、活动途径和活动评价4个方面。利用创意智造这个新颖的载体，充分运用开展德育教育的方法，在与课堂、与校内生活、与校外生活结合的过程中落实关爱教育。

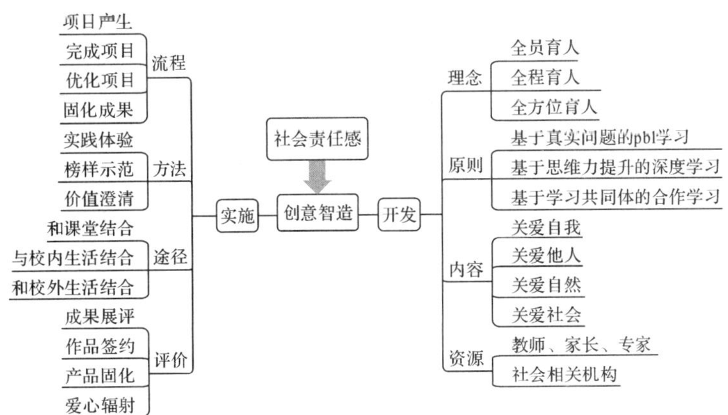

图8-1 “创意智造”活动示意图

三、项目开发：落实社会责任感的基础

“创意智造”项目从本校学生培养目标出发，旨在有效利用学校创客教育的浓厚氛围，以及中高段学生对编程技术掌握良好这一得天独厚的条件，从学生生活中寻找体悟的切入点，从学生心灵中寻找体悟的触动点来设计“创意智造”活动的创意内容，对学生进行关爱教育。其内容设计如图 8–2 所示：

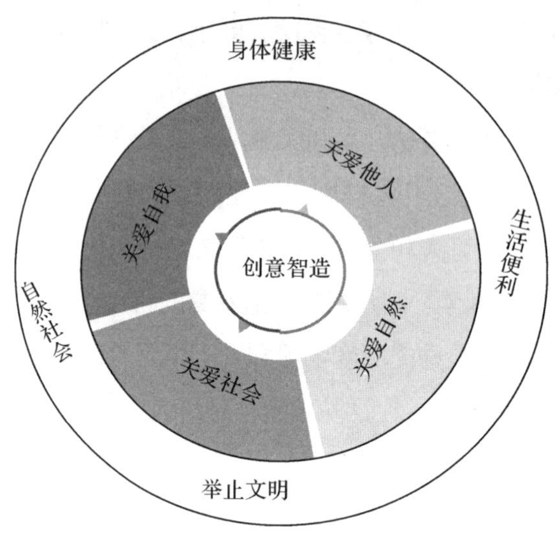

图 8–2 “创意智造”内容设计

该内容根据关爱自我、关爱他人、关爱自然和关爱社会 4 个纬度来设计，关注身体健康、生活便利、举止文明及自然环境。4 个纬度均以学生视角，关注广泛的生活，涵盖了学生生活的不同方面，给学生提供了广阔的思考空间。“身体健康”旨在引导学生能主动去关心自己、家人等的身体情况，懂得关爱自己，关心别人。“举止文明”旨在通过发现身边不文明的行为，尽己所能进行提醒或改变，最后达到约束自己言行的目的，主动做一个文明公民。“生活便利”旨在通过关心身边的人的生活状态，激发主动帮助他人的意愿。“自然环境”则引导学生对赖以生存的自然社会予以关注，做一名有爱、懂爱、负责的现代公民。

四、活动实施：社会责任感培养的实践

（一）实施流程

1. 集思广益，共同产生项目

为使“创意智造”关爱活动顺利进行，确保每一个创意项目都能体现“关爱”，真正实现在该活动中对全体学生进行德育教育的目的，项目的产生经过以下过程。

公布方案：活动前，在校园网公布本次活动的方案，主要包括活动背景、活动对象、展评方式、活动流程及注意事项等板块，旨在让参与对象对活动的主题有更明确的认识与理解，指导后续活动更顺利地开展。学校基于未来视野关注学生当下的成长，充分挖掘并利用学校创客教育的扎实基础，创新德育教育的方式，探索合作育人、协作育人和学科育人的新模式。引导学生着眼身边世界，寻找需要关心或帮助的人、事、物，从生活、学习中的亲身体验出发，学会关爱、勇于创新，鼓励探究，树立榜样。该方案明确本次活动的意义和价值，帮助参与者统一思想认识，为后续活动开展指明方向。

征集创意：信息发布后，各参与班级进入创意征集阶段。班主任组织全体学生用一周时间从关爱的不同维度去发现身边存在的问题、关心身边需要帮助的对象。本周内，学生可以以个人或小组形式，对自己的家庭成员、同伴、老师等的生活、身体，对生活的环境等进行近距离的观察，在观察中发现问题，引发自己的思考，激发关心人、帮助人的冲动。征集结束后，班主任收齐学生发现的问题及创意。

遴选方案：班级组织全体学生通过演讲的方式进行创意 PK，评价创意与关爱的密切程度、新颖性及可操作性等方面，遴选出班级里最好的创意方案。

评审立项：作为德育教育活动，本项目在设计流程时就重点将“教育”放在了首位。在流程的设计上，淡化技术要求，强调活动中的德育教育，充分考虑每个环节里的"关爱"要素，赋予它更多的德育色彩。本着活动的德育导向，在对各班级上报的共计22个项目进行评审时，从关怀体现度、可行性、形成产品的价值、团队支持能力、经济价值5个方面进行评估。显然，"关怀体现度"被作为主要的评估指标。最终，22个项目全部予以立项。这是对孩子爱心的呵护，也是组织本次活动的初衷。

2. **多方协同，合作助力项目**

在活动中间阶段，学校力求同家庭、社会紧密结合，努力争取家庭、社会的大力支持，促进形成良好的社区育人环境，协同育人。

机构微体验：积极引进社会优秀机构给学生普及相关知识，体验相关项目。2018年，在科技嘉年华和创意智造节期间，学校积极引进小码王、回车科技、鼓捣车间、古德威机器人等机构，各机构人员分别向学生介绍少儿编程、脑电科技、创意智造和人工智能并进行现场演示，而学校学生代表则展示自己的创意作品，并体验脑电科技展示、趣编程、机器人项目展示、物联网创意展示、捣鼓车间创意智造、古德威编程等项目（见表8–1）。专业人员通过时代感的产品给学生带来视觉冲击，启发了他们的创作灵感。

表8–1　创客嘉年华游园项目安排表

项目	地点	负责人（部分为志愿者昵称）
学生智能项目体验路演	体育馆	各组学生
脑电科技展示	体育馆	回车科技
趣编程	机房	小码王
机器人项目展示	体育馆	熊猫老师
物联网创意展示	体育馆	好好搭搭
捣鼓车间创意智造	体育馆	铁熊老师
古德威编程	体育馆	花老师

家长微指导：在我校，四年级已经开设三维建模、编程等课程，为全面开展创意智造活动奠定了基础。但为了家校携手将"爱"进行到底，我们动员家长参与到这次"爱"的行动中来，和学校、学生一起开始本次"爱"之旅。各班根据立项项目的个数设置家长导师，并一起学习"家长导师须知"

（见图8-3），让家长与学校达成共识，让家长的参与有尺度，以达到寻求更多支持，营造关爱氛围的目的。

家长导师须知

1. 在孩子遭遇到困难时，请给予指导，而非代替。
2. 在孩子有问题咨询时，请给予引导，而非解答。
3. 在孩子需要动手操作时，请给予指点，而非代劳。
4. 在孩子项目遇到挫折时，请给予鼓励，而非指责。
5. 在孩子需要外出体验时，请给予支持，而非反对。

图8-3 家长导师须知

教师微课堂：如果说家长给学生提供的是项目本身所需技术的帮助，那么教师给学生更多的是成果制作时所需的知识及对学生关爱行为的支持力量。老师们自愿报名参与到指导教师团队，而后根据自己所长上报“微课堂”的内容。内容确定后，由该负责老师发布微课堂的时间、地点等信息，各班项目相关负责人自主选择是否参加。教师志愿者所提供的帮助是对“关爱”的助力。表8-2列举了教师主讲的微课堂内容安排。

表8-2 “关怀世界，幸福你我”创意智造大赛微课堂内容安排

时间	内容	指导教师	参加对象	备注
11月11日（周一上午）	项目化研究的起始和过程	余国罡	项目负责人	带上纸、笔和《项目记录手册》
11月12日（周二中午）	微视频的录制和剪辑	钱丹	项目摄影师	带上纸、笔
11月13日（周三中午）	项目研究报告的撰写	赵小凤	项目小记者	带上纸、笔和录音设备
11月14日（周四中午）	项目成果的设计和制作	吕凉凉 蔡一宙 张丹妮	项目艺术总监	准备好作品外观和功能的大致设计、带上纸、笔和《项目记录手册》

爱的行为慢慢得到越来越多的认可和帮助，机构、家长和老师都在给予关心的过程中为学生提供获得技能与培养态度的机会，学生在作品制作过程中的创造性的关心体现也越来越明显。

3. 对话互动，实践优化项目

德育活动应以学生探索发现和解决问题为立足点，从生活中来，到生活中去，让学生在一定的道德情景中体验道德，发展道德思维，提高思想素质。要实现德育教育的目标，提高全体学生的爱的意识与爱的能力，一定要给学生提供实践体验的机会，与有困难的人展开对话，在对话互动中感同身受，从而激发学生的爱人之心。

对话激发灵感：项目的灵感来自学生与有困难的人（与环境）进行的第一次对话。立项的22个项目的灵感都来源于现实生活。有同学从家人健康入手，有同学从同伴存在的困难或不便开始，也有同学关注到了资源利用、环境污染等问题。每一个项目的创作均来源于自己的亲眼所见，或亲身体会，“智能翻谱机”项目负责人干子言的灵感就是自己看到学乐器的同学的不便而来的。“宝宝小夜灯”项目负责人徐启宸则看到妈妈晚上给妹妹喂奶时，常因为黑暗把桌上的东西碰翻，他想帮助她解决这个问题，所以就和同学一起想办法做了“宝宝小夜灯”。

互动优化作品：本次活动，强调问题从生活中来，设计的创意作品要以解决问题为目的。各项目作品基本完成后，为了让孩子更深切地体会到助人的快乐，培养他们的关爱意识，我们要求每个项目组成员带着作品实地走访当初所关心的对象，与被帮助者进行互动，根据被测试对象的使用反馈，对作品进行改良。如项目“久坐提醒仪”的灵感是学生发现大部分教师工作时长坐不起导致了颈椎问题后产生的。因此，项目组成员在作品功能基本可实现后，就对在校部分教师进行了产品测试，根据与被测试老师之间的对话互动，将提醒时间间隔由原来的1个小时改为40分钟，提醒音乐的风格由原来的急速改为柔和。

再如“智能药盒”项目组为了检测该作品对当初给自己灵感的奶奶是否有帮助，对奶奶进行了测试。使用者测试让项目组成员乃至整个班级同学都体会到关心别人，尽自己所能帮助别人解决困难是一件幸福的事情。诺丁斯强调：“要向学生传递这样一个信息：学校教育不是通往上流社会的阶梯，

而是通向智慧的道路。成功不能用金钱和权力来衡量，成功更意味着建立爱的关系，增长个人才干，享受自己所从事的职业，以及与其他生命和地球维系一种有意义的连接。”

（二）实施方法

1. 实践锻炼

植根于生活的土壤的德育才具有生命力。我们重视德育过程展开的体验性，通过校内外寻找有困难者、体验特殊群体的不便、合作制作作品、对话互动调试作品等让学生在实践体验中提升道德认知，从而转化为道德行为。

本研究中，实践锻炼是最明显的德育方法。学生在活动伊始，经过一周时间，对校内、校外周围的人、事、物以及自然进行观察、体验、走访等，产生了灵感，有了好的创意。以“拐角防撞器”为例，本项目一共有6位成员，都有在拐角被撞或撞人的经历。当“创意智造”活动启动后，他们首先想到的是制作一个“拐角防撞器”，希望在“拐角防撞器”的提醒下，其他同学不要发生类似的受伤事故。创造来源于关怀。本组同学之所以会想到制作“拐角防撞器”来提醒其他同学，源于他们自己的亲身经历和实践体验。再如，“宝宝小夜灯”组的7位学生都有弟弟或妹妹，他们都亲眼见过自己的妈妈晚上起夜的情景，见过妈妈在黑夜里摸着开灯的场景。所以他们合作发明了“宝宝小夜灯”。妈妈起身时，只要手一挥，小夜灯就会自动亮起，为妈妈减少了不少不便。再如，有同学利用周末走访敬老院，了解老人们所需，产生了“吃药提醒仪”的灵感；同样，“爱的分贝仪”也是因为平时的经历让他们感受到家长在辅导作业时糟糕的亲子关系，从而有了创作的动机，让亲子关系变得和谐。

当然，所有项目从开始寻找灵感、制作到最后的产品试错、互动完善等，本身就是一次很好的实践体验。学生在这一活动中不断将个人生活与现实社会生活相贴近，发现、探索和解决问题的能力也在不断提高，对德育的可感度和可信度，自身的道德判断力、社会适应力和道德践行力都在不断提高。

2. 情感陶冶

创造来源于关怀。关心周围的人、事、物及我们生活的这个世界是本研究的设计之初衷。活动自始至终都非常重视对学生进行情感的陶冶。

名人故事熏陶：在活动没有开始前，学校学生处联合信息组，利用午间小海燕电视台时间，播放我国一些伟大的发明家、科学家的故事，使学生了解科学家、发明家们致力于发明的背后原因，引导学生在科学家的故事里受到熏陶和感染，激发对需要帮助的人的怜爱之心，对周围环境的责任之心，为“创意智造”活动奠定情感基础。

走访产生共鸣：在活动开始初期，通过对周围环境、人等的亲身走访，设身处地地为所走访的对象着想，并产生帮助对方的意愿。该环节很好地激发了学生内心深处对弱者的同情，能试着从别人的立场出发，考察自己的道德行为。这样的情感共鸣，是学生后续开展活动及所有道德行为的原动力。“久坐提醒仪”就是因为学生与老师的接触较为深入，看到老师在平时长时间坐着导致颈椎疼痛而总是扭动脖子，激发了学生对老师的关爱之心。也有同学看到老师经常因为作业没有收齐而进行点名造成了麻烦，也浪费了不少时间，所以有了制作“作业检测器”的想法。“智能调料盒”“宝宝小夜灯”是因为看到妈妈在平时生活中的不便或辛苦，而尽己所能想帮助妈妈减少这样的麻烦……每一个创意背后都是因为对所关心的对象有所了解，产生了情感的共鸣，从而激发了“爱”的行为。

同伴作品激励：在活动后期，在各小组创作作品成型之后，我们继续引导学生对高尚人格、美好事物的追求，引导学生参与到“爱”的环境的营造之中。“拐角防撞器”“校园语音导航仪”“BMI 指数测量仪”等作品在 22 项作品中脱颖而出。我们利用选修课时间，让这几个项目组成员参与到学校“爱”的环境建设中来。将这 3 样作品分别安装在学校大厅入口处、大厅正中央及学生人流最集中的地方，营造健康的爱的氛围，来熏陶和感染每一位学生，从而激发更多的人爱自己，爱他人，爱生活的世界。

3. 榜样示范

小学生善于模仿，崇拜英雄，他们对社会道德行为的习得必须通过自己的观察和内化进行，而现实的道德内容比较抽象和理论化。榜样示范恰好弥补这一缺憾，将抽象的道理具体可感，真实亲切，有利于学生形成正确的道德认知，形成情感共鸣，从而以此作为自己努力的方向。

向自己学习：自己也可以成为自己最好的榜样。在活动中期，每个项目组成员为了完成作品，都自发在放学以后留在学校继续讨论、研究、测试，有的组一直讨论研究到晚上；遇到问题他们也能第一时间主动找老师商量，共同解决。为了帮助有困难的人，为了表达他们对环境的这份责任，他们竭尽所能，废寝忘食。在家长和老师看来，这才是学生应该有的也是最好的学习状态。这个阶段，大家经常看到各项目组成员在食堂、教室、操场一起研究讨论的画面，课后在家也不放松，只为抓紧时间完成关爱项目。那段时间，每个人都是相互的榜样。

向同伴学习：学生通过亲眼观察、亲身体会才会有创作作品的冲动。这是德育教育的本质，也是本次活动设计的要点。激发学生真实的情感，在真实的环境里体验爱的教育，这样的活动带有满满的正能量，学生完成作品的过程也变得温暖而有力量。活动后期，我们组织优秀成果项目组成员加入校园环境建设中，将自己的作品在校园的某些地方得以呈现，将关爱意识转化为可观可感的关爱行为。目前，“校园拐角防撞器”已经被安装在校园的各大角落，帮助同学防范拐角的危险。“校园语音导航”也正在孵化过程中，杭州简泊智能科技有限公司与该项目组主要成员进行了沟通交流，项目组成员现场演示了作品，并提出该作品目前存在的弱点和进一步完善过程中遇到的困难。简泊智能科技有限公司工作人员听了学生们的完善思路后，给他们提出了合理化的建议。目前，该产品正在完善过程中，不久将投入校园使用。

这些项目在校园内不同的地方呈现，给全体学生树立了身边的榜样，希望其他同学能感受到同伴“爱”的行为，在温暖的校园里快乐成长。同时也激励自己去学会爱，表达爱。

(三)实施评价

1. 展评会

2018年12月7日，22个项目的所有成员带着作品在学校观摩教室集体亮相。本次大会邀请了杭州市上城区教育学院信息技术教研员方顾老师、浙江大学工业设计学院张旭生教授、各班家长代表以及荣获2018年杭州市创客马拉松竞赛一等奖的学长们作为主要评委。展评会上，各项目组成员代表边演讲边播放微视频以及演示作品，在台上向评委与来宾们介绍自己制作项目的始末，与大家分享了他们的心得。由专家、老师、家长及学生代表组成的评委团根据表8-3的评比细则和实施过程中材料的上交情况、参与人员情况等对每一个作品进行综合评审。

表8-3 评比细则

杭州市胜利实验学校创意智造大赛展评活动评分表										
序号	项目名称	创意(30)			实践(30)			演讲表达(30)		
		体现关怀主题	形成产品机会	推广经济价值	参与度	合作度	完成度	语言流畅思路清晰	配合默契分工明确	作品功能完美演绎	合计(总分90)

评委们看到了学生们对这次活动的态度和本次活动带来的全校性的爱的特殊表达。最终，评出5个一等奖，7个二等奖，10个三等奖，获奖率为100%。

展评会结束，张旭东老师对活动进行了点评，并在会后对部分项目提出了自己的修改建议和完善方法。项目组成员们根据专家建议，学习同伴的经验，对自己的作品进行再次完善。

2. 签协议

创意智造展评会上，22个项目组代表就作品灵感来源、制作过程的故事、作品功能展示、活动感受以TED演讲方式等与大家分享。5个一等奖项目脱颖而出，其中“校园导航仪”“作业检测机”“拐角防撞器”等3个项目的创意出发点、作品功能、关爱特性等方面都受到了专家、家长评委、学生代表团等的一致好评。最终，这3个项目的成员在媒体记者、专家、家长代

表、学生代表的共同见证下，与校长签订了《作品孵化合作意向书》。这是一个最具仪式感的环节，旨在让项目组同学在这极强的仪式感里感受付出的快乐，并带着大家的爱再出发。

【链接 8-1】2018 年项目成果孵化合作意向书

在杭州市胜利实验学校2018年“关怀世界，幸福你我”创意智造活动中，甲方设计制作的项目成果____________________，创意新颖，功能符合学校需求。学校拟采购并在条件允许的情况下应用于学校教育教学中，特拟定以下合作内容，双方权利义务如下：

(1) 甲方自愿与乙方合作，继续开发完善该作品。自2018年12月5日起该创意作品归乙方所有。

(2) 甲方需在半年内完成完善该创意作品的项目，尽可能确保作品功能完整，造型美观，并能满足正常教学需求。

(3) 乙方将为甲方提供项目制作所需的软硬件、材料经费等资源。

(4) 乙方将为甲方提供为期一年的创客空间VIP待遇。

(5) 乙方将会确保签约项目在学校投入使用，并提供作品展示的舞台。

甲方:(签名)	乙方：杭州市胜利实验学校（公章）
	校长签名：
日期：2018年12月07日	日期：2018年12月07日

3. 媒体激励

从爱出发，回馈爱的创意智造展评活动受到了多家媒体关注。新华社、浙江教育在线、《青年时报》等5家媒体到达现场观摩活动，有7家媒体对活动进行整版报道，从“爱”切入，用“爱”夺人眼球，充分肯定了学校对学生关爱教育方式的创新。《浙江教育报·教师周刊》的《浙派教师》栏目一语道出了学校举办这次活动的目的：作为浙江省STEM种子学校，创客教育是胜利实验学校德育教育的一部分，学校不断挖掘其德育教育的价值，夯实项目研究的过程，淡化项目的技术含量，让胜利实验的学生不仅成为一名小创客，更成为一位懂得关爱、勇于负责、敢于担当的“大”公民。浙江在线则慧眼识出了学校的良苦用心：学校既希望家长或老师在学生遇到技术问题时能给予适当的帮助和指点，同时又希望他们能独自走在这条实现创意的路上，去发现需要帮助的对象，并克服困难，充分表达爱，锻炼爱的能力。

媒体的参与报道给项目组成员们带来了极大的震撼。其中《都市快报》《爱写作的狮子》栏目在2018年12月8日还就22个项目成果进行点赞活动。从点赞结果看，所有项目都得到了读者的关注，最终“自动浇花仪”“智能药盒”“智能小夜灯”“语言导航仪”“坐位体前屈测量仪”和“噪音提醒器”等项目的点赞数量达到450个以上。这对项目组成员来说是对自己的研究成果的肯定，同时也说明社会对本次关爱行动的价值认同。

4. 作品宣讲

经过专家们的评审，社会大众的点赞活动，优秀作品脱颖而出。为进一步提高项目组成员的积极性，传播关爱，辐射爱的力量，学校又联系了附近幼儿园，组织项目组成员带着作品再次走进幼儿园，与幼儿园小朋友一起分享作品，分享自己创作的前因后果。本次活动带去了“校园导航仪”“宝宝小夜灯”等6个项目作品，项目组代表介绍了作品之后，又教幼儿园小朋友学做纸电路。幼儿园小朋友们不仅亲身体验了哥哥姐姐们带去的有趣作品，也向大家展示了他们的科技项目。走出校园，让学生关爱身边的小朋友，以关爱为源头，培养他们的社会责任感。

创意智造活动是一场德育教育活动，是培养学生社会责任感的载体。如此循环往复的过程就是爱一点点传播的过程，是爱的能力得到提升的过程，也是社会责任感培养的过程。

五、活动成效：在关爱实践中增强社会责任感

(一) 关爱意识明显增强

本课题结束后，笔者对课题实施前填写问卷的120名学生针对同学、老

师、家人、环境等的关心程度重新进行了问卷调查。在“看到同学有困难就会想办法去帮助”及“看到老师总是埋头批作业，我想帮助她”两道题的调查中，我们发现，调查数据的前后差异较大，“完全符合”的人数分别从39人增加到70人，26人增加到58人。具体如图8-4所示：

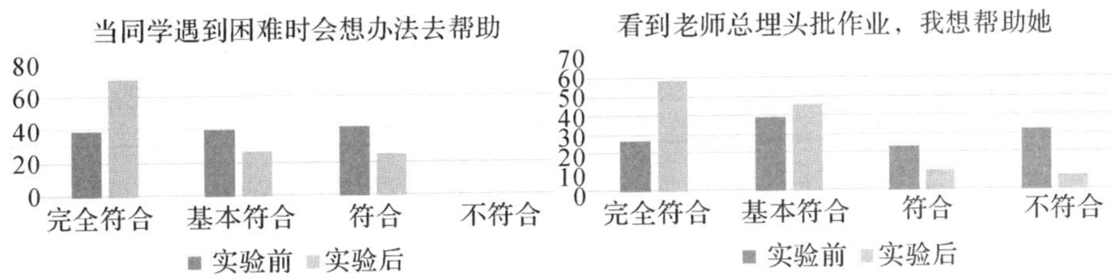

图8-4　问卷调查结果（单位：人）

从图8-4中不难看出，在同学或老师遇到困难时，完全有帮助意愿的同学的人数大幅度上升。这离不开教师平时的教育引导，也与本次活动有着不可分割的关系。学生在同伴遇到困难时已经有了想去帮助的意愿，所有接受调查的同学都愿意想办法去帮助。而对于老师总埋头批作业的状态，同学们也表现出前所未有的关切，虽然仍有7位同学表示没有想帮助老师的意愿，但与实验前的32人相比，数据大大下降。这两组数据说明学生已经有意识地开始关注身边的人，并愿意给予对方帮助。对同学、老师的关注行为并非来自外界力量，而是学生自觉发起。这从实验结束后，对关爱动机的调查可见一斑。从实验前数据看，我校学生道德认知基础较好，认为关心帮助人是本应该做的事，而非为了一己私利。但在本活动之后，随着学生关爱意识的增强，选择“我觉得应该这样做”的学生人数又增加20人（见表8-4），其他带有功利性的关爱动机的人数相对减少。这也说明，能用“关爱”的道德标准来衡量或评价自己行动的同学在慢慢增多。问卷调查后，我们对被调查的选择“我觉得应该这样做”的64位同学就其原因也进行了抽样采访。比较具有代表性的回答是：

表 8-4　调查结果（单位：人）

调查内容	实验前	实验后
为了当小干部	16	11
为了评选班级先进	13	14
老师要求这样做	30	17
我觉得应该这样做	44	64
为了被老师表扬	17	9

“我本来就觉得同学或老师有困难时就应该想办法去帮助的，有时帮助不了没办法。”

“我一开始想得到老师表扬，但后来发现和同学一起想办法去设计方案、动手制作也蛮好玩的。而且到后来，我们的作品也被老师肯定了。看到老师们纷纷来试我们的作品，我就觉得特别开心。”

“谁都会遇到困难，助人等于助己。这本是应该做的事。”

“我本来就是创客社团的。当余老师让我们去寻找学校的安全隐患时，我们慢慢意识到我们是学校的小主人，这是我们应该做的。现在看到拐角防撞器被安装到学校里，真正起到提醒同学的作用了，我觉得很开心，同时也会觉得自己有一份这样的责任。”

“关爱动机调查”的这组数据和随机受访的同学心声告诉我们，创意智造活动对增强学生关爱教育意识有很大的促进作用，但仍有部分学生还没有形成稳定的、习惯性的道德行为。因此，需要继续通过实践活动引导学生持续不断地重复“关爱”的道德行为，使之积淀于心里，变成一种自动的行为方式，久而久之成为一种习惯，从而实现社会责任感的培养。

（二）关爱方式得到创新

关爱教育是学校德育教育的重要组成部分。在当下的教育背景和社会环境下，所有的学校都非常重视对学生进行关爱教育。但大多数学校仅从学校活动入手，以传统的教育多于实践的方法来进行关爱教育。而本课题，则创新了关爱教育的方式，关爱教育效果显著。

其一，创新了实施载体。教育如果不以激发首创精神开始，不以促进这种精神而结束，那必然是错误的教育。因为教育的全部目的就是使人具有活跃的智慧。该研究一方面了解创客教育的特点，充分挖掘创客教育中的“教育”因素，如创客大多从现实问题出发，讲究行动，致力于把创意变成作品等，另一方面梳理学校学生培养目标及德育教育的特点。而后寻找两者的共同点，确定以信息化的教育环境为背景，以造物为载体，充分发挥本校“创客”的优势和学生的兴趣点，对学生进行关爱教育的方式进行了改革和创新，即倡导“行动”，以项目学习的方式，使用数字化工具完成“造物”。学校不仅关注学生在活动中的“关爱”思想，更重视学生的关爱行为，有意创造“关爱”的实践机会，在实践中不断提升学生的关爱意识。表面看起来创意智造和德育教育是两个不同的领域，涉及不同的知识储备。前者关注的是学生的道德成长，后者则关注学生在创意智造过程中的“作品”。但是，本课题尝试将两者进行整合，消除了以往关爱教育方式陈旧、缺乏实践体验的弊端，达到了很好的“爱”的教育效果。

其二，创新了实施形式。“创意智造”活动从学生的生活中引发学习的需要，以“关爱”为主题，试图在“关爱”教育进行系统的有创造性的实践活动，在强调全体参与的基础上，重视个体在团队中的品德发展，从而促进个体德育、智育的不断发展。因此，整个活动自始至终都以项目组的形式开展，希望个体在与团队其他成员的合作中，在团队的影响下都能以更好的状态积极实践，主动参与，在参与中逐渐将“爱”的意识内化于心，外化于行。要求每个项目组为6~8人，在“项目记录单”里有“项目组成员分工信息表”，每位组员都有明确的任务分工，旨在引导学生树立集体主义观，共同参与活动过程中的每一次讨论，每一次实践；对于活动过程，我们希望也能通过团队一起进行图文记录，包括每个时间节点的精彩瞬间、每个成员的分工、家长导师的指导及教师团队的指导；活动结束，要求每个项目组要在团队讨论后合作完成上交一份反思总结，从项目过程、团队合作、作品满意度3个方面来思考这个项目给自己带来的收获等。任何一个环节都采用项目组共同完成的方式进行，个体在群体的影响与帮助下能得到最大可能的道德发展。

(三) 关爱视野得到拓宽

“创意智造”活动是一次爱之旅。传统“关爱”教育一般在课堂上或借妇女节、老人节等节日契机开展，关爱的对象一般为身边的人，活动效果一般。而本课题则是本着“创造来源于关怀”的思想，将德育教育和创意智造进行了有机整合。在活动设计之初，就将主题定为“关爱世界，幸福你我”，旨在引导学生放宽视野，以小公民身份去发现需要帮助的对象，并尽己所能去帮助对方，增强参与感与责任感。引导学生将关爱面由人拓宽到物和环境、资源，做一名具有大爱观的社会公民，给自己、他人甚至社会带来幸福。

经过一周校内“安全隐患的寻找”，校外“实践走访活动”，学生在家人、同伴、老师、社会特殊群体以及自然资源等方面发现了很多有待解决的问题，或者需要帮助和关心的群体。学生不再只关爱爸爸妈妈和自己，他们把目光从家人转向了社会上的特殊群体，从关心人拓宽到关心赖以生存的自然与社会。关注的对象不断拓宽，活动的实践性和新颖性也在不断提高。表8-5罗列了当年度的学生成果。

表 8-5 学生成果

<table>
<tr><th colspan="2">领域</th><th>学生成果</th></tr>
<tr><td colspan="2" rowspan="4">关爱自我问题（健康、便利、安全等）</td><td>自动翻谱机</td></tr>
<tr><td>红领巾佩戴检测提醒器</td></tr>
<tr><td>坐位体前驱测量仪</td></tr>
<tr><td>看见心跳仪</td></tr>
<tr><td rowspan="7">关爱他人问题</td><td rowspan="7">关爱家人</td><td>爱心调料盒（关爱妈妈）</td></tr>
<tr><td>指南伞（关爱爸爸）</td></tr>
<tr><td>吃药提醒器（关爱奶奶）</td></tr>
<tr><td>爱的分贝仪（关爱妈妈）</td></tr>
<tr><td>自动关窗提醒器（关爱家庭）</td></tr>
<tr><td>宝宝小夜灯（关爱妈妈和弟妹）</td></tr>
<tr><td>自动旅行箱（关爱爸爸）</td></tr>
</table>

续 表

领域		学生成果
关爱他人问题	关爱老师和同学	拐角防撞提醒器（关爱同学）
		久坐提醒椅（关爱同学）
		校园语音导航（关爱校园）
		自动作业检测机（关爱老师）
		BMI 指数测量仪（关爱同学）
	关爱社会	红外感应小夜灯（关爱孤独老人）
		万能求救器（关爱孤独老人）
		盲人拐杖（关爱盲人）
爱护环境问题	保护环境	自动浇花提醒器（爱护植物）
		音量（噪音）提醒器（爱护环境）
	保护资源	自动开关投影仪（节约用电）
	公共安全	夜间探测仪（找寻事物）

从表8-5可以看出，学生关爱的维度涉及自我、他人和环境。这大大丰富了德育教育的题材，为培养创造性的关心提供了切实可行的载体，也增加了活动的丰富性和挑战性。

六、展望：基于学校实际将“爱”进行到底

以创意智造为载体的关爱教育活动，在前期策划较为周全的活动计划的指引下，整个活动进行得很有序，学生对活动的欢迎程度及改变程度远远超过我们的预期。但德育教育不是一朝一夕的事情，它需要学生先有道德认知，而后通过实践活动强化，经过不断反复的过程，继而内化为学生的自觉认识，最后外化为实际行为。而这需要学校继续对学生进行关爱教育，加强关爱意识的培养。本研究的研究为开展关爱教育开辟了一条新的路径。但德育工作重在落实，要把德育的目标和内容通过多种途径落实到学校日常管理的各方面和各环节中。学校针对学生开展的活动很丰富，需要将这些活动纳入关爱体系，开展关爱教育系列活动，为培养学生的关爱意识创设有利条件。学校将继续以关爱为主线进行梳理，充分挖掘活动内涵，选择学校日常

活动中的重要事件，从关爱维度来设计活动方案，试图让学生在实践中感悟、体验，将关爱内化为自己的道德认知，指导自己的道德实践。

第二节　校史行走：播下“尚义”的种子

1806年，著名义士、教育家周士涟来杭击磬募捐，得杭州名绅资助，兴办宗文义塾(现杭州第十中学)，招收“孤寒而才可堪造就者”。周士涟先生建义塾之举，不仅为寒门子弟提供了读书的机会，更在万千教师学生心中，播下了“尚义”的种子。215年来积淀的力量，如今滋润着每一个十中人的心。

“尚义”逐渐成为每一个十中人的习惯，十中人铭记先辈的义举，感恩杭州仁人君子对宗文至深至诚的鱼水情愫，决心用智慧和爱心去继续先人的公益梦想，在新时代，我们以各种公益方式赋予了“尚义精神”新的内涵。学校提出“让公益成为一种习惯”，以倡导社会服务为理念，实现学习与服务的有机统一，通过宣传文明友善理念、学习公益服务技巧、开发各类服务实践平台，从而最大限度传递正能量，引领学生树立崇尚道义、坚守正义、感恩担当、服务社会、关爱他人的素养与品行。

行公益之善，然非一日之善；担社会之责，然非一时而成，正所谓“厚德载物”“上善若水”，学校通过公益课程，唤醒学生认知；校友寻访，激发学生热情；公益实践，提升学生素养。学校公益项目的开展对全体学生是一个积淀与润泽的过程。

一、公益课程，唤醒道德认知

“公益”的本源是基于“道德”的。著名教育家朱小蔓认为：“学校德育，最重要的在于唤醒学生的内在自觉！”作为学习者的学生是学校道德教育的主体，同时也是自我发展的主体，以及为自己的发展提供服务和承担责任的

主体。基于此，我校的公益项目首先会通过公益课程，唤醒学生的这种内在自觉认知。

(一) 校长讲堂：故事传递情怀

人类学家 M. 米德主张“任何文化的延续都至少需要三代人的相互作用来支撑”，人类道德文明得以延续正是因为有这种代际联系。开学伊始，校长都会开设“校史大讲堂”课程，以宗文尚义故事会的形式向全体初一学生讲述学校的历史变迁、文化脉络、名人名家，传递十中厚重而深刻的教育情怀，让学生在“南园往事”中浸润熏陶，涵养自豪感、道德感与责任感。

2019 学年第一学期的“校长讲校史”课上，陈积粮校长特别向学生们讲述了公元 1821 年、1822 年 (清道光元年、二年) 清太子太保林则徐任杭嘉湖道时，深为周士涟的善义所动，连写《宗文义塾记》和《杭嘉义塾添设孝廉田记》，高度赞扬周士涟的可贵精神和高尚人格。陈校长还提到了“皇帝赐匾”“周氏兄弟献房”等校史故事，这些“尚义”故事中，无不体现着今日之“公益”精神，使学生产生了强烈的共鸣和道德认知。有学生在课堂感悟中写道：

漫步杭十校园，花团锦簇，那是百年历史的积淀。杭十作为浙江历史最悠久的一所中学，秉承“质朴耐苦，诚实不欺”的校训，由周士涟先生于 1806 年创建，他同情孤寒子弟入学艰难，创办“杭州宗文义学”，其子更是不领薪水，兼任教席。十中走出了无数人才，注重对公益心、道德感的培养。听完陈校长慷慨激昂的讲话，我不仅更好地了解到了我校的历史，更立下志向——珍惜在十中的三年时光，成为有道德、才华的优秀学生，争取为学校再添光彩。

(二) 公益课程：学科引领德育

近代德国教育家赫尔巴首先提出了“教育性教学”的著名论题，他认为教学如果没有进行道德教育，只是一种没有目的的手段。苏联教育家凯洛夫也指出，教学与教育是相互渗透的。基于此，学校努力开发校本“公益”系列拓展课程，旨在让“公益”走进课堂，以“学科”引领“德育”，使五育并举，做到更常态化的体现与落实。

如我校科学学科应用葡萄酒酿制的原理，开设公益实验课“制作生物酵素”。课堂上老师带领学生学理论，学制作，课外学生在家中进行日常观察、记录，并且每天都要对酵素进行“放气”操作，让学生对于垃圾分类的减量化、资源化、无害化处理有了更直观、更多维的了解。在制作的过程中也能锻炼学生“坚持不懈、耐心细致”的品质，且利用较长周期的制作，再通过课堂展示、分享，以提升学生的语言表达能力！数学学科针对初一学生的学情，开设了公益“统计学”，对于学生在日常实践活动中开展的问卷调查进行了统计学专业的指导。如何制作一份有效的问卷、如何对样本数据进行分析、如何撰写调查报告，这些专业的问题都成了课堂上积极探究、积极解决的有效话题。通过实践获得的学情问题在我们的数学公益课堂上得到了拓展，公益不仅仅停留在经验上。英语学科利用学科的优势，结合杭州外国游客和留学生多的特点，开设了公益口语课。学生们在课堂上学习了“垃圾分类”“小河长护河”“假日文明劝导”等多种志愿者工作场景中会用到的常用口语和词汇。并且我校利用课堂，编写情景剧，让学生扮演不同身份的角色，增加实践活动的熟练度，并且鼓励孩子们走出课堂，积极实践，拍摄微视频进行课堂展示。

(三) 家长讲堂：专业引领视野

学校家长往往来自各行各业，有些职业具有较强的专业性、服务性，学校定期开设家长讲堂课程，以家长在自我领域中的专业认知、技能、德行等作为课程分享的主要内容，引导学生了解相关职业及其职业素养，有利于提升学生的视野，引导学生的职业规划，使学生进一步体会各类职业中蕴含的“公益”精神。例如我校从事网络软件开发方面工作的家长开设了网络安全认知课程，以各种实例引导学生文明上网、安全上网，自觉遵守网络公约；从事医院护理工作的家长开设了医疗急救课程，通过仿真模拟，引导学生了解急救常识，并树立“救死扶伤”的社会公德；从事城市规划工作的家长开设了关于城市道路规划建设的相关课程，通过介绍杭州道路建设情况，引导

学生了解城市规划是服务于民的重要系统工程。

总之，我们积极开设校史课程、学科德育课程、家长讲堂，主要是通过文化、课程、环境、管理和服务为学生的道德探究提供奠基性素材和统整力量，持续地过滤社会价值信息、优化教育情境，将基于核心价值观的品格教育弥散于学生在校的一切时间之中，以真正唤醒道德认知。

二、校友寻访，激发公益热情

榜样教育具有正面肯定和积极鼓励的作用，榜样的示范作用对于帮助青少年树立正确的人生观、价值观，增强社会责任感和使命感都有极其突出的作用。我校215年的办学历史中，名人辈出，英才荟萃，学校通过“校友寻访”活动，让学生与榜样们“亲密”接触。通过知名校友的言传身教，特别是他们身上的家国情怀、勇于担当的“尚义”精神，深深感染了师生，更激发了学生的公益热情。

（一）引领：国家院士的专业精神

中国科学院院士、南京大学物理系教授、博士生导师，我校1953届知名校友都有为先生，是宗文六院士之一，他长期从事磁学和磁性材料的教学和研究工作，开展了磁性相关的国家科学技术的诸项研究，取得了斐然的成就，我校特邀请都院士参加了学校开学典礼。80余岁的都院士站在舞台上，娓娓讲述自己奋发图强的求学经历、科研道路，鼓励学生们热爱科学，以创新为己任，为祖国的科研事业和繁荣昌盛作贡献。都有为院士还在我校专设了“都有为院士创新人才培养基地”，他将以自己专业的科研探究精神引领十中学子，搭建科研平台，督促少年们精进学业，将来报效国家，这无疑也是一种体现国家使命担当的大公益精神。

（二）反哺：商界精英的尚义情怀

我校1981届校友，现任香港宝丽集团控股有限公司董事长高丽娟女士，于2017年4月特向杭州市上城教育发展基金会捐赠人民币100万元，用于杭十中“宗文·紫荆宝丽”奖，此奖项主要资助贫困学生、奖励品学兼优的学生、鼓励和支持学校开展教育教学工作。她还经常出席母校的各类活动，如“宗文·紫荆宝丽”奖颁奖典礼、开学典礼、晒书节、课程展演等，以自己的励志故事，和学弟学妹们共话青春奋斗梦想。高丽娟女士表示十中给予了她“质朴耐苦，诚实不欺”的教育，如今自己功成名就，反哺学校是应尽之责任。她用自己的一言一行诠释了“十中人”的公益行，给予了全校师生最为潜移默化的感染和激励。学生以小诗创作“有校友，高丽娟，助公益，资百万；扬美名，承百年，尚义风，入校园”表达对“学姐”的深深敬意。

（三）激励：抗疫英雄的职业担当

全国卫生系统新冠肺炎疫情防控工作先进个人、浙二感染管理科主任、我校1985届校友陆群医生，在武汉暴发疫情的第一时间逆行支援。在武汉的41天，她几乎未休息一天，协助1家综合医院、5家定点医院、4个方舱医院进行感染防控工作，寻找感染风险点，提出改进措施，指导建筑布局与流程设计、人员培训等大量工作。武汉疫情之战告捷后，陆群医生来校向全体十中师生作了题为《一片丹心照汗青》的主题报告，分享了她在抗疫一线的种种经历，国家使命在前，责任担当不惧，这是陆群医生的职业操守，也是她向我们传达的大公益精神。

源自百年宗文的榜样力量还有很多，他们以“校友”的身份与新时代的十中学子“携手与对话”，时空之界仿佛被打破，在崇敬之余，多了一份“比肩”的亲近，更易激发每一个十中学子的“尚义”火花——今日我以十中为荣，明日十中以我为傲。

三、践行践知，肩负公益使命

我校的践行公益教育旨在通过让学生参与公益事业，使他们在潜移默化中深入体验并传承我校“尚义”精神，是一种隐形渗透过程性教育。在公益行中，克服诸如“一日雷锋”“几天支教”之类的“走秀”现象，尊重并确立学生主体地位的行走德育学习模式。学校以“亲近自然，保护环境；助力乡村，脱贫攻坚；走入社会，职业体验”等主题积极开展公益实践项目，充

分利用并挖掘社会公共资源，使学生的参与热情、意愿转化为具有体验感、服务性的公益行为。在践行中践知，逐渐树立崇尚道义、坚守正义、有社会责任感及关爱他人的理想信念。

（一）亲近自然，保护环境

在政府部门“五水共治”的大力举措及倡议下，学校自2018年专门设立护河小队，开展家门口河道保护公益活动，同学们纷纷申领家旁边河道“小河长”职务，利用休息时间巡河护河，主要任务是观察河水整体情况、捡拾河道附近垃圾、提醒不文明现象等，并以日记的形式发送在“十中护河群”中分享反馈河道卫生是否整洁、水中植物长势，游步道是否有垃圾、水质情况等，大家相互学习，相互提醒，此活动受到了杭州市环保志愿队的大力好评。

2019年我校正式开启“公益研学，尚义行德”公益研学项目，带领学生进入西溪湿地，学习使用“河流健康计分卡”，动手测试西溪水质，了解水生物对水质的影响；利用芦苇秆和芦苇叶，手工自制简易人工浮岛，了解芦苇叶对水生生态系统的价值和作用。通过亲身体验和实践，感知自己对环境保护和可持续发展所负的责任。

在植树节到来之际，我校大队部组织开展“认养一棵树，呵护一片绿”主题活动，学生们以中队为单位在校园里选择一棵树精心照顾，通过了解植株习性与养护知识到每日养护、清扫枯叶垃圾、记录养护日记等体验活动，认识到种植一棵树的不容易，从而更懂得环境保护的重要性。同时，我校班班开展垃圾分类小队实践活动，学生们进入社区、街道、景区等开展垃圾分类宣传活动、清扫活动、分类活动等。

（二）助力乡村，脱贫攻坚

在疫情宅家学习时期，我校学生张云开同学在听到杭州交通电台“91.8”的一则关于“500万斤砀山酥梨迫切待销，上千名果农需要你”的新闻时，主动向担任校家委的妈妈提出希望将自己的零花钱拿出来购买这些酥梨，帮助果农们渡过难关，同时又想到要将酥梨献给坚守抗疫一线的医护、警察等一线工作者，妈妈对孩子的想法表示大力支持，于是张同学借助妈妈的力量，向全校的学生、家长和老师发起了一次特殊而有意义的“借‘梨’致英雄，助农献爱心”的倡议。

爱心倡议发出后，十中家长、师生一共捐献1971箱砀山酥梨，家长、老师们纷纷表示助人者自助，这也是为孩子们树立榜样的行为，而学生们更是觉得在“宅”家的日子里能以这样的微薄之力致敬“英雄”，帮助果农，是一件有意义的事情。砀山酥梨运达后，学校老师、核心家委以及家长代表共20余人花了两天时间，先后将爱心梨送往疫情期间奋战在一线的医院、派出所、街道等地。由于疫情，学生们不能亲历现场参与“送梨”活动，但是学校通过网络主题德育课实时向所有学生、家长和老师反馈活动现场的情况。当学生看到一张张照片时，纷纷发表了自己的感悟，有学生道：“这份爱心赠送给疫情一线的医护人员们，是对雷锋精神的最好践行，为我的妈妈点赞。”致敬“英雄”，助力“果农”的爱心公益活动，不但是在特殊时期的一次“爱”的传递，更是一次对十中学生们最好的“责任与担当”的尚义使命教育。

（三）走入社会，职业体验

我校自2017年开始将每年的“十一”国庆长假日定义为“十中公益周”，在这一周内，除了让学生积极参与各类社会实践、公益项目以外，也会有一项特殊的职业体验任务布置下去：学生尝试做一做图书管理员，学习图书是怎样分类管理的，图书的借阅流程如何，如何帮助读者找寻他们需要的图书；尝试做一做交通民警，学习如何指挥马路上各类车辆的有序行驶和停靠，如何及时劝阻违规违停的行人们，如何为前来寻路的人们“指点迷津”；也可以去超市、商场体验一下如何做好一名货品销售员，去医院体验一下如何做一名院内自助挂号台的引导员，也可以在公园、旅游景点体验做一名小导游。这些职业的共性是服务性很强，需要学生在体验前充分了解职业，在体验的过程中能够认真负责，与人和谐沟通，在实践中体会各行各业的艰辛与不易，培养感恩心和责任心，懂得要珍惜别人的劳动成果，更能懂得如何

去为了社会和自己努力奋斗。

传承宗文尚义情怀，践行十中公益。在十中，学生们可以通过“公益积分卡”获评各类公益之星，并最终参与学校“公益耀眼之星”的评选，学校在“立德树人，五年并举”的教育思想引领之下，旨在将“把公益当作一种习惯”的学校公益理念贯穿于日常教育教学中，以期培养出具有社会服务意识、责任担当意识、爱党爱国意识的明理学子。

第九章 行走德育的演进与展望

疫情下，“行走德育”的内涵不断演进，“价值铸魂”的育人实践也有了生动的体现。上城区针对“培育大写之人”体系提出了四维构想：做个人成长的守护人、做他人生命的摆渡人、做美好社会的撑伞人、做国家未来的接班人。展望未来，“行走德育”将锚定“立德树人”这一根本任务，进一步加强领导统筹，突出五育融合，实现全域协同，合力谱写新的篇章。

第一节　疫情下价值观教育的实践探索

全民抗疫是对中华民族精神的一次大考验。这次全民抗疫，对中小学生的成长产生了重大影响，在其心灵上、思想上、价值观上，打下深深的烙印。疫情下，由于价值观偏差，负面消极事件也层出不穷。价值观的问题看似抽象，实则对个体生存、社会稳定、国家发展具有持久而深刻的影响。青少年正处于价值观形成和确立的重要时期，他们的价值取向决定了未来整个社会的价值取向。正如有识之士所呼吁的：这次疫情后，希望我们国家逐步给年轻一代树立正确的人生导向和人生观、价值观，让孩子们明确真正偶像的含义，少年强则国家强，为祖国未来培养更多的国之栋梁。

一、疫情下中小学价值观教育的现状分析

(一) 囿于小我：学生价值观表现不容乐观

囿于小我，其主要特征为目光集中在眼前，行为局限在当下，把利益框定在自身。就中小学生而言，其主要表现在以下几个方面。

一是理想不够远大。现今中小学生中，弥漫着疯狂追星的气氛，而对于疫情中救死扶伤，支撑国家渡过危难的英雄们，却了解不深。他们向往明星光鲜的外表和华丽的舞台，却少有人将真正的英雄作为偶像。二是责任缺失明显。在物质生活极大提高，精神生活极大丰富的今天，学生身上普遍存在责任感缺失的问题，往往重自我而轻社会，重利益而轻抱负，重索取而轻回报。究其原因，他们缺少积极的价值情感的涵养。三是价值判断模糊。中小学生对于国家和社会层面的许多事件缺少一些独立判断与思考的能力，往往受到网络媒体的舆论的影响。同时，学生成长在一个文化多元、价值观多元的“多元社会”，他们将不可避免地受到西方实用主义价值观的渗透。四是

信念不够坚定。由于年龄限制，中小学学生还不能透过现象理解精神实质。在面临逆境时，存在退缩懒散、负责意识薄弱、缺乏理想信念等种种问题。

（二）大写之人：学校价值观教育的追求

疫情发生发展的过程暴露了很多的价值观问题，有待我们去思考。如国人长期存在的偏好食用野生动物的饮食陋习。有些人不服从国家的管理规定，为了一己之私，瞒报行踪和事实，影响他人的健康，造成了防疫力量的巨大投入。世界上有些人崇尚“自由”和“甩锅”的行为，更是凸显了国际社会围绕疫情防控客观存在各种价值观分歧的问题。国际社会防控不力，导致病毒感染率居高不下，某些人还持幸灾乐祸的态度。疫情过后，中小学校有责任引导青少年正确地认识这些价值现象和价值观问题，从而不断地提高他们的价值敏感性、价值分析和判断能力。引导学生理所当然地走出“小我”，书写“大写之人”，让精神有更高远、更广阔的追求。

二、四维构想：疫情下“培育大写之人”价值观教育的体系建设

（一）“大写之人”内涵解读

人字，本无大小写之分。在中国文化的历史长河中，那些大公无私、胸怀坦荡、利国利民的人，受到一定群体的敬仰与爱慕。他们真正做到了做一个堂堂正正的人，一个“大写”的人。在中小学生价值观教育的过程中，我们对“大写之人”做出了基于疫情当下的现实定义：做个人成长的守护人、做他人生命的摆渡人、做美好社会的撑伞人、做国家未来的接班人，如图 9-1 所示。

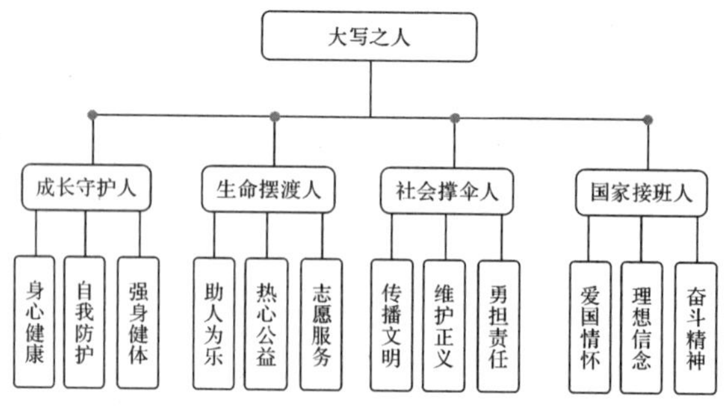

图 9-1 “大写之人”四维构想图

1. **做个人成长的守护人**

疫情下，每个人都是自己身心健康的第一责任人。守护自己的身心健康，才能赢得未来。我们要调整好自己的心态，用乐观的心态积极应对一切，戴好“心理口罩”。我们要学习更多的健康知识和技能，养成良好的健康意识和行为习惯。我们要强身健体，为幸福地学习、生活和工作积蓄能量。

2. **做他人生命的摆渡人**

在这次疫情中，有千千万万个逆行者和无私奉献的志愿者，他们都是了不起的摆渡人，是他们搭建起了通往生命的桥梁。在日常生活中，中小学生也要力尽所能帮助他人，达到影响他人、感化他人、保护他人的目的，热心参加敬老爱幼、扶困助残等社会公益活动，在志愿服务中反哺社会。

3. **做美好社会的撑伞人**

生活中需要更多的撑伞人，共同支撑起美好的社会。中小学生要做抗击疫情正能量的“传播者”，不传谣、不信谣、不造谣；我们每个人是公平正义的受惠者，是公平正义的维护者，也是公平正义社会环境的创造者。认清自己的社会责任，并勇敢地去承担，共同营造“我为人人，人人为我”的社会氛围。

4. **做党和国家的接班人**

疫情下，我们看到更多的是一个大国的担当。国家展现了非同寻常的行动力。我们的命运是和国家命运紧密相连的，不管如何，我们是中国人，我们都要坚定理想信念，主动为国家分忧，发扬奋斗精神、刻苦学习知识，与国家共渡难关，为铸造民族辉煌打好扎实的基础。

(二)“大写之人”培育体系架构

上城区德育研究部门牵头组织了班主任工作坊成员和班主任骨干培训班学员，展开线上专题研讨，围绕培育“大写之人”，对标价值观教育领域，梳理出了疫情期间中小学生生命观、友善观、责任观、爱国观、理想观等价值观教育的目标和推荐主题，并设计相应的活动方案，初步完成体系架构，如表 9–1 所示。

表 9-1 “培育大写之人”价值观教育体系架构

“大写之人”构想	价值观领域	教育目标	推荐主题
做个人成长的守护人	生命观	引导学生思考并理解生命的意义和价值，懂得实现生命的价值；感恩生命的守护者，并学会守护自己的生命，培养热爱生命、珍惜生命、渴望实现生命价值的情感；学会规划自己的成长，践行实现生命价值的行动	(1) 敬畏生命热爱生活 (2) 珍爱生命，实现价值 (3) 守护生命，“疫”起成长
做他人生命的摆渡人	友善观	引导学生了解抗疫期间，人与人之间互相帮助的典型事例；体会“我为人人，人人为我”的深刻内涵。在日常生活中，力尽所能帮助他人；热心参加敬老爱幼、扶困助残等社会公益活动，在志愿服务中反哺社会	(1) 疫情面前，温情不减 (2) 疫情下的友善 (3) 疫情下的摆渡人 (4) 友善之心，伴我成长
做美好社会的撑伞人	责任观	引导学生关注英雄人物及事例，初步了解责任内涵；引领学生深入感受并明确责任价值，从而激发学生的责任意识、担当意识；培养学生正确的责任观，并落实到行动上，争做时代好少年	(1) 责任常在心，少年力当行 (2) 责任伴我成长 (3) 扬责任之帆，行成长之路 (4) 责任，奏响青春的旋律
做国家未来的接班人	爱国观	带领学生回顾中国抗击新冠肺炎的过程，了解榜样人物的抗疫事迹；通过数据展现疫情之下的中国速度和责任担当，激发学生的爱国情怀；学生将爱国之行内化为自身努力的目标，在学习和生活上践行爱国责任	(1) 共抗时艰，爱国力行 (2) 童言话爱国，点亮赤子心 (3) 战“疫”心，家国情
	理想观	引导学生回顾抗疫期间的英雄事迹，对不同的社会人群和职业有初步的感知；通过自我规划，激发学生强烈的职业理想情感，将个人理想外化为实际行动，从而坚定信念	(1) 我的未来不是梦 (2) 谁是最闪亮的星 (3) 点亮理想的灯塔 (4) 奔涌吧！后浪

为了促进疫情下的中小学价值观教育深入开展，上城区由校长、书记

和德育骨干教师领衔，开发了疫情下价值观教育系列微课，共46节。每节课的时长为10分钟到15分钟不等，以疫情下价值观内容为主题，通过对抗疫故事的讲述和现象的分析，传播正确的价值观念。该课程为区域中小学生提供了一个具备专题性、示范性、系统性的价值观课程，覆盖小学、初中全学段。

上城区从“爱家兴国”“社会责任”“公民养成”3个维度，统整辖区校内外德育课程资源，形成了“沿着筑英的足迹”等30个学校德育精品课程基地，共建“武警钱塘江守桥模范中队”等50个校外研学实践体验基地，拓展了价值观教育的育人场域。此外，还充分利用3种德育课程形态，强化直接课程，潜化间接课程，渗化隐形课程，让价值观教育常态化开展。

三、四环推进：疫情下培育“大写之人”价值观教育的实施策略

价值观教育重在引导学生从认知、体验升华到认同、反思，需要遵循其内在的发展逻辑和生成规律，聚焦于“知、情、意、行”4个不同的环节，形成循序渐进、知行合一的良好局面，如图9-2所示。

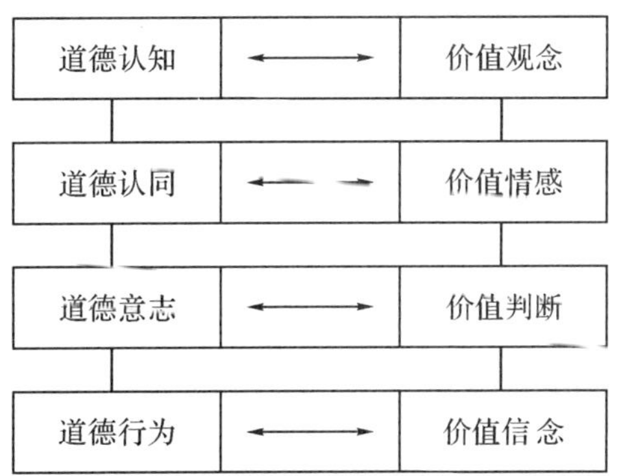

图9-2　培育“大写之人”四环推进图

(一) 强化道德认知，树立正确的价值观念

“知之愈深，行之愈笃。”知道得越明白，理解得越透彻，那么行动起来就越坚定不移。道德认知是对现实道德关系和道德规范的认识。包括道德印象的获得、道德概念的形成和道德思维能力的发展等，是品德形成和发展的

基础。它对道德情感、道德意志和道德行为起着指导、调节和控制作用。

1. 从抗疫故事中体会核心价值

正确的价值观使人们的行为、语言顺应社会公德的要求。这次疫情，让我们重塑了自己的价值观，知道了这个社会中解放军、白衣战士及科研军事人员的重要性，他们是国家不可缺少的人才，他们对这个国家和社会的功劳和贡献惊人且伟大，他们是最可爱的人。他们身上所展现的“逆行者”精神，给战“疫”胜利提供了强大的精神支柱和精神动力。

学生以假日小队为单位，根据前期搜集到的关于身边榜样的故事，以不同的方式呈现“抗疫故事分享会”。回顾抗疫过程，致敬抗疫人物，感悟抗疫精神。

全班交流观后感，相互点评，初步梳理榜样身上共有的精神品质，提炼出与社会主义核心价值观相符的关键词——敬业、爱国、诚信、友善等，写在事先准备好的“大拇指”卡片上，并贴在黑板上。学生根据之前分享的故事，将其中涉及的人物贴到对应的“大拇指”之下。“抗疫故事分享”让学生懂得：各行各业都有这样的代表，他们都坚守在自己的工作岗位上，默默奉献，学生们认识了抗疫中的社会主义核心价值观力量。作为学生，我们也要学习榜样身上的优秀品质，为自己的学习和生活增添亮丽的底色。

2. 从抗疫经历中理解生命意义

疫情是生命教育的第一现场，当下就是生命教育的活教材。生命之脆弱，健康之珍贵，每一个人都需要保持乐观积极的心态，在防范病毒的同时，用更温情的心感受着身边的美好。学生们在教师的引导下品渐冻症患者张定宇爷爷的坚韧，思武汉方舱“读书哥”的善良，学武汉方舱医院医患共跳广场舞的豁达，悟抗疫一线人员的无私与大爱……逐渐加强对生命意义的理解。通过观看视频，了解有趣的网民们如何丰富宅家时光，积极生活。通过观看新闻，感知“案板下的小女孩”“山顶上的‘空中’课堂”“病床上的高考生”等积极抗疫的典型。在“汶川地震中幸存的村民，从四川运往武汉6卡车蔬果回馈社会”新闻中理解疫情下生命另一重意义——帮助他人，闪

耀价值。

通过对积极“宅家”方式的分享，克服万难、坚持学习的同龄人案例的感悟，无私奉献的典型人物的了解，学生们明白了生命的意义，能够在今后的生活中学会面对困难，积极生活；艰苦奋斗，永不言弃；积极奉献，实现生命的价值。

3. 从抗疫镜头中唤醒社会责任

青少年的责任意识影响着国家的未来和发展，它不仅是青少年步入社会的必要素质，也关系到国家发展和社会进步。活动过程中，教师利用“新闻点击”疫情下的责任承担者，引领学生对社会责任感内涵的认识和理解。

如“疫情下的医生：一个人的援鄂行动——四川影像科医生黄维17小时驾车1200公里驰援武汉”“疫情下的市民：佩戴口罩，保持一米距离，在家隔离，保持乐观心态”“疫情下的华人：在美留学生自发成立‘百万口罩小组’支援武汉”。

教师让学生思考，怎么看待他们在疫情下的行为？对他人、社会的积极影响是什么？有学生说责任就是做好自己职责之内的“分内事”；也有学生说责任就是遵守规则，不给他人添麻烦；还有学生说责任就是尽自己所能让他人和社会变得更好。在社会生活中，我们会扮演不同的角色，而每一种角色都伴随着一份责任存在。正因为有了责任，我们才有了动力，也正因为这种动力驱使我们不断前进，我们才能享受到尽责的快乐。

通过案例引导，畅所欲言，学生了解了不同人群的不同责任与同一人群不同层面的责任，深刻理解了责任的内涵、定义，点燃责任意识，为后续深入培养责任情感与探讨责任价值奠定基础。

(二) 唤起道德认同，涵养积极的价值情感

情感认同是中小学生对道德行为的理解实践从认知层面转化到行动层面的催化剂，是行为驱动的强大力量。

1. 育家国情怀，促进学生对国家的认同

“家国情怀”，是一个人对自己国家和人民所表现出来的深情大爱，是对国家富强、人民幸福所展现出来的理想追求，是对自己国家的一种高度认同感、归属感、责任感和使命感。在当下这场严峻的疫情防控斗争中，我们不仅看到党和国家始终把每一个公民的生命安全和身体健康放在第一位，尽最大努力确保每一位患者得到及时救治；同时也看到，中国人的家国情怀在共同抗击疫情中得到了充分展现和诠释，涌现出了许许多多舍小为大、舍家为国的感人事迹。

2. 树榜样形象，促进学生对英雄的认同

榜样教育旨在将榜样人物优秀的品质内化为受教育者的品质，通过具体鲜明的形象让儿童易于理解道德形象，并进行行为效仿，从中受到激励。榜样身上所体现的时代精神，是对学生进行价值观教育的风向航标。

这场战“疫”改变了我们对偶像的认知。真正的英雄是支撑起国家渡过危难、长治久安，一直在默默付出的，在关键时候能够力挽狂澜的人。他们冲在一线与病毒展开殊死较量，用自己的血肉之躯支撑起千家万户深的希望。

主题教育活动中，教师通过《逆行车票写满初心》《口罩后的天使面容》等图片的展示和故事讲述，让学生从榜样身上汲取到许多正能量。教师还让学生为心仪的榜样写一张“无字”奖状，学生在轻音乐中展示“无字”奖状颁奖词，讴歌抗疫中平凡又伟大的英雄们，表达学生对英雄人物的敬意，强化个人理想信念，从而为落实到行动上做好准备。

3. 做疫情分析，促进学生对规则的认同

通过数据带来的视觉冲击，从宏观层面上学生感受中国温度、中国速度和中国高度，感知国家为保护人民健康所作出的巨大努力，感受到全国人民齐心抗疫的勇气和信心，激发学生强烈的爱国主义情怀。

学校老师组织“小小疫情分析师”项目化学习。学生通过疫情下电视、报纸、网络等平台实时更新的各类数据，分析和整理数据背后隐藏的信息、可能的趋势与抗疫经验，用图表、文字、音频、视频等方式展示作品。项目学习一方面提高学生的综合素养，促进学生对各项防控疫情措施和规则的认

同；另一方面加强责任意识，架设与世界儿童友谊的桥梁，为构建人类命运共同体做出中国学生的小小贡献。

(三) 磨砺道德意志，形成鲜明的价值判断

中小学生处在信息网络化和文化多元化的时代中。面对各种价值观的碰撞，面对不良舆论的诱惑，学生要提高价值判断力，明辨是非，用积极的道德情感维护国家和民族的尊严，旗帜鲜明地批判错误言行，坚决抵御堕落腐化思想，弘扬真善美，鞭笞假丑恶。

1. 确立人生航向，选择职业理想

教师启发学生应根据自己的实际情况树立远大的理想，无论将来从事何种岗位，现在都要认真学习，脚踏实地，克服困难，将来当国家使命号召自己时，自己才能在坚守的领域里勇担责任，逆风而行。

有位教师在实施“我的未来我做主”这一理想信念教育主题活动过程中，让学生探讨：如果选择一种职业去抗击疫情，你会选择什么职业？为什么？随后在黑板上张贴“梦想招聘会”标题，模拟招聘场景，鼓励学生大胆表达自己的职业理想。在全班交流评价环节中，梳理不同职业选择之下的共同前提，还有一位老师给出 3 个情境，每组学生根据需要选派 2—3 名学生进行角色表演，其余学生辨析剧中主要人物的职业理想是否可取。

镜头 1：小明的爸爸是老板，从小就衣食无忧，他立志长大后也要像爸爸一样当一个大老板。受疫情影响，爸爸的公司面临破产，小明对他的职业理想有所动摇。

镜头 2：丁丁的妈妈是一名护士，大年三十接到电话，饭都没来得及吃就前往武汉支援，虽然丁丁很舍不得与妈妈分开，但是看到新闻报道里“最美逆行者”里有妈妈的身影，他深感骄傲，立志长大后也要做一名救死扶伤的医护人员。

镜头 3：睿睿是个爱动脑筋的男孩，尤其喜欢做科学实验，他的理想是成为一名科学家。“宅”家期间，他积极探索，用乐高编程研发了“无接触洗手机器人”，复学后成为班级“明星”。

通过经历体验各种活动，进一步激发学生的自我意识和价值观，从而激发学生的责任感和担当意识，引发情感共鸣，为树立个人职业理想奠定基础。学生深深体会到，崇高的个人理想，需要有强烈的爱国、爱党信念支撑。

2. 学会理性思考，判断网络舆情

教育学生立足社会观察，掌握科学方法，慎思明辨，是培养学生独立思考精神的重点。口罩戴还是不戴？中西医治疗哪一个更靠谱？为啥有那么多的国家在抢购卫生纸？李文亮是不是吹哨人？“方方的抗疫日记”是不是在宣传负能量？面对纷繁复杂的信息社会，我们怎样才能拨开迷雾去思考，去坚守属于一个珍贵个体的立场？

我们要教育学生，要架构知识，知识结构越完越完整，我们的思维就越清晰；要积累常识，从知识中提取一些人生的基本功力；要追求真相，不轻易相信消息的来源；要逻辑推理，用逻辑去推理这个世界；要反思自己，不要去指责别人，要多换位思考；要进行脑洞提升，进行一些深入的思考，去打开新世界的大门；要构建我们自己完整的思想体系，最终形成正确的价值观。

面对网络舆情，老师引导学生思考几个问题：作为数字公民，我们有在网上随意表达观点的自由吗？如何在网络上说出负责任的观点？信息爆炸下该如何做到不信谣不传谣？每一个新闻事件背后是否有更深层次的东西？我们能否成为对社会有贡献的数字公民？

通过理性思辨，学生深深体会到：一场灾难就是一本教科书，所有人都是学生。无论是小孩还是大人，面对死亡谁也没有资格沾沾自喜，更不能幸灾乐祸。武汉和纽约都一样，播报出来的感染数据不是一个个的数字，那是一个个生命。病毒是所有人的敌人，今天它在吞噬欧洲、美洲，明天就会反噬中国，人类是命运共同体。

3. 直面现实问题，辨析疫中行为

疫情既是一场大考，也是一面镜子，它能检测并照射出商人的良知、专家的水平、媒体的素养、医者的操守、民众的认知，以及政府部门的能力和

状态。以现实生活中遇到的两难问题为例，教师要激发学生思考与讨论的积极性，引导学生辨析在集体利益与个人利益发生冲突时应以国家利益为重，面对公共事件消息培养独立判断思维，科学、理性爱国。

“战疫心，家国情”这一主题活动在实施过程中，从3个不同维度呈现生活场景，引发学生共鸣，激起“头脑风暴”。一是杭州某地铁站，一女子坚持不戴口罩进站，被民警和地铁工作人员劝阻后态度恶劣，声称现在防控形势向好，没有必要戴口罩。二是武汉方舱医院有位“考研哥”颇受社会关注。治疗期间，他不但没有自我放弃，反而逆风而上，全身心投入学习。三是“停课不停学”期间，丁丁看微课心不在焉，遇到不懂的地方直接跳过，作业不会做就问同学抄，晚上玩游戏到深夜，日复一日一直到开学前夕。学生面对3个不同的场景，举“支持”或“不支持”手牌来表明自己的立场，并阐述理由。通过“头脑风暴”亮手牌的方式，学生明确爱国力行需要从身边的小事做起。

(四) 践行道德行为，成就坚定的价值信念

这场战“疫”让我们理解信仰的力量，这场战“疫”中有很多美丽的逆行者，从公安干警到机场干部，从志愿者到快递小哥，是什么支撑着他们冲在第一线？是信仰。人民有信仰，民族就有希望，国家就有力量。我们有了信仰，才会有敢于承担责任的魄力。

1. 守望生命，才能赢得未来

生命很轻，有的人因为一点小事就放弃生命；生命很重，有的人正奋力守护。通过感受疫情下守护他人与守护身边人的案例，学生们理解了生命更深层次的含义。同时，通过小组讨论的方式，学会做自己的守护者，从自我防护、心理健康、身体素质、生态环境等方面，守护生命，珍爱生命，如图9-3所示。

做好自我防护

加固心理防线

增强身体防御

保护生态环境

图 9-3 守护生命四个行为要求

有位老师以小组为单位，组织学生进行“防疫知识大闯关”活动，分为必答题和抢答题。积分排名前三的小组获得“防疫小卫士”徽章。闯关题涉及七步洗手我知道，课间文明要记牢，口罩佩戴有学问，喷嚏礼仪护健康，等等。教师引导学生充值“守护生命技能卡”，填写自己的防护技能，并与同桌交换技能，补充完善技能卡。技能卡将被张贴到“防疫”宣传栏，时刻提醒学生认真践行。

通过防疫知识大闯关，帮助学生梳理疫情期间的校园防疫措施，引导学生做好个人防护。学生通过经历充值和完善“生命技能卡”的过程，将行动落实到日常生活中，提升自己的实践运用能力，守护生命的成长。

2. 守望相助，才能共克时艰

《道德经》说:“圣人后其身而身先，外其身而身存。”越是甘为人梯的人，反而越能赢得人们的爱戴和敬仰；越是像天地一样无私的人，反而越能成就自我。人与人之间的守望相助，面对困难的团结一心，点亮了抗击疫情的丝丝烛火，传递出血浓于水的同胞之情，汇聚成一股磅礴的力量。

有学生悄悄地在自己住的单元的电梯里放上一大包餐巾纸，希望邻居们都做好防护；有学生用压岁钱自购抗疫物资捐给社区和红十字会。有学校组织全体师生、家长们向杭州市第一医院送去500箱砀山酥梨。有同学道出了其中的含义，其一梨是清肺润喉的最佳选择，其二“梨”和“力”“离”谐音，希望能给予一线医护工作们更多的力量，并且希望疫情早日离散。这些梨既献了爱心，又解决了疫情期间果农水果滞销的困难。

3. 守望初心，才能担当使命

孩子是家庭的希望，也是国家的希望，更是未来的接班人，因此，对孩

子的教育应该从小抓起，从小培养学生的爱国和责任意识，播种信仰的种子显得尤为重要。

有老师针对学生不热衷集体活动，缺少团队、集体意识，害怕承担后果，爱慕虚荣，只在乎自己，以自我为中心，等等责任感缺失等问题，在班级里建设“责任银行”，来追踪学生的责任行动。老师引导学生为自己的未来做好责任卡片、为班级团队贡献力量责任卡片，为社会做力所能及之事责任卡片，每天认真做好值日工作责任卡片，不随意推脱任何一事责任卡片，等等。后期持续追踪学生的落实情况并进行周反馈与月总结。学生根据自己制订的责任践行书内容，反观自己是否做到了自己的目标行动。每当做到某一个具体的责任行动时，则可以将责任卡投入责任银行，并领取下一张责任卡。一个月后，比一比谁的责任银行“存款”最多，评出5位“责任之星”，颁发“责任奖状”。

建设责任银行，推动学生将目标落实到具体行动上，有方向，有评价，有追踪，有操作性，表达少年力当践行责任的决心。

通过调研发现，经历疫情和相应的价值观教育，上城区中小学生有了更多的责任担当。其中，95.75%的学生表示“疫情下能遵守学校和社区的各项防控疫情规定，做好自身防护”；94.25%的学生表示“愿意热心参加敬老爱幼、扶困助残等社会公益活动”；92.80%的学生愿意做抗击疫情正能量的“传播者”，不传谣、不信谣、不造谣；95.50%的学生表示“要好好学习，长大后为社会做更大贡献”。

突如其来的疫情无异于一场大型选拔赛，每个公民在这场比赛中都以各自的行为举止作为答卷，个人命运与社会、与祖国、与世界捆绑到了一起，休戚与共、息息相关。在疫情防控进入常态化的当下，让正确的价值观引领学生的未来，照亮他们前进的行程，是每一个教育工作者义不容辞的责任和使命。做个人成长的守护人、做他人生命的摆渡人、做美好社会的撑伞人、做国家未来的接班人，让我们共同书写大写之“人”。

第二节　行走德育的成效与展望

一、行走德育的研究成效

2017年1月，上城区教育局聚焦社会主义核心价值观培育，启动“行走德育三年行动计划”以来，建构“行走德育”的内容，寻找“行走德育”的路径，探索“行走德育”的评价，绘制“行走德育”的上城地图。“行走德育”被评为全国德育工作优秀案例，上城区教育局被评为全国未成年人思想道德建设先进集体。教育部中小学党建与德育工作会议中，教育部领导实地观摩“行走德育”两所基地学校，对上城学子在德育实践和校外活动中的表现赞不绝口。上城区还成为浙江省整体推进中小学生研学旅行工作杭州市唯一试点区。

（一）活化了价值观教育理论，找到了知行合一的落实途径

“行走德育”提出的基本概念和理论阐释，形成了以“价值铸魂”为核心的概念群，激活了已有的德育理论、纲要及文件指导，使实践育人的理论更具体、更落实。

“范式·网图·淘平台”三大行动同步推进，相互关联又各有侧重，形成了“价值铸魂，实践育人”的全新架构。“行中学”范式把“行走德育”的理论显性为可操作的行动框架；网图建设凝聚基地、课程资源，融通课堂、学校和社会的合力，破解德育的“封闭”；“淘”平台拓展了德育云时空。三者结合凝练了从价值体验、价值澄清到价值内化、价值引领的可复制的经验，活化了“知行合一”的落实途径。

（二）提升了学生的价值体认，验证了价值铸魂的实现方式

价值认知方面，2018年国家义务教育质量监测显示，我区受检学生的价值认知国家认同度、国际视野、行为规范日常表现、中华优秀传统文化了解、国情常识、法律素养的平均得分获全国最优等级10星，参与德育实践比例最高（图9–4）。

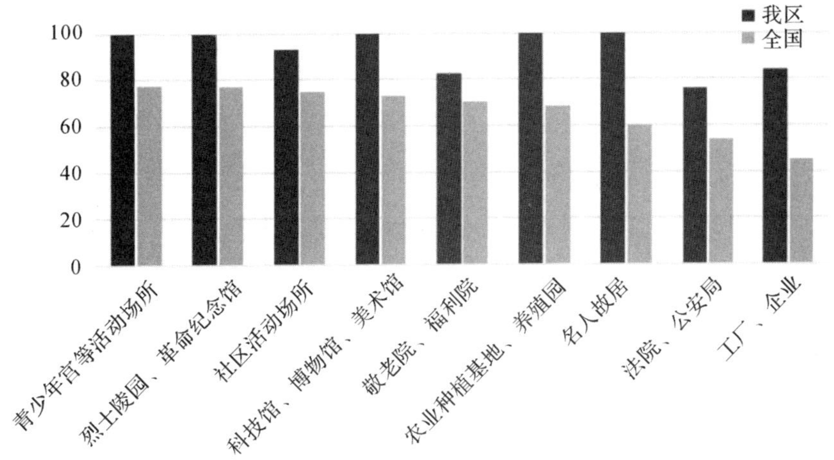

图 9-4 国家义务教育质量监测报告：我区学生校外德育实践参与率（%）

价值认同方面，2019 年北京师范大学发布的《杭州 S 城十年追踪测评项目结果》(以下简称“十年报告”）显示，我区学生对明星、虚拟人物的崇拜减少了，对真实名人（科学家、企业家、国家领导人、现实英雄）的崇拜增加了；在不同国家中选择，最愿意做中国人的比例明显增加了；把传统节日和国庆节作为最喜欢的节日的人数明显增加了；选择未来工作时，能出国、待遇好、赚钱多、受人尊重变得不太重要，稳定、能发挥自己的才华、喜欢、公平变得更重要。此外，学生的公正世界信念、积极情绪指标明显变好，对现在和未来的快乐程度的评价更积极（见图 9-5）。

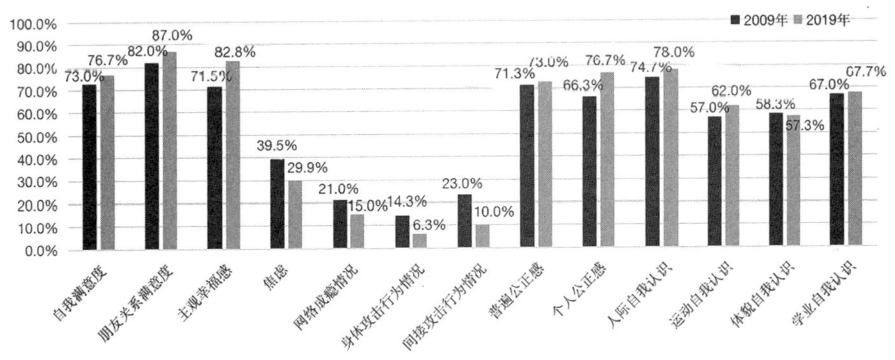

图 9-5 北京师范大学区域教育质量提升实验：杭州 S 城十年追踪测评结果（学生报告）

价值观践行方面，2018 年，全区就有 1050 余支志愿者服务小队，1 万余名学生开展了 2000 余次志愿服务活动。2019 年春节，全区 2 万多名少先队员寻访身边的传统文化，参加社区志愿活动，全年参与主题行走的学生超过 47300 名。北京师范大学“十年报告”还显示，上城校园欺凌、攻击行为、网络成瘾现象在这 10 年明显减少；同伴关系良好比例上升。

（三）优化了区域德育整体环境，激活了三位一体的育人合力

参与“行走德育”的有家长志愿者、非遗大师、社区工作人员、场馆讲解员和区政府各职能部门组织的“1+6+X”助力团队，其中家长志愿行动超 4590 人次。2018 年，公检法司、综治等政府职能部门提供公益体验 870 多次，公益讲坛 279 次，累计为 3.2 万多人提供服务。近 3 年，“阳光导师”“家长执照课程”“淘平台建构”等 11 个子项目获杭州市德育名片。我区教师送评的优秀德育论文、学科德育案例在省、市获奖的比例达到 94.6%。

“十年报告”显示我区学生对家庭生活的满意度提升，对亲子关系感觉满意、亲密增多（见图 9–6）；父母的教养方式采用温暖、民主参与、理性的增多，采用肉体惩罚、非理性、言语侵犯、纵容、心理控制的减少（见图 9–7）。

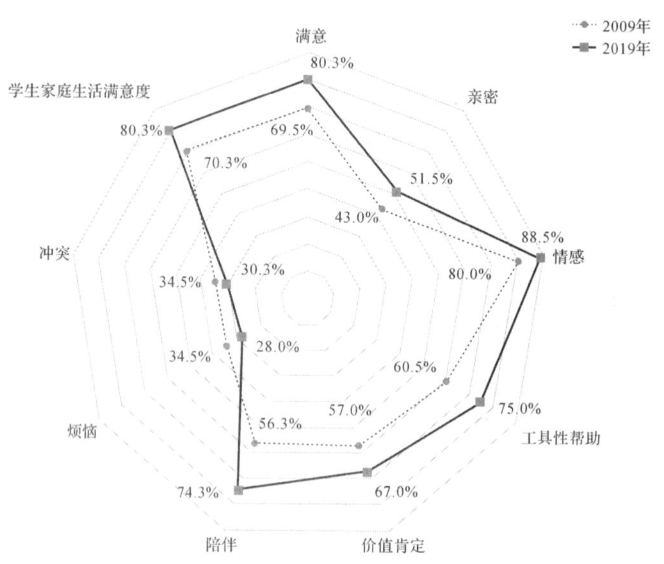

图 9–6　北师大区域教育治理提升实验：杭州 S 城十年追踪测评结果（学生报告—亲子关系）

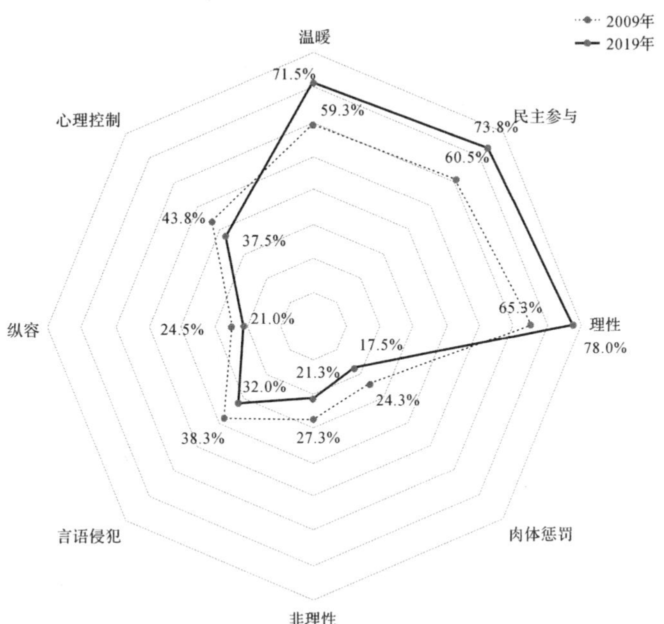

图 9-7　北师大区域教育治理提升实验：杭州 S 城十年追踪测评结果（学生报告—父母教养关系）

同时，学生对学校育人氛围愈加肯定（见图 9-8）；班主任的职业认同感提高，倦怠感、压力指数降低（见图 9-9）。

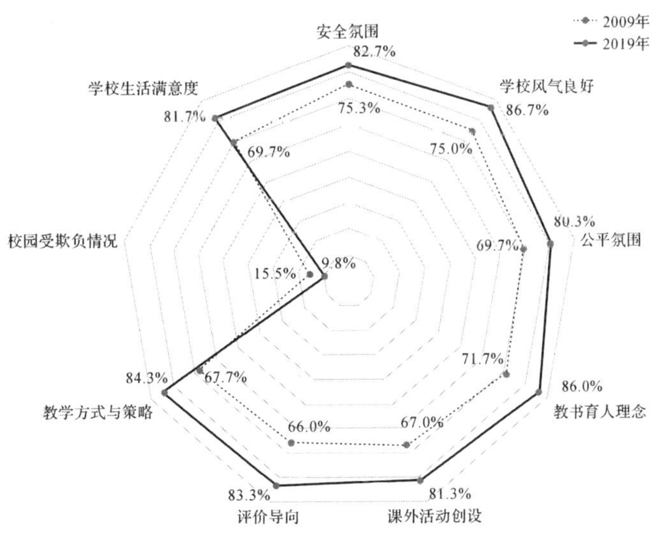

图 9-8　北师大区域教育治理提升实验：杭州 S 城十年追踪测评结果（学生报告—对学校氛围和育人环境的感受）

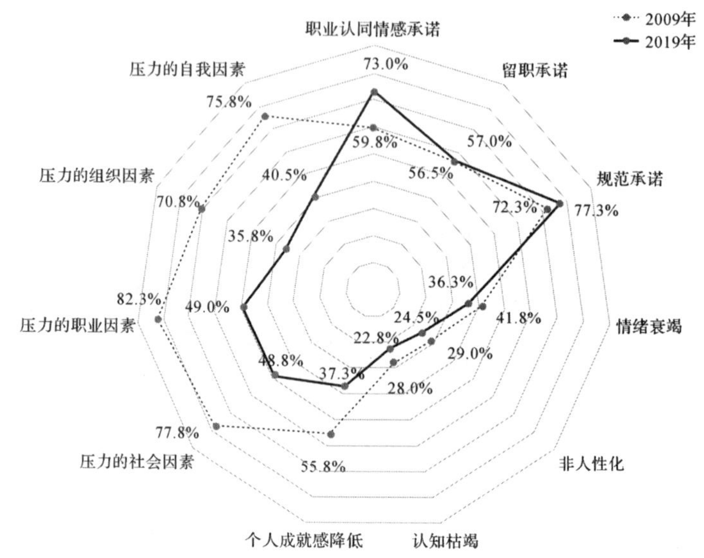

图 9-9　北师大区域教育治理提升实验：杭州 S 城十年追踪测评结果
（学生报告—班主任职业认同、倦怠结果和职业压力）

（四）创设了载体丰富的全德育场，凝练了铸魂育人的先行经验

上城区从“行政驱动、评估推广、服务助力”3 个层面建立了一整套德育协同机制，开发、统整、转化了“实践育人”的资源，借助“淘”平台，创设了载体丰富的全德育场。

2019 年，《人民教育》第 11 期刊发了专访记者的特别报道《杭州上城“行走德育”：建构区域全德育场》，该成果同时获杭州市基础教育成果一等奖。

二、行走德育的未来方向

十八大以后，习近平总书记围绕坚持立德树人这一教育的根本任务做了许多重要论述，提出了明确要求。党的十九大报告进一步强调“要全面贯彻党的教育方针，落实立德树人根本任务”。要实现“两个一百年”奋斗目标、实现中华民族伟大复兴的中国梦，必须通过教育立德树人，培养大量社会主义建设者和接班人。

立德树人，方能孕育学子出彩人生。社会主义核心观培育是一项长期

工程，上城区将进一步构建师生家校社五大主体共治共享的德育生态，进一步辐射“行中学”范式，进一步完善评价方案，培育一代代以民族复兴为己任的时代新人。

（一）健全立德树人落实机制需要加强指导

在区域层面成立由区领导任组长的上城区未成年人思想道德工作领导小组，区文明办和区教育局党委书记任副组长，办公室设在区教育局，各相关部委办局的党委书记都是领导小组的成员。各部委办局的党委书记要切实承担起未成年人思想道德建设的重任，形成上城区中小学德育工作协商会商机制，及时分析研究中小学德育工作的形势和遇到的问题，确保统筹协调有关部门关心中小学德育工作。依法保障教育投入，统筹安排好工作经费，主动帮助教育部门和学校解决工作中遇到的实际困难。

由上城区未成年人思想道德工作领导小组牵头，对所有与学生德育有关的项目进行分类统筹，建立审核制度，对每一年进校园的活动都进行项目的研究和讨论，审核通过后，方可以进入学校，后续还可以对项目的影响和意义进行跟踪反馈。公安、交警、城管、市场监管、街道认真研究当前学校周边环境状况，切实加强学校周边安全整治；市场监管、教育等部门要加强对各类社会培训机构的管理，规范培训市场，遏制非法培训活动对学校教育教学的干扰；法院、检察院、公安机关、司法行政部门，应依法履职，积极提供专业资源，加大未成年人法律保护力度，拓展青少年法律援助渠道；区妇儿工委协调各部门，制定并落实对有特殊需要的对象开展的分级关爱帮扶计划，特别要对生活有困难的未成年人家庭、有不良行为或严重不良行为的青少年群体、城市隐形留守儿童群体、开展有针对性的关爱行动等。

（二）健全立德树人落实机制需要重点突破

习近平总书记在全国教育大会上指出，要努力构建德智体美劳全面培养的教育体系，形成更高水平的人才培养体系。要把立德树人融入思想道德教育、文化知识教育、社会实践教育各环节，贯穿基础教育、职业教育、高等教育各领域，学科体系、教学体系、教材体系、管理体系要围绕这个目标来设计。德智体美劳“五育”之间并非孤立，应是一个相互依存、互相促进的有机整体，要实现“五育融合”育人，关键在于打破其边界壁垒、打通内在联系。上城区致力于以课程深化拓展融合之径，以体制创新汇聚融合之力，以队伍培育夯实融合之基，以智寓德、以体育德、以美启德、以劳树德，建构起德育课程、学科课程、传统文化课程和实践活动课程“四位一体”的德育课程实施新格局，全面激发教育内生动力和发展活力。

（三）健全立德树人落实机制需要全域协同

构建大中小幼一体化德育体系，必须健全全员育人、全过程育人、全方位育人的体制机制。这就要求在实践中努力做到：德育专业人员、思政课教师、专业课教师、学校管理者、后勤服务人员以及家长、社会人士全员参与育人（无例外），课堂内外处处皆为育人之所（无死角），学校、家庭、社会协同育人（无短板）。

2018年7月，浙江省教育厅等10部门联合发布《关于推进中小学生研学旅行的实施意见》，上城区有幸成为浙江省整体推进中小学生研学旅行工作的试点区。区教育局和区文广新局协作，努力在研学旅行中落实传统文化教育和非遗课程实施工作，联手区风景旅游局，共同开发打造一批研学旅行的精品线路和课程；以一馆一课程的标准完善研学内容，创建研学示范基地，研发研学服务平台，实现研学指导资源包的上线推送，汇集更丰富的研学公益项目，推送研学旅行活动的信息，为研学旅行项目的优化与调整提供数据支持和分析依据。

在全国教育大会上，习近平总书记强调：教育要在坚定理想信念、厚植爱国主义情怀、加强品德修养、增长知识见识、培养奋斗精神、增强综合素质6个方面下功夫。因此，行走德育的实践与研究将进一步提高站位，让上城学子在“寻根”之旅中厚植爱国情怀，在“铸魂”之旅中坚定理想信念，在“扬帆”之旅中加强品德修养，在“追梦”之旅中培养奋斗精神，将“行走德育”品牌构建得更加丰满、具象、立体。让我们不忘初心，牢记使命，携手谱写新时代“行走德育”新的篇章。

附录

《人民教育》特别报道：

《杭州上城「行走德育」：打造区域全德育场》

2016年12月，浙江省杭州市上城区教育局启动"行走德育三年行动计划"，通过德育内容的建构，探索"行走德育"的实施路径，绘制"行走德育"网图，将德育落细落小落实，形成立德树人的落实机制。2017年底，"行走德育"被教育部评为"全国中小学德育工作优秀案例"。

为什么是"行走德育"？上城区教育局局长项海刚说："就是要把我们的德育工作从灌输转向体验，从封闭转向开放，从静态转向动态，让学生在快乐参与各种德育活动的过程中得到滋养和浸润。"

一、深度体验：让学生"行有所悟，德有所立"

针对中小学德育目标大而划一、德育方式过于单一、德育环境比较封闭等问题，上城区教育局与相关部门联手挖掘资源、整合力量，将各类场馆、企业、社区等资源作为学生的德育实践活动场所，通过开展各类丰富多彩的研学活动，让学生走向社会、了解社会、深入社会。

笃行养德：内化社会主义核心价值观

上城区是浙江省杭州市的中心城区，具有深厚的文化底蕴，场馆和历史人文资源丰富，将散落的德育资源串联起来并结合区域力量再挖掘的相关举措，体现了上城教育人的智慧。

"我们打开校园和区域边界，对区域内各类教育资源进行整体建构，分学段建构研学主题，推动学旅合一、知行合一的实践体验活动。"上城区教育局副局长王莺认为，这种精心设计使区域内的各类教育资源成为德育的有效情境和载体。

进而，为了突出以"行走"促"体验"、以"研学"养"德行"，上城区提出了"笃行养德"的研学目标。

"笃行养德"的总目标是"体验传统文化之美、传承红色革命之魂、发现祖国建设之策、树立少年报国之志"。对应总目标，上城区设计了"寻根”“铸魂（后更名为承志）”“追梦”“扬帆”4个研学主题，每个主题分一到三，四到六，七到九3个年级段设计研学项目。

“寻根之旅”包括“跟着诗词游杭州”“镇馆之宝的来历”“传统文化与艺术”3个项目，引导学生在研学旅行中感受中华优秀传统文化的魅力。

“铸魂之旅”包括“我向英雄学什么”“我是中国小军人”“我爱中国共产党”3个项目，引导学生寻访英雄，体悟爱国主义精神，回顾中华人民共和国成立之路，追寻建党历史，滋养“中国心”。

“追梦之旅”包括“美丽家乡新变化”“绿水青山在浙江”“科技改变了什么”三个项目，通过动手动脑动心的研学旅行，让学生看到家乡的发展变化，了解科技发展与社会生活的关系，践行低碳环保的生活方式，树立建设社会主义现代化强国的责任心。

“扬帆之旅”包括“我拿什么献给你”“生存劳动我能行”“我的理想不是梦”三个项目，帮助学生逐步发现并正视自我，认识到只有把个人成长与国家发展联系起来，才能获得真正意义上的成功。

围绕这些主题，上城区创建了80个研学体验点。并规定，全区学生在九年义务教育阶段必须参加总计18次不少于32天的研学旅行。这些做法不仅为研学提供了实践抓手，也作出了制度保障，打破了各种知识学习的人为分离，消除了人与自然、社会之间的人为屏障，建立起资源、教育与人的成长之间的桥梁，实现人的全面发展，从而有效落实立德树人根本任务。

“勇敢娃娃兵”：培养学生团结、坚毅、向上的品质

2019年2月，浙江省教育厅公布全省中小学研学实践教育基地，上城区的“勇敢娃娃兵”研学基地名列其中。

“勇敢娃娃兵”研学基地是上城区青少年活动中心（以下简称“中心”）开发的系列研学基地之一，中心主任金莹介绍：“我们以国防教育为核心，将社会主义核心价值观渗透其中，培养学生团结、坚毅、向上的优秀品质。”“勇敢娃娃兵”研学基地陆续开发了一日营、两日营、五日营等课程，上城区将其中的五日营课程列为五年级学生验的“必修课”。

学生们每每说起自己的5日军营生活都是热血沸腾。

“清晨，我们迎着朝阳开始越野突击训练，感受长征精神，在‘忠实碑’‘月岩’体验南宋文化的韵味……”胜利实验学校学生吕庭亦在日记中写道，“夜晚，在南宋皇城根下露营，在与同伴搭建的帐篷边，有滋有味地观看红色电影，回首战争年代的烽火岁月，许下军营心愿：铸勇士灵魂，做热血少年。”

“让我印象最深刻的就数‘飞夺泸定桥’了，教官让我们每个战士手拿一块木板，一边铺木板一边前进，我和同伴合作，一个人把后面的木板拿到前面，一个人用力把木板固定住。突然，一颗‘炸弹’从我们身边呼啸而过，压低身子，躲过一劫，我们一直小心翼翼地重复同样的动作，直到踏上对岸的木板。”天长小学学生周昕妍还沉浸在体验过程中，“想想战争年代，红军叔叔面对的可是敌人的枪林弹雨，桥下更是水流湍急的江水，而他们却不怕牺牲，勇往直前，他们的精神多么值得我们学习呀！”

在真人CS现场，红蓝两个战队模拟真实战场——血战独树镇，战略布防、团队进攻、实力对抗、夺取领地……杭州师范大学第一附属小学学生沈心说:“我们怀着对英雄的敬仰沉着应战，成为战场上的小战狼。”

“在模拟的长征路上，我们体验长征战士的千辛万苦，在穿越沟壑、跋山涉水中勇敢突破各种障碍，成功完成挑战。”杭州师范大学第一附属小学学生程麒舟意犹未尽地回忆自己的5日军营生活。在“勇走陡壁”关，小勇士们面对悬崖峭壁，紧贴崖壁，小心翼翼且毫不畏惧，在大自然中强健体魄，锻炼意志。程麒舟说：“军事训练虽然艰苦，但能帮助我们克服畏难心理，练就阳光心态，使我知道什么叫刚毅果敢。这短暂而又意义非凡的五天将永远印在我的脑海里。”

“勇敢娃娃兵”项目不仅在上城区是学生竞相参加的热门课程，而且在省内也广受关注。2019年5月，“勇敢娃娃兵”研学基地面向全省开放网上报名，80个名额在30秒内被“一抢而空”。在深刻体验中，学生的身体经受考验，精神得到升华，心灵实现成长。对每个孩子来说，这里的活动体验和成长经历都是一笔宝贵的精神财富。

“淘活动”：让上城孩子过多姿多彩的周末生活

2018年9月，上城区青少年活动中心在成立60周年之际，为孩子们献上了一份大礼：“淘活动”平台正式上线。在这个网络平台上孩子们可以一键搜索，选择自己喜欢的活动。

最重要的是，这里的活动可不是学科培训，而是真正意义上的长见识的活动。在王莺看来：“‘淘活动’平台就是引导家长把双休日还给孩子，少上学科培训班，多参与社会实践活动，让学生‘玩’转周末。”

当然，上城区的“淘活动”不限于周末，还延伸到假期，从半天、一天、两天到几天，活动时间长短由学生自主选择。每个学生都有一个属于自己的“淘活动”账号，可以把心仪的活动放入购物车，线上报名，线下活动。

上城区在自主研发的免费公益活动，如“钱庄小掌柜”“小小陶艺师”“植物园探秘”等项目的基础上，与各类场馆、研学旅行机构合作，共同研发了更多课程供学生选择。

“丰富学生的选择，为每个孩子提供适性的教育，是我们的目标。”王莺说，“让学生在实践中体验，在体验中感知，进而实现内化。”

“淘活动”平台就像一个资源中心，把各类有志于为中小学生健康成长提供资源的场所、机构整合起来，为家长和学生提供一个各取所需的活动和资源链接，成为优质的德育资源共同体。

平台随时收集家长和学生的评价信息，并及时加以改进。“平台也及时记录学生参加活动的过程信息，并以淘足迹的形式留存。”金莹说，“同时与中小学生学籍库信息互通，与少先队锥鹰争章评价机制整合，为学生提供丰富生动的过程性评价材料，为他们的童年留下珍贵而美好的记忆。”

二、文化浸润：让德育抵达学生内心

文化是中小学德育的“软力量”。如何借助文化的力量提升德育的品位和效力，是上城教育人一直在思考和探索的课题。

二十四节气:让学生走进生命之源

2015年12月中旬,看到有些班级在准备庆祝圣诞节,胜利小学校长俞珺觉得这样的“氛围”有点不对。“当时恰好二十四节气中的冬至即将到来,整个校园却一点传统文化的氛围都没有。”俞珺说,“作为重要的教育场所,学校肩负着传承与创新中华优秀传统文化的使命。”

俞珺的想法得到学校教师的积极响应,大家马上围绕冬至节气开发相关课程。“虽然时间比较紧,我们还是将语文、数学、科学、美术等学科进行融合,开发出菜单式课程供学生选择。”

学生对冬至节气并不了解,有这样一个机会了解身边的节气文化,他们兴趣盎然。在“冬至绘图”课堂上,学生学习制作独特的“九九消寒图”,感受古人消寒、盼春的心情;在“冬至养生”课堂上,学习养生小知识;在“冬至之说”课堂上,了解冬至的来历,感受“冬至大如年”的年俗文化。

二十四节气作为中华优秀传统文化的一部分,是我们的祖先在循环往复的季节变化中发现的大自然密码,体现了中国古代劳动人民的集体智慧。基于这一认识,胜利小学将每个节气开发成课程,纳入学生的日常课表。

每年,徐寻知和杨彬两位老师都要带领学生在屋顶农场种植艾草,共同体验园艺农耕生活。学生自发成立小队,查阅艾草种植的方法,认识常见的农具,在屋顶农场设置防风、防雨设备和降水量监控设备,并用绘本记录种植过程。

“老师和我们一起探索艾草的香气从哪里来,认识完整的艾草有六大器官。”到了清明节,三年级(1)班学生兴奋地说,“通过研究,我们证明艾草的香气来自叶片。”“我们还用自己种的艾草做青团呢。”

“因为艾草有药用价值,古人才会用艾草做青团,这让我深深感受到了古人的智慧。”学生说,“我们可以在节气课上学到不同的知识,还可以在实践中学以致用。”

此外,在孩子的眼中,有个与二十四节气关系密切的“宝贝”——幸福卡。一套幸福卡共24张,与二十四节气相对应,每种幸福卡代表不同的评价维度。在孩子们集卡的背后，体现的是节气对自然的意义、对生活的意义、对中华优秀传统文化传承的意义，让学生充分感受中华文明的源远流长，从小建立文化自信，激发学生的求知欲和创造力。

用“节气”接“地气”，胜利小学的孩子亲近自然、走进传统，在情境中充分参与、体验、合作、探究、分享，在传承中学习，在体验中传承。

仪式教育：引导孩子立志成长

仪式，是文化的重要内容，也是教育的有效载体。

凤凰小学将“行走德育”的落点放在“立志成长”上。“我们确定三个关键的时间节点，通过一年级的入学礼、四年级的成长礼、六年级的毕业礼，对学生进行仪式教育。”校长缪华良说，“踩着学生的成长节点，开发相应的课程，让学生在凤凰小学走好每一步。”

对应这3个时间节点，凤凰小学开发了启蒙课程、启智课程和启航课程。

每年9月1日，在一年级新生的入学礼上，凤凰小学的孩子都会收到缪华良的“开学礼物”——与小学生日常基本规范一一对应的24种绘本。缪华良说：“孩子可以通过阅读绘本理解抽象的日常规范，并逐渐养成好习惯，顺利完成幼小过渡。比如，《猜猜我有多爱你》表达的是亲情，引导孩子关爱家人、孝敬长辈。”

在开学的第一个月，教师将学科知识与启蒙教育相融合，通过众多有趣的特色课程培养孩子良好的行为习惯，帮助他们尽快熟悉学校生活。

进入四年级，学生通过“我@父母”“我@家乡”“我@自然”“我@自己”“我@未来”等多个维度开展学习，缪华良说：“通过一种仪式感，让孩子意识到自己真的10岁了，要懂得责任，学会感恩。”

为什么选择10岁作为一个节点？缪华良解释说：“孩子在小学过自己的第一个10岁生日，下一个10年就到了大学，在这个时候我们应该引导孩子树立远大志向。而令人忧心的是，很多孩子的志向、理想变味儿了，他们不再崇敬英雄，不想做科学家，而是崇拜明星、崇尚财富，这是我们必须要

改变的。”

每年12月，10岁孩子走过“成长之门”，听老红军、科学家讲自己的成长故事，在班里演讲“我的远大理想”，与父母交换一封信，访谈自己身边3位成功的人物。孩子的成长具有明显的阶段性特征，关键时期的关键事件会对孩子产生深远的影响。

教育需要仪式感，没有仪式感的教育就没有感染力。入学礼、成长礼、毕业礼，朴素而富有意义的仪式触动学生心灵，唤醒学生的行动自觉。

好人好事本：让德育内化于心、外化于行

反省和榜样引领，是中国人修身的优良传统。

2018年3月，好人好事本在杭州师范大学第一附属小学的学生间传阅得火热。“本来只是觉得这是一项很好的传统，不能丢，没想到学生这么喜欢这个小本子。”校长俞富根笑着说。现在好几个班的好人好事本，因为利用率太高封面都掉了。

“试行第一天，大家都很兴奋，争着要做好事，连老师办公室倒垃圾的活儿也被他们包了。”吕夏晶老师说。在使用好人好事本之前，她也曾用做好事奖励积分的方式鼓励学生互帮互助，但是效果没这么明显。

“好人好事本为学生提供了来自身边的无比亲切和鲜活的德育榜样，培养了他们发现善行的意识和能力，擦亮了孩子的向善之眼。”副校长杨卫青说，“通过记录好人好事，为善行提供了及时正面的反馈，好人好事本成为有效的德育激励机制，激发了孩子的向善之心。”

为什么一个好人好事本能有效激发孩子向善行善的心？这一小举措，蕴藏着德育的大智慧，体现了深刻的生活德育理念。教师鼓励孩子随时记录身边的好人好事，将日常生活与道德养成有机结合，有助于把德育融入学校教育的全过程。

如此看来，德育需要积极有效的载体。好的载体，可以使德育的成果内化于心、外化于行，达到知行合一。

“交往”：让孩子建立与他人、与社会的亲近情感

近年来，“交往”这个词在德育中的使用率较高。原因不是学生与他人之间的交往多了，而是越来越少了。

在天长小学校长楼朝辉看来，这一方面是由于社会转型时期学生生活和成长环境发生了变化，另一方面是由于孩子的自由时空和交往时间有限。楼朝辉认为“这严重影响了孩子的社会性发展”。基于这样的认识，天长小学进行德育课程创新，从交往入手培养孩子的自主、尊重、合作意识。

跨班展示是天长小学做了很多年的一个活动，最早是少先队课程的一部分。比如，二年级孩子到六年级大哥哥大姐姐面前作一个关于学习经历、成长经历的汇报。楼朝辉说：“最初只有展示的目的，后来发现这项活动还有别的意义，从活动机制来说，包括展示什么，什么时候去，谁主持，谁拍照；从内容上说，二年级孩子跟六年级讲什么，六年级孩子跟二年级讲什么……”这些都是需要深入研究的问题。

同样，六年级孩子对一年级孩子的少先队活动中，要告诉一年级小朋友如何认识少先队，如何佩戴红领巾，如何敬礼。教他们学会这些的过程，在某种意义上就是一种德育交往课程。

在天长小学，很多任务由不同年级的学生一起完成，学生在交往中从原有班级走向不同班级、走向不同校区，在自主展示中学会尊重、合作。

“交往课程的实施促进了教师对儿童的理解、对成长的理解、对德育的理解。”楼朝辉说，“为教师进一步理解学生是如何学习的、如何成长的打开了一扇窗户。”

交往课程也从实现德育核心价值的角度找到了一条新的路径。曾经一段时间假日小队活动开始往后退，因为周末许多学生去补课，各忙各的。而后因为学校强调交往能力，假日小队的活动任务需要几个小朋友一起完成，家长们又对假日小队活动重新重视起来。

每年学校会组织四年级学生和二年级的小弟弟、小妹妹自主组成小队春游，在自主组队的过程中会有一些孩子不会找朋友。“而交往的最大意义

和价值就是帮助这些孩子解决问题。”楼朝辉说，“春游的时候老师会有意安排那几个孩子做小队长，在每年交接班的时候，这些孩子的展示记录和经历也是老师们最为关注的内容。”

德育课程落实到孩子身上，在什么时候做什么事、做到什么份儿上，这需要我们从机制上研究，如此才能使德育成为教师的日常，成为孩子的生活。

现在，交往课程已经成为天长小学实施德育的重要载体和抓手，体现出重要的德育价值。无论是班主任还是学科教师都充分认识到，德育是真正应该放在第一位的，只有德育方法得当、目标明确，德育课程系统完备，学习才可能真正发生。

可以说，上城区的学校德育课程都是研究和实践的结果，德育问题促成德育研究，德育研究反哺学校实践。在学校层面，“行走德育”已经成为更深入、更课程化、更直达内心的综合体验和学习。

在上城区，越来越多的学校德育课程成熟起来，并逐渐形成区域德育课程群，清河实验学校的“家风家训”课程、北京师范大学附属杭州中学的“养正”课程、紫阳小学的“茶韵悠悠”课程、金都天长小学的“走读西湖、红色研学”课程、高银巷小学的“吴山文化”课程……每所学校的课程主题、实施路径不同，但目标只有一个，那就是培育和践行社会主义核心价值观教育，建立和完善立德树人落实机制。

“星级家长执照”：让家长成为德育的内生力量

家庭是社会的基本细胞，是人生的第一所学校，家庭教育对孩子具有深刻性、长久性影响。

高尔基说过：“单单爱孩子这是母鸡也会做的事.可善于教养他们，却是一桩伟大的事业。”为了让家长更好地承担起家庭教育的责任，为孩子扣好人生的第一粒扣子，上城区社区学院全力打造“星级家长执照”，努力使每位家长都成为会“教养”的人。

“从孩子出生之日起，甚至在妈妈肚子里时，我们就给家长提供教育方面的信息，搭建家长教育平台。”上城区社区学院院长陈继明说。

“我们的目标是培养乐学习、明责任、会倾听、常陪伴的上城好家长。”陈继明对此进一步解释，“让孩子会学习，让家长也要会学习、明责任就是明确父母是第一责任人，不要把孩子推到爷爷奶奶、外公外婆甚至保姆那里；父母要能够蹲下身子跟孩子说话，倾听他们内心的真实想法；陪伴就是带着孩子去参与、去活动，不要认为送进培训班就尽到父母职责了，而是要把与孩子相处的时间变得‘有价值’，学会有效陪护孩子健康成长。”

实际上，“星级家长执照”就是全方位打造有质量的家庭教育。家长课程包括七大系列，准爸妈课程、0～3岁家长课程、3～6岁家长课程、中小学生家长常见教育困惑专题系列课程、因材施教系列课程、阳光妈妈课程、魅力爸爸课程等。陈继明突出强调了课程的科学性、系统性、针对性和实用性。

王女士的女儿3岁半，“假期送到老家待了一段时间，接回来发现孩子性格有点沉闷，见到生人就躲避，我们有点着急”。王女士在“星级家长执照”平台上学习了“小宝宝也社交”这一课，了解到要提高幼儿的社交能力，可以从多方面入手，如建立良好的亲子关系，让孩子有安全感；多带孩子参加户外活动，多创造机会让孩子与同龄小朋友一起玩，等等。

“我们周末带孩子去动物园、公园等公共场所，让她多和小朋友玩，亲近大自然，孩子变得开朗多了。”现在，王女士夫妻俩经常上“星级家长执照”平台学习、浏览，不错过任何学习机会。

平台之所以受家长青睐，是因为里面的每一节课都通过几分钟的微视频呈现出来，既不费时又能立马解决问题。

这些视频从哪里来？“都是请我们上城区的教师、家长、校长和学生一起拍摄的。”陈继明院长自豪地说，“很多情境就发生在上城区的校园或家庭里，熟悉的校园、熟悉的老师、熟悉的学生，家长们看这个视频的时候会觉得很亲近，让家长感觉家庭教育智慧就在身边，自己也能做好。”

在这个平台上，上城区的特级教师、名教师、名校长都是“义工”。这样，即使有些孩子不能上名校，也能在平台上充分享受名校资源。而且，上城区并没有止步于多样的线上课程，而是将线上学习与线下体验相结合。

“线上与线下课程、活动的开展比例是6∶4，因为学了不等于做了，关键在做。”陈继明强调，“我们要让家长真正行动起来。”

每看完一个学习视频或参加完一次线下活动，家长在“星级家长执照”平台上就能获得新的积分，在线下每完成一次亲子活动或家长课程，同样可以扫二维码获得积分。陈继明介绍:“家长看的视频越多，参加的活动越广，获得的积分就越高。积分积累到一定的数值，就可以进阶获得‘星级家长执照’。”

“这些积分是我们实打实学出来的，我申报一个线下活动，就会形成一个二维码，在活动区域500米以内且在活动时段内才能扫码积分。”一位家长强调，“积分制让我坚持一路学下来。”参与线下活动已成为上城区家长的自觉行动，在陪伴和学习中，家长与孩子共同成长。

目前，上城区的“星级家长执照”分5个阶段，根据孩子的身心发育特点，从0～15岁，每3年为一个阶段，每个阶段设一星到五星5个等级。拥有“星级家长执照”能获得很多“福利”。“比如，凭积分可换取上城区终身教育券，优先参加共建单位的主题活动。”有家长兴奋地说，“当然，家庭教育做得好的家长，也更受学校和老师的欢迎。”

我们发现，上城区的“星级家长执照”不仅引导家长掌握科学的教育理念和方法，还让家长明确认识到自己在教育中的主体责任，使家长成为立德树人的内生力量。此时，教育合力静悄悄形成，并在广泛的空间和时间发挥巨大的作用。

如此，上城区的“行走德育”将学校、社会、家庭统整为一个适宜孩子健康发展的场域，营造出了一个适合孩子生长的教育生态系统，在活动中让孩子体验成长的美好与快乐，在体验中实现道德的养成和价值的内化。

《人民教育》记者　钱丽欣

后记

在这充满诗情画意的季节里，《行走德育：让社会主义核心价值观成为学生成长的芯片》在大家的支持和帮助下，终于付梓了。

浙江是中国革命红船起航地、改革开放先行地、习近平新时代中国特色社会主义思想重要萌发地。上城区是浙江第一个党组织的诞生地，拥有众多“历史上的第一”，在革命、建设、改革的伟大实践中，一路披荆斩棘、开拓创新，谱写了崭新篇章。

习近平总书记指出，要把社会主义核心价值观变成青少年日常的行为准则，进而形成自觉奉行的信念理念。在中小学价值铸魂的育人实践过程中，上城教育人同样干在实处，走在前列，勇立潮头，在全国范围首创“行走德育”的概念，率先提出“让社会主义核心价值观成为学生成长的芯片”的主张。“行走德育”体现了马克思主义实践观与中国知行合一思想的融通，是马克思主义育人思想中国化的生动实践。

“行走德育”是社会主义核心价值观教育的全国优秀案例，也是《人民教育》深度报道的“培根铸魂”创新样本。在研究与实践过程中，“行走德育”构建了网图式的行走课程，应用了“行中学”的实施范式，开展了“寻根、承志、追梦、扬帆”的主题行走，让学生认知、认同并自觉践行社会主义核心价值观。“行走德育”这一育人实践活化并丰富了价值观教育理论，找到了知行合一的实施路径；提升了学生的价值体认，验证了价值铸魂的实现方式；优化了区域德育大环境，激活了五位一体的育人合力；创设了载体丰富的全德育场，凝练了铸魂育人的经验。

本书在撰写过程中，得到了许多领导、专家的支持，他们赋予了本书别样的精彩。著名教育专家、原国家督学、江苏省教育科学研究所原所长成尚荣先生悉心指导，指点迷津，还为本书作序。浙江省教育科学研究院院长朱永祥、原副院长王健敏博士，杭州市教育科学研究院院长俞晓东先生，原杭州市教育科学研究所所长施光明先生，《人民教育》记者钱丽欣女士，杭州市上城区教育局党委书记、局长项海刚全程指导课题研究，传授方法，提供思路。在此表示诚挚的谢意！

在本书的撰写过程中，课题组成员贡献了智慧，付出了汗水，他们是蒋敏、徐雪峰、郑一峰、陈文松、金莹。上城区众多的学校为本书提供了实践案例，如杭州市金都天长小学、杭州师范大学附属第一小学、杭州市勇进实验学校、杭州市紫阳小学、杭州市回族穆兴小学、杭州市饮马井巷小学、杭州市清河实验学校、杭州市惠兴中学、杭州市胜利实验学校、浙江省杭州第十中学。缪于冰、穆燕华、胡莹、王静、龚钧煜、陶瑛、马益彬、李雪慧、董萍、朱萍萍、蒋韵、孙丽女、徐岚老师合作完成了部分案例的初稿。在此，谨一并表示感谢！

2021年是中国共产党成立100周年，是“十四五”规划开局之年，也是全面建成小康社会、开启全面建设社会主义现代化国家新征程的关键之年。让我们不忘初心，牢记使命，共同书写新时代“行走德育”新的图景，为中国基础教育的发展提供上城经验，向建党百年献礼。

培育与践行社会主义核心观是一项长期工程，“行走德育”这一中小学价值铸魂的育人实践需要不断演进。期待在不远的将来，我们能将新的思考和成果呈现给大家。敬请同行不吝赐教。

王　莺
2021年5月于杭州上城

图书在版编目（CIP）数据

行走德育：让社会主义核心价值观成为学生成长的芯片 / 王莺编著. -- 杭州：浙江大学出版社，2021.8
ISBN 978-7-308-21671-5

Ⅰ.①行… Ⅱ.①王… Ⅲ.①德育－教学研究－中小学 Ⅳ.① G631

中国版本图书馆 CIP 数据核字 (2021) 第 163719 号

行走德育：让社会主义核心价值观成为学生成长的芯片
王　莺　编著

策　　划　紫金港文化
责任编辑　余健波
责任校对　何　瑜
封面设计　书道闻香　项梦怡
出版发行　浙江大学出版社
（杭州市天目山路148号　邮政编码310007）
（网址：http://www.zjupress.com）
排　　版　驰越图文　好友排版
印　　刷　杭州良诸印刷有限公司
开　　本　710 mm × 1000 mm　1/16
印　　张　16.5
字　　数　243 千
版 印 次　2021 年 8 月第 1 版　2021 年 8 月第 1 次印刷
书　　号　ISBN 978-7-308-21671-5
定　　价　78.00 元
